本书是2019年国家社会科学基金一般项目"农民经营性收入质量的影响因素与提升路径研究"（19BJY147）的最终成果

知库

经济与管理

提升农民经营性收入质量研究

潘文轩 著

吉林人民出版社

图书在版编目（CIP）数据

提升农民经营性收入质量研究 / 潘文轩著 . —长春：吉林人民出版社，2023.11

ISBN 978－7－206－20572－9

Ⅰ.①提… Ⅱ.①潘… Ⅲ.①农民收入—研究—中国 Ⅳ.①F323.8

中国国家版本馆 CIP 数据核字（2023）第 224864 号

责任编辑：田子佳
装帧设计：中联华文

提升农民经营性收入质量研究

TISHENG NONGMIN JINGYINGXING SHOURU ZHILIANG YANJIU

著　　者：潘文轩
出版发行：吉林人民出版社（长春市人民大街7548号　邮政编码：130022）
印　　刷：三河市华东印刷有限公司
开　　本：710mm×1000mm　　　　　　　　1/16
印　　张：16.75　　　　　　　　字　　数：300 千字
标准书号：ISBN 978－7－206－20572－9
版　　次：2024 年 3 月第 1 版　　　　印　　次：2024 年 3 月第 1 次印刷
定　　价：95.00 元

如发现印装质量问题，影响阅读，请与出版社联系调换。

目 录
CONTENTS

第一章 绪 论 ··· 1
 第一节 研究背景和意义 ·· 1
 第二节 基本概念界定 ··· 2
 第三节 相关研究简要综述 ·· 4
 第四节 研究思路、内容结构与方法 ·· 5
 第五节 数据的主要来源渠道 ·· 8
 第六节 农民经营活动及经营性收入概况 ································· 10

第二章 农民经营性收入质量的构成要素 ································· 16
 第一节 农民经营性收入质量要素概述 ··································· 16
 第二节 农民经营性收入的效益 ··· 20
 第三节 农民经营性收入的风险 ··· 21
 第四节 农民经营性收入的成长性 ·· 23
 第五节 农民经营性收入的外部性 ·· 25
 第六节 农民经营性收入质量要素间关系 ································ 27

第三章 农民经营性收入的效益及其影响因素 ·························· 31
 第一节 农民经营性收入效益的基本状况与突出问题 ·················· 31
 第二节 农民经营性收入效益的影响因素及作用机制 ·················· 42
 第三节 农民农业经营性收入效益变化的成因结构 ····················· 54
 第四节 改善农民经营性收入效益的主要难点 ·························· 62

第四章　农民经营性收入的风险及其影响因素 ………………………… 70
第一节　农民经营性收入风险的现状特点与主要问题 ………………… 70
第二节　农民经营性收入风险的形成机制与影响因素 ………………… 79
第三节　农民经营方式选择对经营性收入风险的影响 ………………… 91
第四节　降低农民经营性收入风险的瓶颈制约 ………………………… 99

第五章　农民经营性收入的成长性及其影响因素 ……………………… 108
第一节　农民经营性收入成长性的状况特点及存在问题 …………… 108
第二节　农民人均经营性收入成长性的影响因素及其作用 ………… 119
第三节　农民经营性收入成长性家庭间分化的主要原因 …………… 130
第四节　制约农民经营性收入成长性的关键因素 …………………… 137

第六章　农民经营性收入的外部性及其影响因素 ……………………… 145
第一节　农民经营性收入外部性的主要表现和现有问题 …………… 145
第二节　农业环境负外部性与农业经营性收入环境负外部性指数 … 149
第三节　影响农业环境外部性的农民农业环境行为及其成因 ……… 161
第四节　治理农民经营性收入外部性的困境与障碍 ………………… 170

第七章　提升农民经营性收入质量的实践案例 ………………………… 177
第一节　提高农民经营性收入效益的典型实践案例及启示 ………… 177
第二节　降低农民经营性收入风险的典型实践案例及启示 ………… 186
第三节　增强农民经营性收入成长性的典型实践案例及启示 ……… 190
第四节　治理农民经营性收入外部性的典型实践案例及启示 ……… 195

第八章　提升农民经营性收入质量的策略思路 ………………………… 201
第一节　科技创新和制度创新"双轮驱动"策略 …………………… 201
第二节　小农户与规模农户共生协同发展策略 ……………………… 207
第三节　经营性收入不同质量要素协调共赢策略 …………………… 212

第九章　提升农民经营性收入质量的措施建议 ………………………… 217
第一节　提高农民经营性收入效益的措施建议 ……………………… 217

第二节　降低农民经营性收入风险的措施建议 ……………… 224
　第三节　增强农民经营性收入成长性的措施建议 …………… 230
　第四节　治理农民经营性收入外部性的措施建议 …………… 237

第十章　总　结 ……………………………………………………… **243**
　第一节　核心理论观点 …………………………………………… 243
　第二节　重要分析结论 …………………………………………… 245
　第三节　主要对策建议 …………………………………………… 248
　第四节　不足之处与后续研究方向 ……………………………… 250

参考文献 ……………………………………………………………… **252**

后　记 ………………………………………………………………… **260**

第一章 绪　论

第一节　研究背景和意义

自2010年以来，我国农民收入增长步入快车道，人均收入增速连续十二年[①]超过城镇居民人均收入增速。截至2021年，农民人均可支配收入达到了18931元，这为农民提高生活水平、实现生活富裕奠定了良好基础。居民收入不仅有量的规定性，也有质的规定性。衡量与评价农民收入状况，除了数量层面的收入水平外，还需要考察与收入质量相关的因素。近十年来，农民收入虽然保持了较快的增长速度，与城镇居民收入差距不断缩小，但也存在诸多问题，在一定程度上降低了农民增收的满意度与"含金量"。

中国特色社会主义进入新时代后，我国的发展条件与环境发生了深刻而复杂的变化，国民经济已由高速增长阶段转向高质量发展阶段，正处于转变发展方式、优化经济结构、转换增长动力的攻关期。党的二十大报告首次提出"高质量发展是全面建设社会主义现代化国家的首要任务"。为此，必须贯彻新发展理念，坚持质量第一、效益优先，推动经济发展质量变革、效率变革、动力变革，实现更高质量、更有效率、更加公平、更可持续、更为安全的发展。"三农"工作同样要落实高质量发展的要求，坚持走质量兴农之路、大力实施质量兴农战略，这是实现农业农村现代化的客观需要。在此背景下，提高农民收入水平也理应更加注重质量。

经营性收入在农民收入中的占比较高，在不少地区还是农民第一大收入来源。现阶段我国农民收入质量不高的问题，在经营性收入上表现得尤为突

---

① 截至2021年。

出：一是农业经营性收入的效益偏低。随着农业生产进入高成本阶段，农产品的成本收益率趋于下降，二是家庭经营风险较高、经营性收入不够稳定。在自然风险、市场风险、政策风险等多重风险的影响下，部分农民的经营性收入出现了较大幅度波动，给家庭日常生产生活带来了不同程度的负面冲击。三是经营性收入持续增长后劲不足。由于人力资本水平偏低、生产经营方式粗放、对市场变化不适应等各种原因，许多农民在生产经营中面临增收动力疲软的问题，经营性收入增长潜力未能得到充分发掘。四是经营性收入增长的生态环境代价较高。一些农户为了自身短期经济利益，在生产经营中作出了不利于生态环境的行为。

由上可见，经营性收入已成为农民收入质量的主要短板所在。在"十四五"期间及今后更长一段时期，亟待采取有效措施不断提升农民经营性收入的质量。这既有利于增强农民的获得感、幸福感与安全感，也有助于推动质量兴农、绿色兴农战略落到实处，对全面推进乡村振兴、加快农业农村现代化具有重要意义。

第二节 基本概念界定

农民：农民作为一个社会群体，在世界各国是普遍存在的；然而，各国对农民一词的含义却并未形成统一的界定。在我国，农民通常被定义为"直接从事农业生产的劳动者"[①]或"在农村长期从事农业生产的劳动者"[②]，这是从职业角度来定义农民的。国内学界对农民内涵的阐释更加丰富，除了从职业角度外，还从阶层、身份、生活方式等视角来认识农民，由此形成对农民这一概念的不同理解。在不少学术文献中，农民是作为农村居民的简称来定义的（秦立建等，2012；白描，2015；胡鹏辉等，2018；王小华等，2020）。尤其是在研究居民收入的大量文献中，许多学者均用农民收入一词来指代农村居民收入[③]。本书所称的农民，也是农村居民的简称，泛指长期居住在农村地区[④]的居民（即农村住户中的常住人口），这是按人口的常住地而非职业来界定的。农村中的农业生产劳动者，仅是农村居民的一部分。有必要

---

① 《辞海》中的定义。
② 《现代汉语词典》中的定义。
③ 由于相关文献数量众多，不再一一列举。
④ 农村地区包括乡镇（不含城关镇）和城关镇所辖行政村。

说明的是，户口在农村地区但举家常住城镇的家庭，无论是否保留承包地均不属于农村住户，故该类家庭的全部成员应排除在本书所界定的农民范畴之外；另外，农村住户中在城镇长期居住的成员，不视为农村常住人口，所以也不属于本书所定义的农民。

经营性收入：经营性收入是居民收入的重要组成部分。经营性收入不同于工资性收入等其他来源收入之处在于，居民在通过生产经营活动获取经营性收入的过程中必然要付出相应的生产经营成本，所以，经营性收入应当从经营净收入（生产经营收入扣除生产经营成本的余额）口径来界定。为了确保全文概念统一、用词含义明确，本书用"经营收入"表示通过生产经营活动获得的、未扣除生产经营成本的收入，而用"经营性收入"或"经营净收入"表示生产经营收入扣除生产经营成本后得到的净收入。

农民经营性收入：农民经营性收入是农民从事各种生产经营活动得到的净收入的总和。农民的生产经营活动大致上可分成农业生产经营与非农生产经营两大类，农业生产经营指包括农林牧渔在内的第一产业生产经营（即广义的农业生产经营），非农生产经营指第二产业和第三产业生产经营。按照与农业生产经营的关联性程度，非农生产经营可进一步划分为农业相关产业生产经营、非涉农产业生产经营两种类型，其中，农业相关产业是指产品为农林牧渔业所用、直接使用农林牧渔业产品和依托农林牧渔业资源所衍生出来的二、三产业[①]。根据农民经营活动的上述分类，可以对农民经营性收入进行相应的类型划分，即将农民经营性收入分为农业经营性收入和非农经营性收入，而后者进一步分为农业相关经营性收入与非涉农经营性收入。

农民经营性收入质量：农民经营性收入质量是农民经营性收入在质上的规定性，反映了农民经营性收入的优劣程度，是评价农民经营性收入福利效应的重要依据。农民经营性收入质量涵盖收入效益、收入风险、收入成长性、收入外部性四个维度，收入的效益、风险、成长性和外部性构成了经营性收入质量的四大要素。农民经营性收入质量的高低，不仅直接关乎农民从经营性收入中得到的实际效用和福利水平，对农民生活的获得感、幸福感与安全感有重要意义，而且关系到农民生产经营对他人与社会整体福祉带来的影响。高质量的农民经营性收入表现为经济效益高、风险损失小、成长性强、负外部性少而正外部性多，体现了农民经营性收入增长又快又好的特征。关于农民经营性收入四大质量要素的具体内涵，将在第二章作详细阐释。

---

① 参见国家统计局《农业及相关产业统计分类（2020）》关于农业相关产业的范围界定。

第三节　相关研究简要综述

　　关于居民收入的国外研究文献中并无"收入质量"（income quality）一词。居民收入质量作为一个学术概念，是由中国学者最先提出的，从含义上看对应于收入数量。目前，国内学界直接针对农民或农民工收入质量的研究成果并不多。梳理现有相关文献，谢国光（2001）最早提出了农民收入质量这一概念，认为实物收入比重偏大降低了农民收入质量，但他并未给出收入质量的定义。最早界定农民收入质量含义的是林富民（2005），他提出高质量的收入表现为稳定增长、结构合理、知识含量高、劳动成本低。惠树鹏、蔺全录（2009）将稳定性、结构、效益作为衡量农民收入质量的标准，并通过量化评价发现 1995-2007 年间我国农民增收质量较低。佟光霁、张林（2012）从增收幸福感、增收绩效、增收可持续性三方面选取指标来构建农民收入质量评价体系。周丽等（2019）基于农民收入的充足性、可持续性、结构性和幸福感四个维度来界定农民收入质量，并对四川省各县（区）农民收入质量进行了综合评价。黄海荣（2020）认为，收入质量可以更加准确地体现农村居民在收入方面的优势与不足，为政府优化相关政策提供指导依据。为此，他建议及时将农村居民收入质量纳入宏观监测体系。

　　西北农林科技大学的孔荣、王欣两位学者，对农民工的收入质量问题进行了开拓性研究：她们从充足性、稳定性、结构性、成本性、知识性五个维度考察了农民工收入质量的内涵及其与农民工收入质量的相关性（孔荣、王欣，2013）；在此基础上，王欣（2014）进一步构建了农民工收入质量评估指标体系，通过实证研究发现我国农民工收入质量滞后与数量上升现象同时并存；两人还通过抽样调查发现，农民工自我感知的收入质量高于农民但低于城镇居民，且农民工的收入质量满意度低于收入数量满意度（王欣、孔荣，2014）；她们认为，影响农民工收入质量自我评价的因素，主要包括年龄、技能水平、工作行业环境、工作对健康状况损益、加班时间等（王欣、孔荣，2013）。近年来，一些学者将孔荣和王欣构建的农民工收入质量理论框架扩展运用于对农民收入质量的分析。例如，任劭（2016）构建了包含充足性、结构性、成长性、成本性和知识性五个维度的农民收入质量体系并进行了测算评价；康慧、张晓林（2019）选取了 16 个观测变量来衡量农民收入质量的五个维度（充足性、结构性、稳定性、成本性、知识性）。

在构建收入质量理论框架并开展测度评价的基础上，学者们还进一步研究了农民收入质量对其经济行为带来的影响。如邓锴和孔荣（2016）分析了收入质量不同维度对农民信贷需求的影响，结果表明务工收入占比、工作技能等因素对信贷需求有负向作用，而换行业次数对信贷需求有正向作用；邓锴等（2020）运用结构方程模型，基于收入质量视角量化研究了农户创业意愿的影响因素，发现农户收入质量对其创业意愿有直接显著的正向影响；罗永明和陈秋红（2020）实证分析了收入质量对农村家庭消费结构的效应，验证了收入质量在家庭生命周期对食品消费、教育消费以及衣物消费的影响中起到了中介作用；陈冲和刘达（2022）基于经典收入假说消费理论实证检验了农民的收入质量对其消费行为的影响，发现收入的充足性、持久性和不确定性对消费有正向影响，而收入的流动性和成本性对消费有一定抑制作用。

上述关于农民或农民工收入质量框架体系、测度评价、经济影响的文献，给我们研究农民经营性收入质量问题带来了有益的启示，对阐释农民经营性收入质量内涵、分析农民经营性收入质量要素有一定参考价值与借鉴意义。不过，经营性收入质量与收入质量是特殊与一般的关系，经营性收入质量相比一般意义上的收入质量有其个性化特点。因此，不宜将收入质量的一般分析框架完全套用于对经营性收入质量的探讨。综观现有相关研究，主要是从总体层面来分析收入质量的，并未具体到各种来源的收入。到目前为止，尚鲜见专门探讨农民经营性收入质量的文献，缺少直接相关文献无疑加大了本课题的研究难度。

尽管如此，间接涉及农民经营性收入质量的文献仍为数不少。例如，国内外学界在农业生产成本和效益、农户经营性收入稳定性（或波动性）、农民经营性收入增长可持续性等方面积累了不少成果，而这些方面从不同角度反映了农民经营性收入的质量，与农民经营性收入质量有较密切的关联性。所以，上述领域的研究成果也能为本书写作提供参考与启发。不过，鉴于此类间接相关文献数量较多，这里暂不进行详细梳理。在接下来几章具体论述农民经营性收入质量构成要素时，会对相关主要文献的核心观点作必要的概述与评析。

第四节 研究思路、内容结构与方法

本书总体上沿着"构建概念框架→分析现状问题→阐释影响因素→探讨

瓶颈制约→提出策略措施"的基本思路开展研究。根据这一思路，分三大部分设计本书的主体内容和结构（图1-1）：

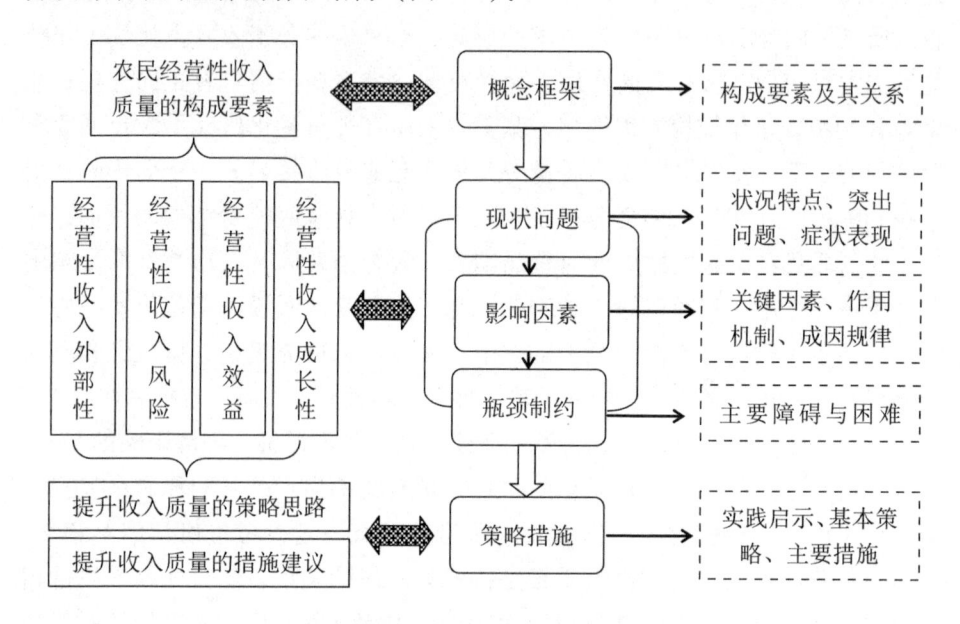

图1-1 研究思路与内容结构

第一部分是农民经营性收入质量内涵解析，这是本课题研究的起点和基础。该部分旨在构建农民经营性收入质量的概念框架，阐述农民经营性收入质量的四大构成要素及其相互关系，为后续研究奠定理论基础。

第二部分是农民经营性收入质量的现状问题、影响因素和瓶颈制约，这是本课题研究的核心内容。根据第一部分所构建的概念框架，分收入效益、收入风险、收入成长性、收入外部性四章内容来探讨农民经营性收入质量的现状问题、影响因素和瓶颈制约。在现状问题方面，重点是刻画收入质量的基本状况及特点，反映收入质量存在的突出问题，揭示当前收入质量不高的症状表现。在影响因素方面，重点是理论结合现实识别影响收入质量的关键因素并阐释其作用机制，由此揭示收入质量变化的一般规律和现实成因。在瓶颈制约方面，重点是剖析提升收入质量面临的主要障碍与困难。

第三部分是农民经营性收入质量的提升策略与措施，这是本课题研究的目的和落脚点。该部分考察了提升农民经营性收入质量的若干典型实践案例，总结了主要举措、创新做法与经验，并说明其实践启示。在对策方面，先从总体上探讨提升农民经营性收入质量的策略思路，然后分别针对不同质量要素提出农民经营性收入质量提升的措施建议。

本书在研究中采用的主要方法包括：（1）总体分析与分类分析相结合。在将全体农民作为一个总体考察其经营性收入质量的同时，还进一步分地区、分行业、分群体进行分类比较分析，其中，群体的划分主要依据经营规模和生计方式[①]。通过分类比较研究，揭示农民经营性收入质量现状问题、影响因素和瓶颈制约的地区间、行业间及群体间的差异性。（2）定量分析与定性分析相结合。在定量分析方面，运用描述性统计、指标测度等方法对农民经营性收入的效益水平、风险状况、成长性与环境负外部性进行量化考察与评价，利用因素分析法、贡献度分解法等方法剖析农民经营性收入效益和环境负外部性变化的成因，采用回归分析法实证检验农民农业环境行为的影响因素。不过，有些研究内容鉴于部分因素较难定量或缺少相关数据的原因，采用了定性分析为主的方法，如专业化经营对经营性收入风险的影响、经营性收入未来增长潜力、经营性收入社会外部性等。（3）问卷调查法。考虑到本课题研究中关于农民经营性收入质量的部分信息，现有各类数据库并未提供或虽然有但数据较为陈旧，故通过自行开展问卷调查以获得最新相关数据[②]。问卷调查采取了由调查员[③]入户访谈的形式，选择访谈式问卷调查[④]有两方面原因。一方面，在一些农民文化水平不高的情况下，通过访谈式调查便于向受访户当面解释部分不容易理解的问题，提高回答的准确性；另一方面，由于在问卷中设置了若干非结构化问题（如生产经营中遇到的主要困难、今后调整生产经营结构的打算等），只有面对面访谈才能有效引导受访户回答这些开放式问题并作详细记录。（4）访谈调查法。作者赴部分地区农业农村主管部门选择当地一些乡镇政府、村委会与合作社开展了专题性的访谈调查，了解与农民生产经营及经营性收入相关的政策情况和现实中存在的问题，重点内容涵盖小农户支持政策、新型农业经营主体培育、农村一、二、三产业融合、绿色生态农业发展等。此外，围绕家庭生产经营史和经营性收入变化成因等问题，选择了一些有意愿受访的农户与他们进行深度访谈，以此了解农民经营性收入成长性家庭间分化的主要原因。（5）案例分析法。本书选取了较好地反映农民经营性收入质量提升成效的若干代表性案例进行了剖析，其中既有

---

① 生计方式又称为生计模式，是家庭或个人基于拥有的生计资本而选择的适合自己的谋生手段与策略。
② 问卷范围包括河北、吉林、黑龙江、上海、浙江、福建、山东、河南、湖南、四川、贵州、甘肃12个省市的16个样本村庄，有效问卷数量共492份。
③ 调查员主要是经过作者专门培训的在读研究生。
④ 与访谈式问卷调查相对的是自填式问卷调查。

国家层面推动的改革案例，也有地方层面的自发探索案例，还有上下互动的实践创新案例，通过案例分析可以提炼总结出一些对提升农民经营性收入质量有启示意义的经验。

第五节　数据的主要来源渠道

本书使用的数据来源于现有数据库和自行问卷调查两种途径，前者主要包括全国农村固定观察点调查数据、全国农产品成本收益数据、中国住户调查数据、中国家庭金融调查数据、中国家庭追踪调查数据等（表1-1）。之所以选择使用不同的数据库，主要基于以下两点原因考虑：一是各个数据库的指标存在差异，任何一个数据库都无法提供课题研究所需全部数据，综合使用多个数据库能更充分满足研究的数据需求。二是就某些重要变量与指标而言，使用不同来源数据进行测算并比对结果，有助于增强结论的可靠性。此外，鉴于现有数据库的局限性，还通过自行开展入户问卷调查获得一手数据资料。另要说明的是，当具体研究某个问题、计算某个变量值时，在有相关指标信息且数据可得的前提下，一般优先选用官方的、质量较高的、年份较近的数据来源。

表1-1　本书使用的数据库及其有关情况

数据库名称	数据库简介	与本课题相关的数据信息	数据质量与可得性
全国农村固定观察点调查数据	该调查体系是根据中央有关要求建立的农村经济社会调查系统，其调查统计制度由国家统计局正式批准实施；常规调查体系有村庄和农户两套指标，通过对固定样本村和户进行长期跟踪调查取得连续数据，能较准确反映村、户各方面情况的动态变化	农户调查指标中涉及农民经营与经营性收入的指标较多，涵盖了家庭经营主业、家庭经营收入和费用、农地面积及流转情况、生产性固定资产、生产各类农产品的收入与费用、非农经营的收入与费用、农产品销量和出售方式、购买农资数量和渠道、生产性借款等	该调查数据的质量总体较好但开放度有限，微观数据获取难度较高[①]，向全社会公开的仅是历年汇总数据（目前截至2015年）

---

① 作者仅获得了2015年与之前年份的微观数据，2015年后微观数据未能获得。因此，在本书中如无特别说明，利用全国农村固定观察点调查微观数据得到的测算值均是2015年的结果。

续表

数据库名称	数据库简介	与本课题相关的数据信息	数据质量与可得性
全国农产品成本收益资料汇编	该资料汇编收录了历年全国和各地区主要农产品生产成本和收益的数据，农产品涵盖粮食、油料、棉、烟、糖料、蚕茧、水果、肉、禽、蛋、奶、蔬菜、畜产品等，较全面反映了农业生产的成本收益状况	该资料汇编提供了我国主要农产品的产量、售价、产值、化肥投入量、用工量、成本等方面的数据，其中，成本包括物质和服务费用、人工成本、土地成本；此外，还有美国主要农产品的成本和收益数据	所有数据向社会公开且质量优良
中国住户调查数据	该调查是中国官方统计调查体系的重要组成部分，主要调查全国与各省的城乡居民收入和消费情况，由国家统计局负责设计调查方案并组织实施；2012年前我国住户调查分城乡开展，分别组织城镇住户、农村住户调查，2012年第四季度起实施了城乡一体化住户调查改革，建立了城乡统一的住户调查体系	该调查数据提供了农民经营性收入、分产业经营净收入、农业分行业经营收入和费用等信息，在分城乡调查时期，还有农地面积、生产性固定资产、生产资料购买量、农产品出售量等涉及农民农业经营的指标数据，但总体而言与本课题相关的指标较少	该调查数据权威性较高，但微观数据目前仅向少数机构开放，仅历年汇总数据可从住户调查年鉴中方便获取
中国家庭金融调查数据（CHFS）	这是西南财经大学中国家庭金融调查与研究中心在全国范围内开展的抽样调查项目，旨在收集有关家庭金融微观层次的相关信息，用于全面细致地刻画家庭经济金融行为	该调查数据有一些与农民经营和经营性收入相关的指标，这些指标集中在生产经营项目部分，主要有农资采购渠道、农业资产总值、农业生产范围、农业经营收入和成本、农产品网上销售情况、工商业经营所属的行业、工商业经营收入、雇佣员工数、生产经营负债等	2011年、2013年、2015年、2017年和2019年的微观数据已向全社会开放，能够方便地获取，但某些指标的数据质量欠佳（如精准度较低等）

续表

数据库名称	数据库简介	与本课题相关的数据信息	数据质量与可得性
中国家庭追踪调查数据（CFPS）	该调查由北京大学中国社会科学调查中心实施，跟踪收集个体、家庭、社区三个层次的数据，重点关注经济活动、教育成果、家庭关系、家庭动态、人口迁移、健康等研究主题	该调查涉及农民经营与经营性收入的信息并不多，相关指标主要包括经营性收入、农业经营费用、农地流转情况、农用机械总值、从事个体私营活动情况等	该调查数据大部分向社会公开，质量总体良好，现有2010、2011、2012、2014、2016、2018、2020共七个年度的数据
自行问卷调查数据	这是根据课题研究需要自行设计问卷并对农户入户调查获得的数据，接受调查的农户来自河北、吉林、黑龙江、上海等12个省市	主要内容包括生产经营行业领域、生产经营中的交易成本状况、经营性收入风险成因、经营性收入增长潜力预期、购买农业生产资料渠道、销售农产品渠道、农业废弃物处置方法、从事乡村新产业新业态经营情况等	问卷调查数据信息的针对性与时效性强，但因未严格按随机原则抽样且样本户数量较少，使得样本对总体的代表性偏弱[①]

第六节　农民经营活动及经营性收入概况

　　农民的经营性收入来自生产经营活动。在研究农民经营性收入质量前，先简要考察农民从事生产经营及获得经营性收入的总体情况及其特点，这有助于我们更好把握本课题研究的重点。我国农民经营活动及经营性收入概况，主要从农村经营户的数量与类型结构、农民经营的行业范围及主业、农民的多元化经营情况、农民人均经营性收入的增长和结构、不同类型农村经营户的人均经营性收入差距等方面进行考察。

---

① 需要说明的是，问卷调查数据主要用于了解总体的大致情况、发现一些问题（探索性研究），并不要求用样本数据来推断总体特征，因此，未严格按随机原则抽样且样本户数量较少并不会对研究结果带来较大影响。

农村经营户的数量。将从事生产经营活动、拥有经营性收入的住户称为经营户,而将不从事任何生产经营活动、没有经营性收入的住户称为非经营户,用农村经营户在全部农村住户中所占比例衡量农村经营户的相对数量。基于全国农村固定观察点调查微观数据的测算,农村经营户占我国全部农村住户的比重为86.4%;另根据中国家庭金融调查相关数据进行测算,农村经营户在我国全部农村住户中的占比是82.7%。由此可粗略估计,我国农村中经营户占全部住户的比重在85%左右,即约85%的农民家庭至少从事一项生产经营活动。

农村经营户的类型结构。从经营产业视角划分,农村经营户可分为仅从事农业生产经营的经营户、仅从事非农生产经营的经营户、同时从事农业和非农生产经营的经营户三种类型。基于全国农村固定观察点调查微观数据的测算,在全部农村经营户中,仅从事农业生产经营、仅从事非农生产经营、同时从事农业和非农生产经营的经营户占比分别为75.2%、6.7%和18.1%。进一步考察,在同时从事农业和非农生产经营的经营户中,以农业经营为主的占39.3%,而以非农经营为主的占60.7%[1]。另根据中国家庭金融调查相关数据测算,仅从事农业生产经营、仅从事非农生产经营、同时从事农业和非农生产经营的经营户占全部农村经营户的比重,分别是88.3%、3.1%和8.6%。进一步考察,在同时从事农业和非农生产经营的经营户中,以农业经营为主的占31.9%,而以非农经营为主的占68.1%。尽管由于样本选取等原因,从两个数据来源得出的结论有一定差异,但这并不影响我们对农村经营户类型结构特点的基本判断——当前我国农民从事非农经营的比例并不高,大多数农村经营户的生产经营活动仍局限在第一产业。

农民经营的行业范围及主业。基于全国农村固定观察点调查微观数据的测算,农村经营户从事粮食作物种植、经济作物[2]种植的比例最高,两者分别高达76.3%和60.2%,从事畜牧业生产的比例也相对较高,为31.2%;除此之外,从事其他行业经营的比例均较低,从经营主业的结构比例来看(图1-2),以种植业为主业的经营户比例高达71%,而以其他行业为经营主业的比例均较低。由此可见,农民的生产经营活动高度集中于第一产业尤其是种植业。另外,通过问卷调查还发现,农民从事的非农经营,绝大多数是农业相关产业的经营,开展非涉农产业经营的情况很少见。

---

① 根据农业经营收入与非农经营收入孰大孰小来区分农业经营为主还是非农经营为主。
② 含园艺作物。

提升农民经营性收入质量研究 >>>

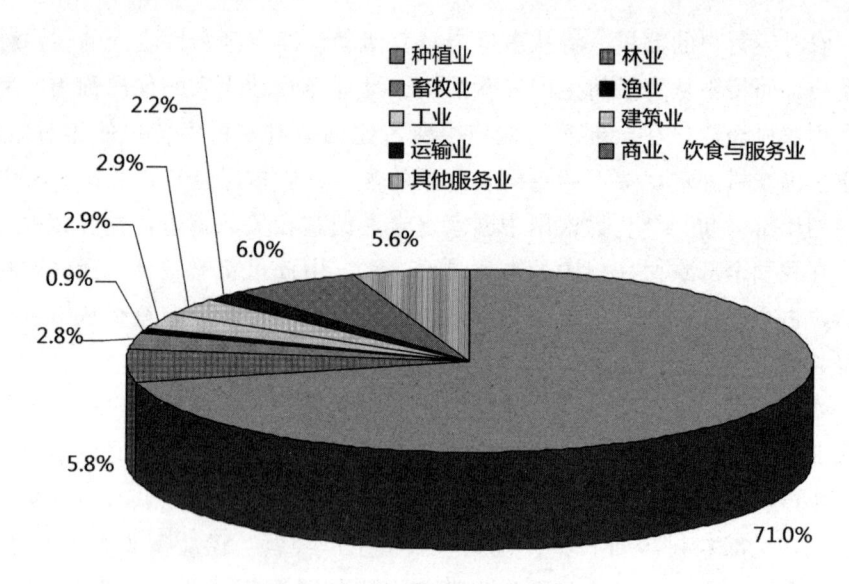

图例：种植业　林业　畜牧业　渔业　工业　建筑业　运输业　商业、饮食与服务业　其他服务业

2.2%
2.9%
2.9%
6.0%
5.6%
0.9%
2.8%
5.8%
71.0%

图 1-2　农民经营的主业结构

资料来源：根据全国农村固定观察点调查微观数据计算。

农民的多元化经营情况。按粮食作物种植、经济作物种植、畜牧业、渔业、林业、工业、建筑业、运输业、商业饮食业、娱乐服务业、文教卫生业、其他服务业分类，根据全国农村固定观察点调查微观数据进行测算，我国农村经营户跨行业经营的比例是 62.7%。在仅从事农业生产经营的经营户中，跨行业经营的比例为 58.1%。具体来看，粮经结合最为普遍，比例达到了 47.3%；粮畜结合、经畜结合也比较常见，两者比例分别是 27.8% 和 25.1%。在仅从事非农生产经营的经营户中，跨行业经营的比例是 13.5%，这表明仅从事非农生产经营的经营户在工业、建筑业、运输业、商业饮食业、娱乐服务业、文教卫生业、其他服务业这七大行业间较少开展跨行业经营。结合前文同时从事农业和非农生产经营的经营户占比（18.1%）综合分析发现，我国农民的跨行业多元化经营现象，主要体现在农业内部，跨农业与非农的并不多，而非农内部则更少。另外，基于中国家庭金融调查相关数据的测算结果显示，在从事非农生产经营的农村住户[①]中，87.9% 的家庭仅从事 1 项非农经营活动，9.5% 的家庭从事 2 项非农经营活动，从事 3 项及以上非农经营活动的家庭比例仅为 2.6%。这进一步反映出我国农民在第二三产业领域的经营相对较为专业，多元化程度不高。

---

① 包括仅从事非农生产经营的经营户、同时从事农业和非农生产经营的经营户。

农民人均经营性收入的增长和结构。进入21世纪后，我国农民的家庭人均经营性收入，无论是农业经营性收入还是非农经营性收入，均实现了持续较快增长（图1-3）。从人均经营性收入的来源结构看，农民的经营性收入主要来自农业经营，农业经营性收入比重在绝大多数年份超过了2/3。非农经营性收入比重在2000~2008年间经历了小幅下降后，自2009年以来有较明显上升，呈现出U型变化趋势（图1-4）。2020年，非农经营性收入比重已提高至34.5%，这一定程度上反映出近十几年来农村非农产业的快速发展态势。

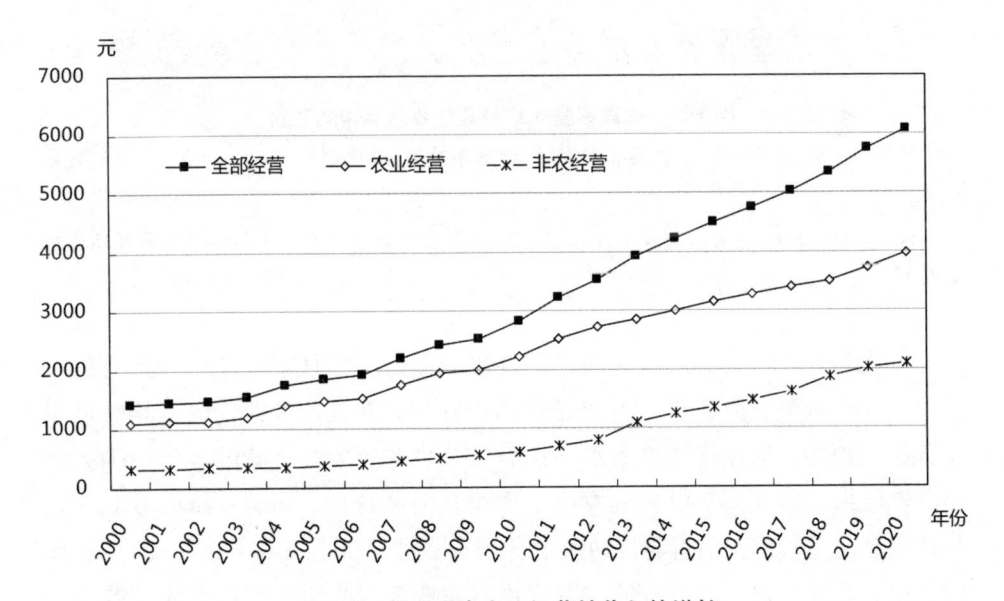

图1-3 农民家庭人均经营性收入的增长

资料来源：根据历年《中国农村住户调查年鉴》《中国住户调查年鉴》相关数据计算。

注：2000~2012年为人均经营纯收入，2013年采用城乡一体化住户调查后为人均经营净收入。

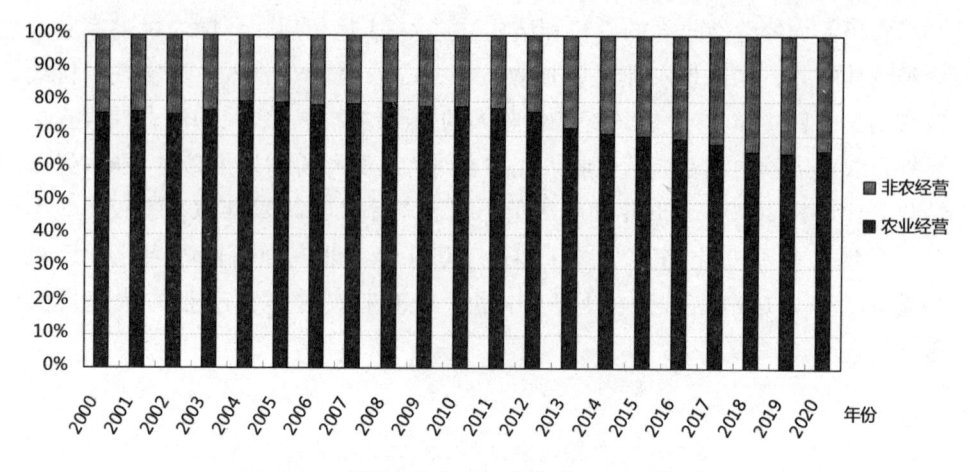

图 1-4　农民家庭人均经营性收入结构的变化

资料来源：根据历年《中国农村住户调查年鉴》《中国住户调查年鉴》相关数据计算。

注：2000~2012 年为人均经营纯收入，2013 年采用城乡一体化住户调查后为人均经营净收入。

不同类型农村经营户的人均经营性收入差距。仅从事农业生产经营的经营户、同时从事农业和非农生产经营的经营户，其人均经营性收入均略低于全部经营户的人均经营性收入水平；而仅从事非农生产经营的经营户的人均经营性收入，则远高于仅从事农业生产经营的经营户、同时从事农业和非农生产经营的经营户，前者与后两者的比值分别是 2.3 和 2.2（表 1-2）。在同时从事农业和非农生产经营的经营户中，农业经营为主户相比非农经营为主户的收入差距，主要体现在非经营性收入上，两者在经营性收入上的差距很小。另外还发现：仅从事农业生产经营的经营户、同时从事农业和非农生产经营的经营户相比仅从事非农生产经营的经营户在人均可支配收入上的差距，要小于在人均经营性收入上的差距。仅从事非农生产经营的经营户的人均可支配收入同仅从事农业生产经营的经营户、同时从事农业和非农生产经营的经营户的比值，分别是 1.6 和 1.5（表 1-2）。究其原因，主要是因为仅从事非农生产经营的经营户对经营性收入的依赖度远高于仅从事农业生产经营的经营户、同时从事农业和非农生产经营的经营户——平均来看，仅从事非农生产经营的经营户可支配收入的 3/4 以上来源于经营性收入，而在仅从事农业生产经营的经营户、同时从事农业和非农生产经营的经营户的可支配收入中，经营性收入所占比重仅略高于 50%。事实上，在人均非经营性收入水平上，仅从事非农生产经营的经营户反而低于仅从事农业生产经营的经营户、同时从事农业和非农生产经营的经营户。

表1-2 不同类型农村经营户的人均收入状况　　　　单位：元

| | 经营户 | 经营户类型 ||| 其中： ||
		仅从事农业	仅从事非农	同时从事农业和非农	农业为主	非农为主
可支配收入	14797.7	14135.9	22061.2	14831.9	12941.8	16060.5
经营性收入	7966.4	7258.8	16823.6	7635.6	7524.2	7708.1
非经营性收入	6831.3	6877.1	5237.6	7196.3	5417.6	8352.4

资料来源：根据全国农村固定观察点调查微观数据计算。

第二章 农民经营性收入质量的构成要素

农民经营性收入质量的构成要素包括收入效益、收入风险、收入成长性、收入外部性，它们从不同维度刻画出农民经营性收入的质量状况及特点。本章说明了各质量要素与经营性收入质量形成的部分与整体之间关系，阐释了选取经营性收入质量构成要素的逻辑依据与现实原因，论述了各质量要素的内涵、特征与衡量方法，并基于质量体系整体观探讨了不同质量要素间的辩证关系。本章构建的农民经营性收入质量概念框架，为后续研究奠定了理论基础。

第一节 农民经营性收入质量要素概述

近年来，国内学界对农民或农民工收入质量的构成要素已作了一定研究，形成了一些共识性的看法，对本书构建农民经营性收入质量概念框架带来了有益启示。但是，以往关于收入质量的研究几乎都针对可支配收入（或纯收入），未有涉及经营性收入质量的相关论述。作为农民收入的重要组成部分，农民经营性收入及其质量有其自身特点，不宜简单套用可支配收入层面的收入质量概念框架。根据农民经营性收入的属性特征，参考借鉴现有相关研究，将农民经营性收入质量的构成要素概括为收入效益、收入风险、收入成长性、收入外部性，这四大质量要素与经营性收入质量本质上是部分与整体之间的关系。

以往相关文献通常将收入结构视为收入质量的一个重要维度，但本书未将经营性收入结构作为农民经营性收入质量的构成要素。其主要原因在于经营性收入质量与经营性收入结构从函数关系看不具有单调性，即经营性收入质量并不随着经营性收入结构多元化水平的变化而单调变化——很难说经营性收入来源渠道越多、经营性收入质量就一定越高，反之亦然。另外，经营性收入质量与某种经营性收入比重高低之间也不是一种简单的单调关系，如经营性收入质量并不一定随农业经营性收入比重下降而提高。反观经营性收入的效益、风险、成长性和外部性四大质量要素，就其自身与经营性收入质量的关系而言均具有单调性。但另一方面也要看到，经营性收入结构确实与经营性收入质量有密切关联性，这种关联性可通过经营性收入结构对经营性收入质量四大构成要素（收入效益、收入风险、收入成长性、收入外部性）产生影响而间接体现出来。鉴于此，将经营性收入结构作为影响经营性收入四大质量要素的重要因素之一。

收入效益、收入风险、收入成长性、收入外部性这四大质量要素从不同维度反映了农民经营性收入的质量状况与特征，为测度评价农民经营性收入质量水平、分析农民经营性收入质量影响因素、探索农民经营性收入质量提升路径提供了基本依据。下面分别论述经营性收入四大质量要素与经营性收入质量所形成的部分与整体间关系，并从中说明选取收入效益、收入风险、收入成长性、收入外部性作为经营性收入质量构成要素的逻辑依据与现实原因。

一、农民经营性收入效益与农民经营性收入质量间的关系

党的十九大报告指出要"坚持质量第一、效益优先"，这是高质量发展的本质要求与核心特征。质量同效益是密切联系在一起的：从理论上看，学界基于质量与效益间的内在关联性，提出了质量效益型增长/发展的概念，在学理层面揭示了质量与效益间的逻辑关系；从实践上看，提高发展质量必然要求集约而高效地使用稀缺资源，使各种要素的边际报酬达到较高水平，确保参与生产活动的经济主体获得较好收益。正因为如此，效益高低始终是衡量发展质量优劣的一个重要标准，在发展质量评价体系中处于基础性地位。

对于农民的生产经营活动而言，经营性收入效益（通过经营净收益直接体现出来）同样是衡量经营性收入质量的重要依据。经营性收入效益是从投入-产出角度来反映经营性收入质量的，由经营成本与经营收入共同决定的经营净收益，构成了经营性收入质量的基础。经营净收益率高，意味着生产经营的投入产出水平高，资源要素在生产经营中得到了集约高效的利用，而这正是高质量发展中效益优先内涵的体现。因此，提高农民经营性收入效益，是提升农民经营性收入质量的最基本要求与首要目标。

二、农民经营性收入风险与农民经营性收入质量间的关系

在宏观经济层面,风险是影响发展质量的重要因素,高质量发展要求防范化解重大风险,风险可控是实现高质量发展的前提。在微观经济层面,风险与质量同样密切相关。就居民收入来讲,居民能从收入中获得效用,但在收入不确定的环境中,收入效用必然受到收入风险的影响,收入风险会通过收入效用影响到收入质量。

基于以上这种逻辑,可用风险效用函数来解释农民经营性收入风险与农民经营性收入质量间的关系:根据冯·诺依曼-摩根斯坦期望效用函数理论,效用函数有凹性、线性和凸性三种类型,分别表示经济主体对风险持厌恶、中性和喜好态度。我国农民中风险喜好者的比例很低、风险中性者的占比也不太高,大多数农民特别是小农户属于风险厌恶者。风险厌恶这种性格源于农民在市场中的弱势地位(童列春,2013),风险厌恶通常情况下是对农户风险态度的合理假设(蔡继明、方草,2005)。在风险厌恶假设下,农民经营性收入期望值的效用将大于收入效用的期望值(图2-1),用公式表示为 $U[E(R)] > E[U(R)]$,其中 R 是经营性收入。这表明,对于厌恶风险的农民而言,降低经营性收入的不确定性有助于提高经营性收入的效用水平及质量水平。

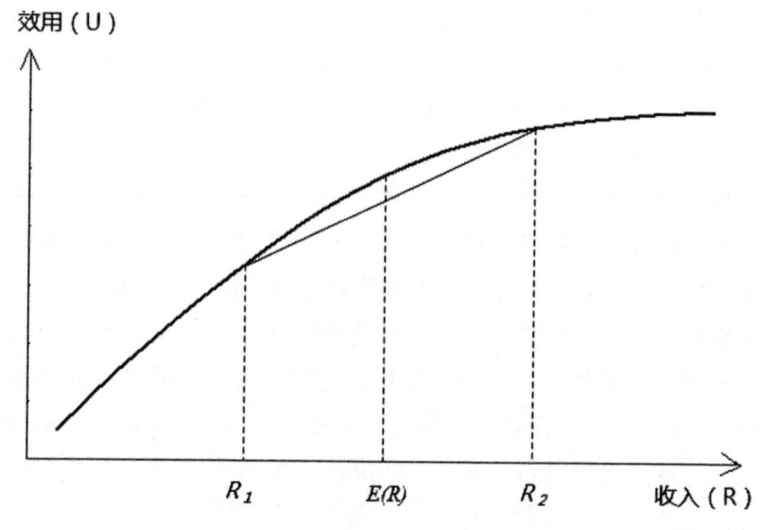

图2-1 农民经营性收入的风险效用函数

三、农民经营性收入成长性与农民经营性收入质量间的关系

就微观经济主体和微观经济活动来说,高成长性是高质量发展的重要标志,这一结论也适用于农民经营性收入。农民经营性收入的成长性是基于收入数量角度来观察收入质量的,体现为农民经营性收入的历史增长速度与未来增长潜力。这里要说明的是,尽管收入质量在内涵上有别于收入数量,但它并非完全脱离于收入数量。对农民经营性收入进行质量评价也要考虑数量因素,只不过两者的结合点是动态的收入成长而不是静态的收入水平。

就某一时点来看,不同农民家庭的经营性收入水平存在较大差异,但这种差异很大程度上源于家庭生计方式、经营规模和初始禀赋,因此,我们无法从收入水平高低直接判断收入质量高低。然而,当分析视角从静态收入水平转向动态收入成长后,结论就会发生变化——由历史增长速度和未来增长潜力所共同反映的成长性,是衡量农民经营性收入质量优劣的一个较好依据。其主要原因在于:从微观视角来看,就影响经营性收入的内部因素而言,农民经营性收入的成长性同农民拥有要素的质量[①]、经营理念和经营能力(企业家才能)等因素密切相关,而这些因素显然是体现经营质量的重要内容;高质量的要素、先进的经营理念以及良好的经营能力,可为经营性收入成长提供源源不断的动力,这种持续性的动力正是高质量的核心特征之一。

四、农民经营性收入外部性与农民经营性收入质量间的关系

收入效益、收入风险、收入成长性都是从农民自身角度来评价收入质量的,但农民的生产经营活动不仅影响自身的经营性收入和经济利益,也会对他人和社会产生一些非市场化的外部影响。农民为了增加自身经营性收入而作出的经营决策和采取的经营行为,对他人与社会可能带来正面影响也可能带来负面影响,这关系到社会的整体福利。所以,对农民经营性收入质量的评价,不应局限于农民自身利益,还必须充分考虑外部性对全社会福祉的影响[②]。农民从事生产经营活动所产生的外部性,在形式上包括生态环境外部

[①] 要素质量包括劳动力质量、农地质量、物质装备质量、技术质量、信息质量等。
[②] 举例来说,有一家农户保持了较高的经营净收益率,经营性收入实现了持续快速增长;但这家农户不注意保护生态环境,生产经营活动造成的环境污染较严重。尽管从农户自身角度来看,其经营性收入的经济效益和成长性良好、质量较高;但基于社会整体福利考虑,因家庭经营带来的环境负外部性较严重,对该农户经营性收入质量的评价就必然要打折扣。

性、经济安全外部性、知识和技术外部性、社会保障外部性等,上述外部性与绿色低碳、安全保障、创新驱动、共享发展等高质量发展基本要求是相互关联的。经营活动产生的正外部性越多,经营性收入质量越高;反之,负外部性越多,经营性收入质量越低。

第二节 农民经营性收入的效益

关于农民/农民工收入质量的现有文献,通常将收入成本性作为收入质量的一个重要维度。孔荣、王欣(2013)认为,收入的获取成本包括显性和隐性成本、物质成本和精神成本、有形成本和无形成本,这些成本影响了收入的质量。任劼、孔荣(2016)进一步指出,收入的成本性体现了收入质量的效率,收入获取过程中的成本越低,收入质量越高。不过,收入与为获取收入所付出的成本是有机关联的整体,在很多情况下,为了获得更高收入就必须支付更多成本。所以,单纯根据成本水平判断收入质量失之偏颇,应当将成本与收入结合起来评价收入质量。对于农民经营性收入质量而言,也需要同时考量经营收入以及为获得经营收入付出的成本两大因素。为此,基于投入-产出视角来定义农民经营性收入的效益,本书将经营净收益与经营收入的比值(即经营净收益率)作为衡量农民经营性收入效益的指标,该比值越大,经营性收入效益就越好,经营性收入质量也就越高。显然,这是从经济角度来界定与衡量农民经营性收入效益的。作这样的规定只是为了使概念内涵更清晰明确,并非意味着农民生产经营活动的生态效益、社会效益不重要。对于农民生产经营成果的生态效益和社会效益,安排在经营性收入外部性部分进行探讨。

经营净收益是经营收入扣减经营成本后的余额,其中,经营成本有不同的衡量口径。在不同口径下,经营成本、经营净收益及经营净收益率的计算结果是有差异的。狭义的经营成本是指在经营过程中实际发生的显性成本,亦称为会计成本。经营收入扣减狭义经营成本后的余额,就是农民的经营净收入,这也可视为农民通过经营获得的会计利润。但是,仅仅核算显性的会计成本,并不能充分反映农民的经营成本与经营净收益状况。其原因在于:农民在经营活动中较多使用家庭自有的承包地,经营性资金也有相当一部分来源于自身积累;此外,对于小农户、家庭农场与农村个体工商户而言,劳动力投入完全或主要依靠家庭成员。租用他人土地、向他人借款、雇佣他人劳动需要支付租金、利息、工资，同样道理，农民使用自己的土地、资金和劳动力也应该获得相应报酬，这种报酬作为隐性成本理应与租金、利息和工资一样计入经营成本。所以，广义的经营成本除了会计成本之外，还包括自营地使用成本、自有资金使用成本和家庭用工成本。当采用广义口径的经营成本时，经营净收益=经营收入-会计成本-（自营地使用成本+自有资金使用成本+家庭用工成本），其在数值上必然小于经营净收入（即会计利润）。此时的经营净收益，实际上就等于正常利润（即农民对自己所提供的企业家才能的报酬支付）与经济利润（即超额利润）之和，这相比会计利润能更好反映农民经营性收入的真实效益状况。在本书中，如无特别说明，经营净收入（会计利润）与经营收入的比值称为会计利润率，而经营净收益率专指按广义经营成本口径计算得到的经营净收益与经营收入的比值。这里有必要指出的是，尽管从经济学原理和全面性角度看，经营净收益率相比会计利润率是衡量农民经营性收入效益的更好指标，但不能据此轻视甚至否定会计利润率的意义。这是因为在很多农民的眼里，生产经营成本仅指显性成本，自家投入的劳动和土地等要素通常并不视为成本，他们一般是以会计利润率而非经营净收益率来判断家庭经营盈利状况的。基于会计利润率更加贴近农民对经营效益主观认知的事实，该指标在实践运用中仍有不可替代的作用。

另外，交易费用理论表明，经营活动过程中发生的各种交易成本是不可忽视的。根据经济学家威廉姆斯（Williamson，1975、1985）和达尔曼（Dahlman，1979）等的界定，经营中的交易成本主要包括搜寻成本、议价成本、契约成本、监督成本和违约成本等。尽管交易费用大多不计入会计成本且较难用货币量化，但它对农民经营性收入的效益也会产生一定影响。通常而言，交易成本越低，经营性收入效益越好。所以，也有必要对农民经营中的交易成本作一些考察。鉴于许多交易成本不易货币化计量的特点，对交易成本的分析主要采用定性手段。

第三节　农民经营性收入的风险

综观已有研究，目前少有直接阐述农民经营性收入风险这一概念的文献。为此，本书从风险的一般内涵及特点出发，先对农民经营性收入风险的含义作出界定。在经济社会发展中，风险是普遍存在的，对风险的讨论通常与不确定性相联系：在美国经济学家奈特（Knight，1921）看来，风险是可测定的不确定性；大多数学者也都认为，风险来自不确定性，不确定性是形成风险的前提条件。一种比较主流的观点是将未来预期结果的不确定性视为风险，未来的结果既可能是有利的也可能是不利的，前者会带来风险收益而后者会造成风险损失[①]。可见，风险具有收益性与损失性双重特征，在一般理论分析中，风险收益和风险损失均属于风险范畴。但是，如风险研究专家威雷特（Willett，1901）所言"风险是关于不愿发生的事件发生的不确定性之体现"，就日常生活感知来讲，人们对风险的认识往往倾向于风险损失而不是风险收益。马小勇（2009）在研究农户收入风险时，将其定义为"由于自然、市场、技术等不确定因素的不利影响，使农户收入意外减少的情形"，这就是基于风险损失视角对农民收入风险作出的界定。在本书中，我们也立足于不利性角度来理解农民经营性收入的风险，认为农民经营性收入风险是由于各种不确定因素导致农民经营净收入低于预期水平的可能性。至于农民在经营中可能获得的风险收益，则放在经营性收入效益部分进行分析。

无论从事农业、农业相关产业还是非涉农产业的经营，农民均会面临经营性收入风险；然而，不同经营领域的经营性收入风险具有差异化特征。由于农业生产对象是动植物，其生长依赖于阳光、土壤、气温、水等自然力，自然属性明显，较易受到气候与疫病的影响。因此，自然灾害等不利自然因素对农业生产造成的负面冲击远大于非农产业，这使得自然因素在农业经营性收入风险形成中的重要性程度高于非农经营性收入风险。此外，农业生产者一般是根据对未来的价格预期作出生产决策、确定要素投入的。农业的生产周期通常比工商业要长，从投入生产资料到收获农产品的整个过程会经历较长时间。在此期间，农产品的价格会受到各种意料之外因素的影响，有可能较大幅度偏离预期。根据"蛛网理论"，有不少农产品的需求较为稳定且需求弹性相对较小，但这些农产品的供给弹性则相对较高，上述供求特点会导致农产品价格呈现发散型蛛网波动现象。因此，生产和销售农产品的经营性收入，尤其容易受到产品价格波动引发的风险冲击。而对于从事农产品流通和加工的经营者来说，农产品在物流过程中的非正常损耗是经营性收入风险的最主要来源之一。与工业品不同的是，农产品通常有一定的保鲜保质期，其中的生鲜农产品更是容易腐烂，对物流时效性和环境条件的要求较高；如果储存不当或未及时出售，就会因腐败变质而造成非预期经济损失。

---

① 风险收益是指实际收益超过预期收益的部分，而风险损失指实际收益低于预期收益的部分。

研究农民经营性收入风险，必然涉及收入风险的衡量。在这方面，学界已进行了一些探索并提出了不少测度方法。较常见的一种方法，是用收入的方差来衡量收入风险。但是，以往研究大多测算的是横截面方差（Carroll & Samwick，1997；樊潇彦等，2007；李云森，2012），不能反映家庭收入在时间维度上的波动，无法直接衡量家庭的收入风险；而基于个体时间序列数据简单计算方差，又存在长期趋势性变化与短期波动混在一起、难以识别真实收入风险的问题。为此，有学者使用收入实际值与变化趋势值的差额来测度收入风险（臧旭恒、裴春霞，2004）；还有学者将趋势法与方差法结合起来，用家庭收入去除长期趋势后的方差衡量收入风险（林光华，2013）。除此之外，问卷调查法也得到了较多运用：Guiso 等（1992）根据受访者对其今后收入不确定性的感知来判断收入风险高低；胡振、臧日宏（2016）在问卷调查中设定了主观评价收入稳定性的十个等级，以此反映调查对象的收入风险状况。本书采用两种方法对农民经营性收入风险进行测度：第一种方法借鉴并拓展运用王健宇（2010）提出的调整离差率法，该方法的优点在于能分离出预期之内的收入波动，使计算结果较好反映收入风险损失；第二种方法是问卷调查法，通过受访农户对其以往年份经营性收入实际水平偏离预期情况的回忆和判断，了解农民经营性收入风险的大致状况。

第四节 农民经营性收入的成长性

近年来，有学者提出了居民收入成长性的概念并对其基本内涵作了一些初步阐释：彭艳玲（2016）认为，收入成长性表现为收入来源的稳定和增长空间；收入的成长性水平越高，表明收入来源越稳定，收入数量的增长空间越大。在任劼（2016）看来，衡量收入增长情况的维度就是收入成长性。刘胜科（2020）将农户收入成长性定义为农户收入过去和未来稳定增长的能力和潜力。以上观点对界定农民经营性收入成长性的内涵有直接参考借鉴价值。但是，现有相关论述仍有一些值得商榷之处，例如，彭艳玲将收入成长性与收入来源稳定性相关联，这可能会导致收入成长性与收入稳定性两个不同概念混淆起来；再如，任劼采用年度增长率来衡量收入成长性，而成长性通常要求在较长时间跨度内进行考察。本书将农民经营性收入的成长定义为农民经营性收入在较长时期内持续增长的动态变化过程，经营性收入成长性就是对经营性收入长期持续增长这一状态特征的描述。从时间维度来看，以当前时点为分界线，农民经营性收入的成长性在时间覆盖范围上既包含过去也指向未来。良好的收入成长性，一方面表现为收入在过去经历了较快增长，另一方面表现为收入在未来有较强增长潜力。

经营性收入成长性的内涵丰富，一般而言，它具有如下几大鲜明特征：一是动态性。收入成长性反映的是收入的变化过程，表现为收入从一个时点到另一个时点的变化，动态性是成长性的首要特点。二是增长性。收入变化可以有不同方向，而收入成长专指收入水平提高的变化过程；可见，增长性规定了收入成长的方向。三是长期性。从时间跨度来看，成长性属于长期概念、体现的是长期趋势，收入成长状况要通过一段较长时间才能充分显现出来。四是持续性。收入只有保持长期持续增长状态，才能视为拥有良好的成长性；有些收入短期内增长较快，但缺乏后续增长潜力，从而不具备持续性和成长性。持续性是收入成长性的核心特征。五是波动性。受到各种负面冲击的影响，收入增长会出现一些波动，收入成长轨迹不太可能是一条连续向上的平滑曲线，收入成长并不排斥暂时性的收入下降。

经营性收入成长性是与经营活动成长性既密切相关又有所区别的概念。经营活动成长性与经营性收入成长性具有因果关系，前者为因、后者为果；经营活动成长是经营性收入成长的基础，经营性收入的成长是经营活动成长的必然结果。然而，经营活动的成长在表现形式上比经营性收入成长更加丰富：经营性收入成长主要通过净收入增长来反映，表现维度相对单一；但经营活动成长的表现具有明显的多维性，除了经营性收入的持续增长外，还反映在经营规模扩张、经营范围扩大、经营结构优化、经营能力增强、经营效益提高等诸多方面，而这些方面均会影响经营性收入的成长性。对农民经营性收入成长性的研究，绝不能脱离农民经营活动的成长性。基于两者间的因果关联性，可以从农民经营活动的成长中探寻农民经营性收入成长的主要动因与机制。

由于农民经营性收入的成长性在时间维度上有过去和将来两个向度，所以对收入成长性的测度与评价，也应当从过去和将来两个视角展开。一方面，要运用历史数据衡量以往收入的成长性，这主要通过收入的历史增速来反映；另一方面，要前瞻性地评估未来收入的成长性，这依赖于对收入增长潜力的科学分析。农民经营性收入增长潜力是一个难以被直接观测的潜变量，直接度量存在较大困难。鉴于传统统计方法不能有效处理潜变量的局限性，在理论上可采用两种方式对经营性收入增长潜力进行测度：第一种方式是运用结构方程模型，通过若干显变量来推断和间接测量经营性收入增长潜力这个潜变量，这些显变量能从不同角度反映经营性收入增长的潜力状况并具有良好的可观测性。第二种方式是由农户自己对家庭经营性收入的增长潜力与前景作出判断。在学界，使用主观测量工具对成长性进行测量是一种常见做法（Powell & Brantley，1992；Tippins & Sohi，2003；Aimilia etc，2011）；当客观数据难以获得时，用替代性的主观数据来测度成长性，同样可以获得较好的效度（Walletc，2004）。本书选择使用主观测度法来衡量农民经营性收入的增长潜力。

在测度和评价农民经营性收入成长性（尤其是历史成长性）时，如何认识与处理因家庭生计方式变化造成的经营性收入水平变化，是一个无法回避的难点问题。受城镇化推进、产业结构变动、农村新型经营主体发展等诸多因素影响，我国农民家庭生计方式发生了较明显的变化。不少农民放弃农业生产外出务工，还有些农民将承包地流转给他人经营。当农民家庭生计方式发生上述变化、由生产经营转向受雇务工或收取租金红利时，其经营性收入就会减少。但这种减少与经营不善或市场不景气原因导致的经营性收入减少，在性质上是完全不一样的。其原因在于：从理性经济人角度分析，一些农民之所以要调整家庭生计方式，将自有生产要素从自我经营领域转出给其他经济主体使用，主要动因是调整后能给他们带来更多收入——外出务工的工资性收入比家庭生产的经营性收入更高，或将土地流转他人获得的财产性收入高于自己耕作承包地的经营性收入。在此情况下，虽然经营性收入确实减少了，但家庭总收入是增加的。所以，上述这种家庭生计方式变化引致的经营性收入负增长，不宜简单视为经营性收入缺乏成长性。本书对农民经营性收入成长性的测度评价，主要关注的是缘于自身经营因素或市场外部约束等原因造成的经营性收入水平长期变化，此类变化能真实反映经营性收入的成长性以及质量状况。

第五节 农民经营性收入的外部性

前面几节所探讨的收入效益、收入风险和收入成长性，都是从农民自身角度考察经营性收入质量的，而收入外部性则基于整个社会福利视角对农民经营性收入质量进行评价。农民经营性收入的外部性，可以理解为农民在开展获取经营性收入的经营活动中给他人和社会造成的非市场化影响。由于这种非市场化影响的存在，使得农民在经营中得到的收益与支付的成本，同社会收益、社会成本发生偏离。与经营性收入效益只反映经营活动私人经济效益不同的是，经营性收入的外部性体现了经营活动的社会效益①状况，且这种社会效益有时难以准确地用货币计量。农民经营性收入外部性分为正外部性和负外部性两种类型：当产生正外部性时，农民经营活动使他人或社会受益，而农民无法从受益者那里获得补偿；当产生负外部性时，农民经营活动使他人或社会受损，但农民却不用为此负担成本。

在现实中，农民经营性收入的外部性体现在很多方面，这里选取其中一些典型表现略作说明：（1）正外部性的典型表现。农民从事农业生产经营活动，在食物保障、经济、生态、社会与文化等方面具有多元价值——除了提供食物与纤维以保障食物安全外，还在促进经济发展、保护环境、维持农村社区生存和文化教育上具有独特功能（吕耀、章予舒，2007）；农业生产中对耕地的保护具有社会保障作用，有利于促进社会稳定（陈美球等，2010）；农民在经营中自己探索使用新的生产技术，这些新技术会产生外溢效应，在一定范围内带动技术进步与其他农民增收；家庭农场和专业大户在经营中雇工，增加了本地就业机会，促进了当地农村劳动力就近就业，这能在一定程度上缓解农村留守群体问题。（2）负外部性的典型表现。最突出的是农业生产经营活动对生态环境带来的负外部效应；此外，农户耕地利用非粮化与非农化、专业大户领办合作社对小农户设立排斥性门槛等现象，也是造成负外部性的常见行为。

农民的经营活动分为农业经营活动、非农经营活动，本书主要分析农业经营活动的外部性。农民从事农业经营活动所产生的外部性有多种表现形式，包括经济外部性、社会外部性、文化外部性、生态环境外部性②等，作者着重考察的是生态环境外部性，即将农民农业生产的生态环境外部性作为农民经营性收入外部性的重点研究对象。农业生产的生态环境外部性有正外部性和负外部性之分：正外部性表现为涵养水资源、改良土壤、防止水土流失、净化空气、保护植被和生物多样性、提供可再生资源等，它们构成了农业生态效益的主要来源；而负外部性集中体现在农业面源污染（亦称非点源污染）、农业碳排放以及自然生态资源减少退化上。测度农业生态环境外部性涉及的

---

① 这里的社会效益是从广义上理解的，也包括生态效益、政治效益、文化效益等。
② 在很多文献中，"生态"与"环境"是通用的，并经常合用在一起。但严格地说，"生态"与"环境"在涵义上也略有区别，前者偏重于强调生物圈、生物链，而后者主要指大气、水、土壤等。本书将根据所讨论的具体内容选择使用"生态环境外部性""生态外部性""环境外部性"这三个术语。

技术较为复杂，限于篇幅放在第六章作详细说明，这里暂不赘述。

第六节　农民经营性收入质量要素间关系

前文分别论述了农民经营性收入四大质量要素的主要内涵，这四大要素之间是彼此关联、相互影响的，只有把握这一点才能对农民经营性收入质量体系形成整体性的认识。不同质量要素间的关系，从性质上看既有一致性也有非一致性。其中，一致性表现为某质量要素提升促进另一质量要素提升或两个要素反映的收入质量状况保持一致，而非一致性则表现为某质量要素提升不利于另一质量要素提升或两个要素反映的收入质量状况出现反差。下面结合农民的生产经营活动实践与经营性收入现实情况，分析农民经营性收入不同质量要素间一致性和非一致性相结合的辩证关系及其主要表现[①]。

一、经营性收入效益与经营性收入风险间的关系

经营性收入风险是经营净收入意外减少的可能性，也即经营净收入非预期下降的不确定性。可能导致经营净收入非预期下降的风险事件，主要包括生产成本上涨、产出水平或质量下降、物流过程中损耗、市场需求缩减、价格下跌等未能完全预期到的因素。上述各种风险事件的发生，在很多情况下会造成经营性收入效益的降低。这表明降低经营性收入的风险有利于提高经营性收入的效益，体现出收入风险与收入效益两个质量要素间的一致性。

然而，经营性收入风险与经营性收入效益也存在相互冲突的方面。风险因素既可能带来损失也可能带来收益，在采取风险规避策略降低风险损失的同时，风险收益也会趋于减少。在极端情况下，当一项风险被完全规避后，其潜在的收益与损失将一并消失。就农民生产经营活动而言，许多农民特别是小农户为了规避风险、确保收入稳定，倾向于采用保守方式进行生产经营，这往往会偏离利润最大化的目标。此时，农民虽然有效降低了经营性收入风险，但也放弃了更大的获利机会，阻碍了经营性收入效益的提高。反之，如果农民为了追求更高净收益率而作出一项风险较大的经营决策，则会带来经营性收入风险随之上升的结果。

---

① 经营性收入风险与经营性收入外部性间没有较明显的直接关系，故不进行分析。

二、经营性收入效益与经营性收入成长性间的关系

经营性收入成长性体现的是经营性收入在较长时期内的持续增长过程，经营性收入效益的逐步提高为经营性收入持续增长带来了有利条件；反之，如果经营性收入效益趋于下降，经营性收入就较难实现高成长性。近年来，农民的生产经营活动正加快从粗放型转向集约型、从数量扩张阶段迈向质量提升阶段。降低生产经营成本、提高产品和服务质量、优化生产经营结构等改善经营性收入效益的举措，同样也有利于促进经营性收入的成长。

不过从时间维度看，收入成长性有别于收入效益之处在于它强调动态变化、侧重长期视角，这使得短期收入效益与收入成长性之间可能存在不一致的情况。例如，农民的某些产业经营项目在初期投入多、效益并不理想，但未来市场前景广阔，收入增长潜力较大；反之，有些农户在短期政策扶持下，尽管眼下的经营性收入效益尚可，但受自我发展能力较弱等因素的制约，经营性收入实现持续增长的动力不足。

三、经营性收入效益与经营性收入外部性间的关系

促进经营性收入效益提高的行为，既可能带来正的外部性也可能产生负的外部性。就前一种情况来看，经营性收入效益的提高在增进农民自身经济利益的同时，也增进了他人与社会的福祉；此时，农民经营性收入在内部效益与外部效应两方面均体现了高质量。例如，农村科技示范户使用新技术新设备后，一方面通过节本增效使自己的生产经营效益提升，另一方面借助示范效应带动更多农民依靠科技进步增收致富，由此实现了自身收入效益与他人经济福祉的双赢。

就后一种情况来看，提高经营性收入效益尽管起到了增加农民自身经济利益的作用，但却产生了社会成本、损害了社会福利；此时，经营性收入在内部效益上虽表现为高质量，但在外部效应上却表现为低质量，两者间出现了不一致性。

如果出于增加经营性收入正外部性或减少经营性收入负外部性考虑，对农民生产经营活动施加必要的约束，在一定时空条件下可能会制约经营性收入效益的提升。举例来说，秸秆的环保处理成本较高，在资源化利用技术和市场不完善、缺乏相关配套政策的情况下，禁止农民焚烧秸秆、要求农民对秸秆进行无害化处理很可能会额外增加农民的生产成本、降低农民的经营性收入效益。要在经营性收入效益与经营性收入外部性间形成良性互动关系，

关键在于引入并建立起激励相容的制度安排。

四、经营性收入风险与经营性收入成长性间的关系

一方面，经营性收入风险过高不利于使经营性收入保持良好的成长性。当经营性收入处于高风险状态时，意味着风险事件发生概率高与风险事件引起损失大两者至少居其一。在风险事件发生概率高的情况下，经营性收入增长将面临频繁的负面冲击，即便负面冲击引发的损失并不大，也会造成经营性收入经常负向偏离正常的增长轨道，最终使经营性收入的成长性下降；而在风险事件引起损失大的情况下，一旦风险事件发生，经营性收入将出现悬崖式急剧下降，生产经营活动甚至可能因此而陷入危机，这无疑会对经营性收入成长带来较严重的负面影响。

但另一方面，如果过度追求经营性收入低风险，也不利于实现经营性收入的高成长。如前文所述，风险收益与风险损失往往是相互伴随的，为避免或减少风险损失而采取保守生产经营策略时，也意味着放弃了一些发掘经营性收入持续快速增长潜力的机会。因此，将经营性收入风险控制在合理区间范围内，更有助于提升经营性收入的成长性。

五、经营性收入成长性与经营性收入外部性间的关系

在农民生产经营实践中，有许多经营性收入正外部性与经营性收入成长相伴而生的现象，如发掘农业生态价值与拓展农业生态功能、家庭农场和专业大户等新型经营主体带动小农户共同发展等就是典型事实。从农民经营性收入成长的微观机制来看，对农民自身经营性收入长期持续增长有促进作用的某些因素，也会给他人与社会带来正外部效应，这是经营性收入成长性与经营性收入正外部性存在一致性的重要原因。

此类因素主要有两种：一是人力资本投资。由于个体生产活动总是处于一定的组织与社会群体中，单个劳动者所积累的人力资本不仅对其自身带来效益，也会对其所处的组织与社会带来效益，这种效益可能是非主观且无意识的（Ciccone & Hall，1993）。农民的人力资本投资在促进自身经营增收的同时，也会给他人带来有益影响。二是技术和管理创新。生产技术和管理方式上的改进与创新，是农民经营性收入成长的关键驱动力；由于知识具有一定程度的外溢性，农民个体的创新行为也会使他人受益。

然而，经营性收入成长性与经营性收入正外部性也会出现不一致的情况，实现经营性收入成长的同时可能会产生经营性收入的负外部性。在现实中，

农民的某些生产经营决策，尽管有助于促进经营性收入的增长，但可能给他人与社会带来负外部效应。这方面的一个典型例子就是耕地流转和利用中的过度非粮化问题。基于农户自身角度来看，调整优化家庭种植结构、由粮食作物改种非粮作物是促进其经营增收的可行途径之一；但农户耕地利用非粮化行为在农村大范围蔓延，会对国家粮食安全造成不利影响，由此产生社会负外部性。

第三章 农民经营性收入的效益及其影响因素

收入效益是农民经营性收入质量的首要构成要素。本章先对我国农民经营性收入效益的状况特点进行了描述性统计分析，在此基础上剖析其中存在的突出问题；接着通过对经营净收益率公式的分解，说明影响经营性收入效益的主要因素并阐释其作用机制；然后运用因素分析法和贡献度分解法，实证分析了农业经营性收入效益变化的成因结构；最后，结合我国现实农情探讨了改善农民经营性收入效益面临的主要难点。

第一节 农民经营性收入效益的基本状况与突出问题

本节通过从全国层面以及分地区、分产业计算农民从事生产经营的会计利润率和净收益率，力求揭示农民经营性收入效益的基本状况与主要特点。在此基础上，进一步分析农民生产经营中在收入效益方面存在的亟待解决的若干突出问题。

一、农民经营性收入效益的状况特点

为了分析农民经营性收入效益的状况特点，作者根据中国住户调查、全国农村固定观察点调查、全国农产品成本收益资料汇编等提供的汇总数据进行了定量测算：先计算了全国农民家庭经营会计利润率，由此粗略反映农民经营性收入效益的总体情况；还分别计算了第一产业经营会计利润率、农产品生产的会计利润率和净收益率、非农产业经营的会计利润率和净收益率，并对家庭经营会计利润率、第一产业经营会计利润率、非农产业经营的会计利润率和净收益率进行了分区域比较，由此反映不同产业、不同地区农民经营性收入效益的差异性，进而揭示农民经营性收入效益的结构性特征。有必

要指出的是，囿于隐性成本数据缺失不全，我们暂时无法测算家庭经营净收益率；此外，农产品生产净收益率以及非农产业经营净收益率的测算值也有一定程度的高估。

（一）家庭经营会计利润率

国家统计局的农村住户调查，提供了全国农民家庭人均经营收入和人均经营纯收入的数据。据此，可用经营纯收入与经营收入之比来计算家庭的经营会计利润率。但遗憾的是，2013年实施城乡一体化住户调查改革之后，国家统计局只公布农村居民家庭的经营净收入数据，而经营收入数据则不再公布，这使得我们只能计算2013年前的农民家庭经营会计利润率。测算结果显示（图3-1）：进入21世纪以来，全国农民家庭经营会计利润率总体上趋于下降，从1999年的65.5%降低到了2012年的54.7%，下降了10.8个百分点。

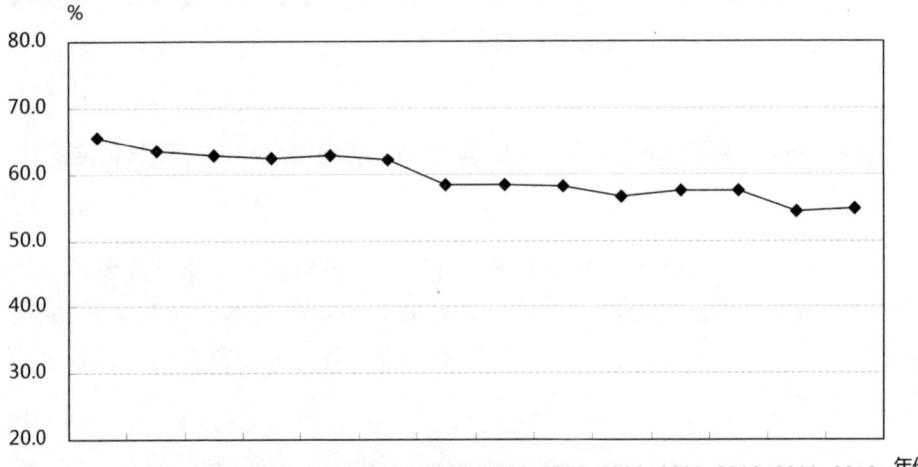

图3-1 全国农民家庭经营会计利润率的变化

资料来源：根据历年《中国农村住户调查年鉴》《中国住户调查年鉴》相关数据计算。

全国农村固定观察点调查提供了全国和三大区域农民的家庭人均经营收入、家庭人均经营费用（仅包括会计成本）数据，据此可以对全国和各区域的农民家庭经营会计利润率进行比较。测算结果发现（表3-1）：2010~2015年期间，全国农民家庭经营会计利润率保持了较强的稳定性，在62%上下小幅波动。此外，不同区域的农民家庭经营会计利润率存在一定程度差异，总体上呈现出中部地区最高、西部地区其次、东部地区最低的格局。

表3-1　全国和分区域农民家庭经营会计利润率的变化　　　　单位：%

年份 区域	2010	2011	2012	2013	2014	2015
全国	61.5	62.1	63.7	62.1	62.1	62.1
东部	56.3	56.4	56.4	56.4	56.4	56.4
中部	67.9	68.4	68.4	68.4	68.4	68.4
西部	62.1	63.4	63.4	63.4	63.4	63.4

资料来源：根据《全国农村固定观察点调查数据汇编（2010-2015年）》相关数据计算。

注：由于数据来源不同，本表全国农民家庭经营会计利润率计算结果与图3-1有一定差异。

观察测算结果不难发现，总体而言，我国农民从事生产经营活动的显性会计成本水平并不高，其占经营收入的比重还不到50%，这使得农民家庭的经营会计利润率处于较高水平。然而，由于未包含隐性的机会成本，经营会计利润率还不能充分反映农民经营性收入的真实效益状况。

（二）第一产业经营会计利润率

根据全国农村固定观察点调查提供的主要农产品户均经营收入与经营费用数据，估算得到全国和三大区域农民经营第一产业的会计利润率（表3-2）。2010~2015年间，我国农民经营第一产业会计利润率的均值为54.2%，在年度间略有波动。分区域比较，东部地区农民经营第一产业的会计利润率长期低于中西部地区农民且差距较大，中部和西部地区农民的第一产业经营会计利润率大致相当。2010~2015年间，农民生产粮食作物的会计利润率均值为62.0%，高于第一产业经营的会计利润率水平；粮食作物家庭经营会计利润率的区域间差异相对较小，平均来看，西部地区略低于东部和中部地区。

表3-2 全国和分区域农民第一产业经营会计利润率的变化　　　　单位：%

年份	第一产业				其中：粮食作物			
	全国	东部	中部	西部	全国	东部	中部	西部
2010	56.7	52.0	60.3	60.0	64.0	64.2	63.7	64.3
2011	54.3	45.8	60.3	60.2	62.9	64.6	63.8	57.3
2012	53.7	47.2	57.6	59.7	63.0	63.8	63.3	60.7
2013	50.7	44.9	53.1	56.5	60.2	62.8	59.6	58.4
2014	57.3	52.4	60.3	60.1	63.8	64.9	64.4	59.6
2015	52.5	47.3	57.0	55.0	58.0	56.6	59.6	54.1
均值	54.2	48.3	58.1	58.6	62.0	62.8	62.4	59.1

资料来源：根据《全国农村固定观察点调查数据汇编（2010-2015年）》相关数据计算。

利用国家统计局一体化住户调查中的农村居民第一产业生产经营收支数据，也可以计算农民第一产业经营会计利润率。测算结果显示（表3-3）：自2013年以来，农民第一产业经营会计利润率出现了小幅下降趋势，从2013年的58.1%降低到了2020年的54.5%；在第一产业不同行业中，经营会计利润率水平差异较大，呈现出林业、农业、渔业和牧业依次递减的特点。

表3-3 全国农民第一产业经营会计利润率的变化　　　　单位：%

产业＼年份	2013	2014	2015	2016	2017	2018	2019	2020
第一产业	58.1	56.3	55.3	54.4	55.3	54.5	55.1	54.5
农业	65.2	63.0	62.9	62.5	62.8	61.7	61.3	62.0
林业	81.0	82.3	84.2	81.4	84.2	83.2	83.9	81.5
牧业	37.3	34.7	33.8	34.6	35.6	34.7	37.3	36.1
渔业	53.7	53.9	46.7	43.2	46.1	48.7	52.3	55.6

资料来源：根据历年《中国住户调查年鉴》相关数据计算。

注：由于数据来源不同，本表第一产业经营会计利润率计算结果与表3-2有一定差异。

(三) 农产品生产的会计利润率和净收益率

国家发改委价格司编写的《全国农产品成本收益资料汇编》（下文简称《汇编》），提供了主要农产品的成本和收益数据，涵盖全国、省级和大中城市三个层面，这些数据可从农产品角度间接反映农民农业[①]经营性收入的效益状况。《汇编》中的农产品成本数据有一个突出优势，那就是成本包含了隐性的家庭用工折价、自营地折租，两者分别反映了使用家庭劳动力、自家承包地的机会成本。我们分别使用会计利润率和净收益率两个指标来衡量农产品的生产经营效益，并对这两个指标值进行比较。经营收入用产值合计指标来衡量，农产品产值指通过各种渠道出售农产品所得收入和留存农产品可能得到的收入之和，产值合计包括主产品产值与副产品产值。鉴于留存农产品中有部分是无法获得销售收入的（包括自食自用的、馈送他人的、物流中耗损的），使用产值指标会在一定程度上高估经营收入，进而高估会计利润率和净收益率。另外，由于缺少自有经营性资金的数据，故无法计算自有资金使用成本，这同样会导致净收益率的高估，在此特别说明。

对 21 世纪以来粮食、油料、棉花、蔬菜、生猪、肉鸡六类农产品的会计利润率和净收益率进行测算，结果发现（表3-4）：第一，六类农产品的净收益率均大幅低于会计利润率，这主要缘于农业生产中家庭用工成本和自营地使用成本占经营成本的比重较高。第二，从净收益率指标看，近年来粮食、油料、棉花的经营性收入效益出现了较明显的下滑趋势。粮食、油料、棉花在 2010~2020 年间的净收益率，明显低于 2000~2009 年间的净收益率[②]。第三，如考虑家庭用工成本和自营地使用成本，近年来粮食、油料、棉花的生产已出现了不同程度的亏损，其中，棉花的亏损程度相对最高；蔬菜经营的盈利状况较好，其效益显著优于其他几类农产品。第四，从各种农产品经营性收入效益的波动性看，棉花的波动最为剧烈，粮食、油料、生猪的波动也比较大，而蔬菜和肉鸡相对而言较为平稳。

[①] 这里的农业指广义的农业，即第一产业。
[②] 2000~2009 年期间，粮食、油料、棉花的年均净收益率分别是 17.7%、23.7%、22.6%；而在 2010~2020 期间，粮食、油料、棉花的年均净收益率分别下降至 6.1%、7.2%、−17.9%。

表 3-4　主要农产品生产经营效益的变化　　　　　　　单位:%

年份	会计利润率						净收益率					
	粮食	油料	棉花	蔬菜	生猪	肉鸡	粮食	油料	棉花	蔬菜	生猪	肉鸡
2000	44.2	53.0	66.2	-	-	-	-0.9	3.3	25.5	-	-	-
2001	50.5	54.3	59.4	-	-	-	10.1	0.5	7.5	-	-	-
2002	45.8	53.8	66.7	-	-	-	1.3	10.8	23.8	-	-	-
2003	51.4	58.5	73.1	-	-	-	8.3	18.5	40.5	-	-	-
2004	63.2	63.4	63.7	-	-	-	33.2	35.3	23.1	-	-	-
2005	58.2	69.0	69.9	-	17.3	7.5	22.4	20.9	29.5	-	5.0	4.1
2006	59.5	63.8	69.0	-	23.6	17.9	25.8	31.5	27.8	-	11.0	14.3
2007	60.7	69.0	69.0	-	35.2	17.0	27.8	46.6	28.7	-	27.7	13.7
2008	58.0	75.6	55.2	-	24.6	14.7	24.9	34.5	-1.6	-	17.3	11.1
2009	58.9	69.7	67.4	-	18.1	12.8	24.3	34.6	21.4	-	8.6	8.9
2010	61.3	71.4	76.9	71.8	19.7	14.3	25.2	28.2	42.6	50.7	8.7	10.1
2011	61.6	71.2	63.0	51.7	31.1	12.7	24.1	32.2	11.4	33.8	21.5	8.2
2012	59.3	73.3	65.2	61.9	17.3	11.4	15.2	23.8	1.3	38.1	2.9	5.4
2013	56.9	72.3	62.3	62.4	16.9	8.6	6.6	1.2	-11.0	37.5	-0.1	1.3
2014	59.5	67.9	46.9	62.1	11.4	13.5	10.5	-0.8	-43.1	33.9	-8.1	6.3
2015	55.6	68.4	36.1	61.0	23.1	11.1	1.8	-7.6	-67.4	32.9	5.7	3.1
2016	50.5	66.0	51.5	62.8	27.3	14.7	-7.9	-2.7	-26.9	33.2	13.0	5.8
2017	52.2	67.1	48.1	54.8	15.2	14.6	-1.2	-6.9	-25.3	28.6	-1.8	5.6
2018	47.8	64.2	42.8	59.7	12.4	22.2	-8.5	-7.4	-25.5	33.4	-7.0	14.0
2019	50.2	67.0	28.2	65.7	40.0	25.9	-2.8	7.3	-41.2	35.9	27.9	18.7
2020	52.6	68.7	40.9	67.3	41.2	17.9	4.0	11.8	-11.6	42.8	33.2	9.8

资料来源：根据历年《全国农产品成本收益资料汇编》相关数据计算。

注：粮食为稻谷、小麦、玉米三种粮食平均，油料为花生和油菜籽两种油料平均，蔬菜为西红柿、黄瓜、茄子、菜椒等十种蔬菜平均，肉鸡为规模肉鸡。

（四）非农产业经营的会计利润率和净收益率

全国农村固定观察点调查提供了非农产业经营情况（收入、费用、投工量）数据，据此计算得到全国和三大区域农民经营非农产业的会计利润率、净收益率[①]（表3-5和3-6）。2010~2015年期间，全国农民第二产业、第三产业经营会计利润率的均值分别为49.6%和59.0%，结合前文表3-2可以看出，在会计利润率上，第三产业要高于第一产业，而第一产业又高于第二产业。与农业生产经营情况相类似，农民从事非农经营的净收益率也大幅低于会计利润率。2010~2015年期间，全国农民第二产业、第三产业经营净收益率的均值分别为20.1%和22.6%，可见，第三产业经营性收入的效益略优于第二产业。分区域比较，在第二产业经营净收益率上，西部地区最高，其次是中部地区，而东部地区最低；在第三产业经营净收益率上，东部地区略高于中西部地区。另外，结合上文表3-4进行分析容易发现，除了蔬菜之外，生产其他几类农产品的净收益率，在绝大多数情况下都低于非农产业经营净收益率。据此可初步推断，农民的非农经营性收入效益要优于农业经营性收入效益[②]。

表3-5　全国和分区域农民非农产业经营会计利润率的变化　　单位:%

年份	第二产业				第三产业			
	全国	东部	中部	西部	全国	东部	中部	西部
2010	48.8	40.4	62.6	63.8	59.8	62.0	61.1	53.6
2011	49.9	44.9	58.8	60.4	59.4	63.0	60.8	51.0
2012	51.3	43.3	61.2	65.5	58.1	61.1	64.6	48.7
2013	48.3	44.4	53.2	60.1	55.5	57.2	59.5	48.7
2014	57.5	52.6	63.2	59.7	57.9	62.3	62.1	46.4
2015	42.0	48.6	47.0	19.1	63.5	69.0	55.6	62.3
均值	49.6	45.7	57.7	54.8	59.0	62.4	60.6	51.8

资料来源：根据《全国农村固定观察点调查数据汇编（2010-2015年）》相关数据计算。

[①] 这里的净收益率是纳入家庭用工折价后计算的净收益率（缺少自营地折租数据，不过，由于农民经营非农产业较少使用自营地，缺少自营地折租数据对非农产业经营净收益率计算结果的影响很小）。家庭用工折价＝投工量×劳动日工价，其中，劳动日工价数据来源于《全国农产品成本收益资料汇编》。

[②] 不过，由于缺少相关数据，尚无法从农业全行业角度计算出农民经营农业的净收益率水平，进而无法得到农民农业经营性收入效益与非农经营性收入效益的差距值。

表 3-6 全国和分区域农民非农产业经营净收益率的变化　　　　单位：%

年份	第二产业				第三产业			
	全国	东部	中部	西部	全国	东部	中部	西部
2010	26.4	20.4	33.8	42.6	32.8	34.8	31.9	29.4
2011	25.1	19.9	30.6	42.2	28.9	30.5	30.0	24.7
2012	23.1	13.6	29.9	47.9	25.0	23.3	27.1	25.4
2013	16.0	13.1	14.8	35.0	17.7	17.9	17.4	17.7
2014	16.7	9.4	9.8	32.1	14.0	17.3	9.3	11.0
2015	13.1	6.2	6.7	26.8	17.3	24.8	9.2	12.8
均值	20.1	13.8	20.9	37.8	22.6	24.8	20.8	20.2

资料来源：根据《全国农村固定观察点调查数据汇编（2010-2015年）》相关数据计算。

二、农民经营性收入效益存在的突出问题

当前我国农民经营性收入效益主要存在以下几方面的突出问题：一是农业生产经营成本快速上升挤压农业经营利润，二是传统农业经营和一些非农领域经营陷于低价竞争困境，三是经营中某些领域环节的交易成本较高，四是不同经营规模农户的经营性收入效益存在一定差距。

（一）农业生产经营成本上涨过快，经营利润受挤压明显

进入 21 世纪后，我国农业生产经营成本总体上呈较快上升趋势。从主要农产品来看，粮食、油料、棉花的单位成本[①]，由 2000 年的 1.04 元、2.28 元、8.77 元攀升至 2020 年的 2.40 元、6.04 元、18.98 元，年均增长率分别为 4.3%、5.0%、3.9%；蔬菜的单位成本，由 2010 年的 0.77 元提高到 2020 年的 1.28 元，年均增长率为 5.2%；生猪、肉鸡的单位成本，由 2005 年的 7.31 元、7.32 元增加到 2020 年的 22.35 元、11.49 元，年均增长率分别为 7.7%、3.1%。特别是在 2004~2013 年间，粮食、油料、棉花的单位成本出现了加速上涨态势，年均增长率分别高达 10.0%、11.3% 和 10.9%。

我国部分农产品单位成本的增长，与价格上涨速度相比明显处于偏快水平。例如，棉花主产品售价在 2000~2020 年间的年均增速仅为 1.5%，单位成

[①] 指每千克成本，下文同。

本增速高于价格增速2.4个百分点；蔬菜主产品售价在2010~2020年间的年均增速为3.7%，低于单位成本增速1.5个百分点。此外，与国际上其他农业大国相比，我国农业生产经营成本的增速也明显偏高。以美国为例，其稻谷、小麦、玉米、大豆等主要农产品的单位成本增速，都大幅低于我国的增速（表3-7）。农业生产经营成本的过快上涨，使农业经营净收益受到较大程度的挤压。

表3-7 中美主要农产品单位成本增长率的比较 单位：%

	稻谷	小麦	玉米	大豆	花生	棉花
中国	5.2	3.4	4.2	5.7	5.1	3.9
美国	0.7	0.6	0.9	1.2	-3.0	0.4

资料来源：根据历年《全国农产品成本收益资料汇编》相关数据计算。
注：增长率为2000~2020年间的平均增长率。

(二) 普通低端农产品售价较低，一些非农经营领域呈低价竞争格局

当前，在农业和农村二、三产业的诸多经营领域，不少农民均面临价格卖不高、陷于低价竞争的问题，这对产业提质增效带来了负面影响，也不利于农民经营性收入效益的提升。先从农业方面看，长期以来，中国农产品竞争走的都是以高产量、低价格为特征的"以量取胜"低端路线（陈文胜，2019）。但是，在我国农业发展进入到农产品供求总量基本平衡、结构性矛盾突出的新阶段后，这种低价竞争模式与提高农业质量效益要求的不适应性表现得越来越明显。近年来，大量普通低端农产品已处于供过于求的状态，产能过剩使价格趋于低迷，而农业生产经营成本又呈现出较快增长势头，这自然导致生产和销售这些农产品的农户的经营效益下滑。

不仅是农业领域，农村非农产业经营中也存在较多低价竞争现象，近几年的乡村民宿服务业就是一个典型。在快速发展的乡村旅游的带动下，我国乡村民宿呈现出爆发式增长。根据途家发布的《乡村民宿数据报告》，2018~2020年这短短三年间，途家平台的乡村民宿房源数量就从7万套增加到了54万套，使民宿供求关系发生了重大变化，市场竞争越来越激烈。由于市场上民宿的同质化程度较高，许多经营者主要通过降价争夺客源。某些地区的经营者甚至打起了激烈的"价格大战"，导致价格非合理下降。例如，在乡村民宿业发展较快的云南丽江，民宿客栈因扎堆涌现而趋于饱和，低价恶性竞争

造成盈利空间不断收缩，约一半的民宿出现了亏损①。

（三）在生产经营中的某些领域和环节，农民面临较高的交易成本

在从事生产经营过程中，农民除了支付直接的生产经营成本费用外，还要承担各种类型的交易成本。这些交易成本往往并不属于货币性支出，而以时间耗费、精力付出、心理焦虑等非货币成本形态表现出来。高昂的交易成本，也会降低农民经营性收入的效益。作者通过问卷调查方式考察了当前农民生产经营中的交易成本状况，主要包括农民在购买生产资料、销售产品服务、生产性借款、开展土地流转等活动中付出的时间精力多少。调查结果显示（图3-2）：在四项活动中，农民销售产品服务所付出的交易成本相对最高，认为在销售中花费时间精力很多与较多的受访户占比合计超过了40%，

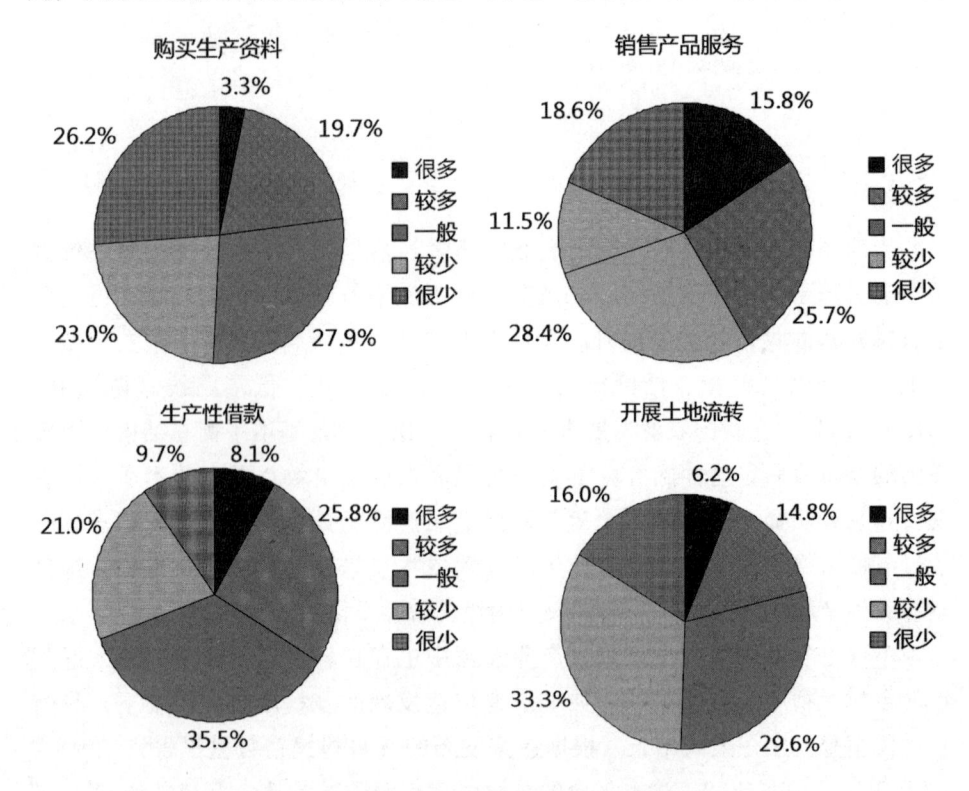

图3-2　受访户生产经营中的交易成本状况

资料来源：根据问卷调查数据计算。

注：生产性借款、开展土地流转仅统计涉及相关活动的受访户。

---

① 秦岩、代志鹏：《新型冠状病毒疫情对云南民宿业的影响》，研究报告，2020年7月9日。

这在一定程度上反映出农民所面临的"卖难"问题。与销售环节作比较,农民在购买生产资料时付出的交易成本相对较少,有近一半受访户觉得该环节耗费的时间精力很少或较少。生产性借款也是交易成本较高的经营活动,选择耗费时间精力很多与较多的受访户比例合计也达到了1/3;另外,鉴于很多受访户是从亲朋好友那里借钱的,而向熟人借钱耗费时间精力较少,所以如仅考察正规融资的话,借款的交易成本会更高。从问卷调查结果来看,农民开展土地流转的交易成本并不高,但考虑到有部分农民因为交易成本高而未如愿流转的情况,调查结果对土地流转交易成本水平会有一定程度的低估。

通过问卷调查和访谈调查,作者发现当前农民生产经营中面临的高交易成本现象,在以下方面表现得较为突出:一是农户与农业企业合作经营的交易成本较高。以近年来快速发展的订单农业为例,农户需要与企业就收购价格、数量和产品质量等事项进行协商,这自然会产生不少交易成本。在基层政府、村委会、合作社等作为中介人"牵线搭桥"的情况下,农户与企业直接谈判的成本会下降;但当发生纠纷时,因双方往往都会向有利于己方作解释,农户仍将面临较高的纠纷化解成本。二是流入土地的交易成本高昂。从流入方的角度看,单个家庭所能供给的土地面积是非常有限的,要流入土地的农户必然需要和众多家庭谈判,随着交易对象数量的增加,谈判成本就会大幅上升。再加上我国耕地细碎化程度较高,流入方想要找到合适的地块并不是件容易的事,匹配成本较高。另外,农地流转信息不完全和机会主义行为的存在,进一步增加了交易时间和成本。三是农民创业投资的交易成本依然偏高。办理行政许可难问题和"弹簧门"现象仍不同程度存在,某些行政许可需由中介机构评估后方能获取,评估费给农村小本经营创业者带来了额外成本负担;做生意办事要请客送礼之风,在部分农村地区依然盛行;鼓励农民工返乡创业的优惠政策,在申请享受和办理落实的便利性上还有不足。四是提供农业社会化服务的交易成本较高。对于提供社会化服务的家庭农场和专业大户而言,由于众多服务对象的需求具有多元化、异质性特点且处于动态变化中,要达到双方均满意的结果,内含着较高的交易成本。

(四)不同经营规模农户的经营性收入效益存在一定差距

以会计利润率来衡量,农民家庭的经营性收入效益呈现出随经营规模[①]扩大先升后降的特点(图3-3)。规模过小与规模较大的经营户,其会计利润率

---

① 经营规模用经营收入来衡量。

就总体平均而言都不及规模中等的经营户。规模过小经营户的会计利润率相对较低，与规模经济效应不足有密切关系。至于规模较大经营户，其会计利润率之所以也相对较低，主要源于使用外部生产要素带来的成本提高。当经营规模扩大到一定程度之后，家庭自有生产要素越来越满足不了经营需要，外部融资、雇佣工人和租赁土地的需求增加，新增的利息、雇工费、土地租金等经营支出会推动成本快速攀升，给规模经营户带来一定的成本压力，并对会计利润率形成挤压作用。

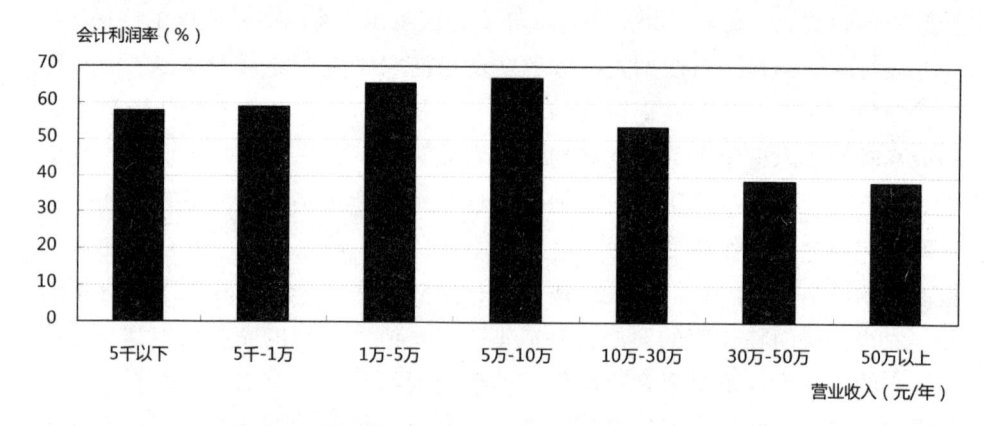

图3-3 不同经营规模农民家庭经营会计利润率的差距
资料来源：根据全国农村固定观察点调查微观数据计算。
注：在计算中剔除了有缺失值和极端值的样本。

另外，在实地调研中还发现，有部分农民在扩大生产经营规模后，为了减少显性成本支出、给自己多留些经营净收入，主动选择尽量减少雇工、减少使用机械设备和外购服务，而更多投入家庭成员劳动时间。这样，虽然家庭经营净收入从会计账面上看是增加了，但生产经营相比以往更加辛苦劳累，尽管节约了显性成本但隐性成本（家庭用工折价）却大幅上升了，最终结果很有可能是降低而不是提高了经营净收益率。

第二节 农民经营性收入效益的影响因素及作用机制

通过对经营净收益率进行因素分解发现，农民经营性收入效益同时取决于各经营项目自身特征因素以及多元化经营模式相关因素，前者包括平均成本水平高低、生产经营规模、产品服务价格水平，后者包括经营收入结构、范围经济效应、多元化带来的溢价程度。据此,进一步分析了影响平均成本水平和价格水平的主要因素及其作用机制,并对农民生产经营中规模经济与范围经济的形成规律及特点进行了探讨。

一、农民经营性收入效益的决定因素和一般规律

在第二章中已说明,农民经营性收入的效益可以用经营净收益率(经营净收益与经营收入的比值)来衡量。为便于分析,先考察仅经营一种项目时经营净收益率的决定因素,然后再拓展至同时经营多种项目的情形。

(一) 只经营一种项目的情形

在只有一种经营项目的情况下[①],通过对经营净收益率进行因式分解,可揭示决定农民经营性收入效益的主要因素。在微观经济学中,根据全部生产要素是否均能得到调整,将成本分为短期成本和长期成本。就短期来看,农民在经营中不改变土地、设备等不变要素投入量,只对劳动、种子、农用化学品等可变要素投入量进行调整,上述两大类要素的成本分别构成不变成本与可变成本,短期的经营净收益率 r_s 可用 (3-1) 式来表示。而从长期来看,农民能够调整经营中各种生产要素的投入量,此时所有成本均为可变成本,长期的经营净收益率 r_l 可用 (3-2) 式来表示。

$$r_s = \frac{R(P, Q) - [STVC(Q) + STFC]}{R(P, Q)} = 1 - \frac{STVC(Q) + STFC}{R(P, Q)}$$
$$= 1 - \frac{Q \cdot SAVC(Q) + SAFC(Q)}{P \cdot Q} = 1 - \frac{SAVC(Q)}{P} - \frac{SAFC(Q)}{P} \quad (3-1)$$

$$r_l = \frac{R(P, Q) - LTC(Q)}{R(P, Q)} = -1 \frac{LTC(Q)}{R(P, Q)} = 1 - \frac{Q \cdot LAC(Q)}{P \cdot Q} = 1 - \frac{LAC(Q)}{P}$$
$$(3-2)$$

在 (3-1) 与 (3-2) 式中,R 表示收入,P 和 Q 分别表示价格和产出,$STVC$、$STFC$、$SAVC$ 和 $SAFC$ 分别表示短期的总可变成本、总固定成本、平均可变成本、平均固定成本,LTC 和 LAC 分别表示长期的总成本、平均成本。分析 (3-1) 及 (3-2) 式可以看出,项目的经营净收益率,取决于平均成本水平高低、生产经营规模(用产出衡量)[②]、价格水平三大因素。在成本曲线

---

① 假定一种经营项目只生产提供一种产品或服务。
② 生产经营规模有多种衡量方法,如产出水平、要素投入量等,用产出衡量规模比较常用。

图中（图3-4和图3-5），平均成本水平表现为成本曲线在纵轴上的位置高低，而产出对成本的影响表现为成本曲线上点的位移。根据微观经济学中的成本理论，产出引起平均成本变化的原因，可作如下解释：在短期中，短期平均成本曲线（SAC）所具有的 U 型特征，是边际报酬递减规律发生作用的结果。通常情况下，由于可变要素投入的边际产量先递增后递减，使得边际成本与平均成本表现出先降后升的特点。在长期中，与短期平均成本曲线类似，长期平均成本曲线（LAC）也呈现出 U 型，这是由长期生产中的规模经济与规模不经济决定的。一般而言，在经营规模扩张初期，产量增长的倍数大于成本增加的倍数，由此形成的规模经济会带动平均成本下降；但当经营规模扩张到一定程度后，如果继续扩大生产，产量增加的倍数会小于成本增加的倍数，这时就会形成规模不经济，造成平均成本的攀升。

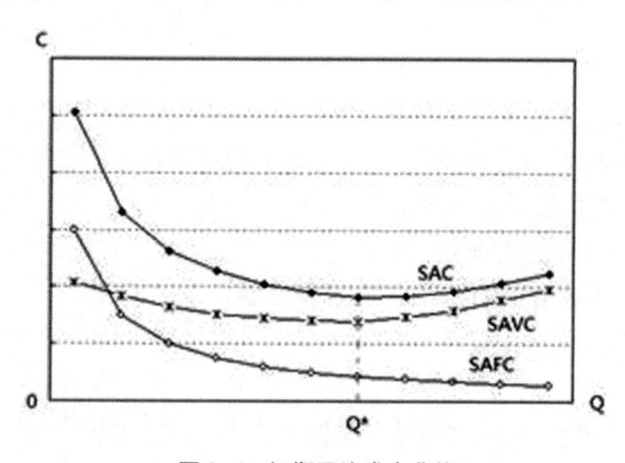

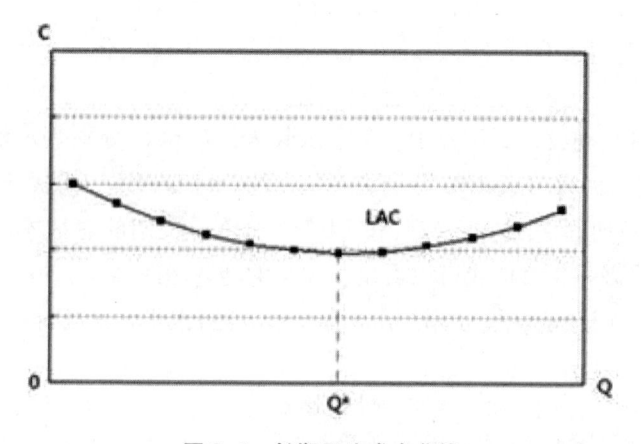

图 3-4 短期平均成本曲线

图 3-5 长期平均成本曲线

另有必要说明的是，平均成本水平与价格水平是相对独立但又密切关联的两个因素：从相对独立性来看，平均成本水平高低、价格水平有各自不同的影响因素与形成机制[①]。不过，平均成本水平和价格水平又具有联动关系。从理论上讲，在垄断竞争市场条件下，农民也有一定的定价能力，并非完全被动地接受市场既定价格，而定价很大程度上是围绕着产品和服务差异化进行的。通常而言，商品的品质差异将形成价格差异，优质商品往往能获得更高价格。在许多情况下，提高商品质量需要增加相对昂贵的优质要素投入，这自然会导致平均成本曲线的上移。如果投入更多相对昂贵优质要素带来的商品价格增幅大于平均成本增幅，就能促进经营净收益率的提升。可见，产品和服务的质量是将平均成本水平与价格水平有机联系起来的一个重要中介变量。

（二）经营多种项目（多元化经营）的情形

在现实中，许多农村家庭的经营活动并不局限于单一项目，农民生产经营的多元化是一种常见现象。那么，在经营多种项目的情况下，又有哪些因素决定了农民的经营性收入效益？另外，项目联合经营与分别独立经营相比较，其经营性收入效益（多种项目作为一个整体考察的效益）状况又有什么差异呢？回答上述问题的关键是理解多元化经营中的范围经济效应及其作用。

设 C_T 表示 m 种产品和服务由一家农户全部生产的总成本，$\sum_{m=1}^{m} C_i$ 表示 m 种产品和服务由 m 家同质农户单独生产的成本之和。范围经济效应可以用（3-3）式衡量，当 $S>0$ 时存在范围经济，当 $S<0$ 时存在范围不经济。

$$S = \left(\sum_{m=1}^{m} C_i / C_T \right) - 1 \qquad (3-3)$$

由（3-3）式得到 $C_T = \sum_{m=1}^{m} C_i / (1+S)$。可见，当存在范围经济或范围不经济时，联合生产的总成本不等于独立生产的成本之和。接着，分析经营多种项目情形下范围经济效应对经营性收入效益的影响。设农民多元化经营的长期净收益率为 $\overline{r_l}$，$\overline{r_l}$ 可表示为（3-4）式，其中，w_i 是项目 i 的经营收入权重（即项目 i 的经营收入占全部经营收入的比重）。观察（3-4）式不难发现，农民多元化经营时的长期净收益率，不仅取决于各项目自身的平均成本水平[②]、

---

① 这在下文会详细阐述。
② 这里的平均成本水平指的是单独生产经营时的平均成本水平高低。

生产经营规模（产出）、价格水平这三个因素，还受到经营收入结构（通过 w_i 体现出来）和范围经济效应的影响。农民多元化经营的净收益率水平，与高净收益率项目的经营收入占比、范围经济效应正相关。

$$\overline{r_l} = 1 - \frac{C_T}{TR} = 1 - \frac{1}{TR} \cdot \frac{1}{1+S} \cdot \sum_{m=1}^{m} C_i = 1 - \frac{1}{TR} \cdot \frac{1}{1+S} \cdot \sum_{i=1}^{m} [LAC_i(Q_i) \cdot Q_i]$$
$$= 1 - \frac{1}{1+S} \cdot \sum_{i=1}^{m} \left[\frac{P_i Q_i}{TR} \cdot \frac{LAC_i(Q_i)}{P_i} \right] = 1 - \frac{1}{1+S} \cdot \sum_{i=1}^{m} \left[w_i \cdot \frac{LAC_i(Q_i)}{P_i} \right]$$
(3-4)

更进一步看，经营收入结构和范围经济效应同农民所采取的多元化经营模式及其特征有密切关系，而刻画多元化经营模式特征的关键变量主要包括经营项目的数量、不同项目间的地位关系、各种项目间的关联性等。调整项目的地位格局，提升经营净收益率水平较高项目的相对地位，能通过收入结构优化效应提升农民多元化经营的净收益率水平；经营项目数量与各项目间关联性状况，则对范围经济效应及其大小产生重要作用，并由此影响到农民多元化经营的净收益率水平。

此外，开展多元化经营还可能促进经营项目价格水平的提高。一方面，较宽的产品线有助于增强生产者的定价能力进而获得较高的相对价格（Kekree，1990）；另一方面，如果农民现有经营项目已经形成了品牌，通过品牌外溢效应有望带动相关新项目的溢价。鉴于品牌正外部性对价格的可能影响，将溢价因素①纳入（3-4）式，得到如（3-5）式所示的修正后的农民多元化经营长期净收益率，其中 δ 表示溢价程度（$\delta \geq 1$）。容易看出，溢价程度越高，净收益率水平也越高。

$$\overline{r_l} = 1 - \frac{1}{1+S} \cdot \sum_{i=1}^{m} \left[w_i \cdot \frac{LAC_i(Q_i)}{\delta_i P_i} \right]$$
(3-5)

（三）小结

综合前面的分析，以经营净收益率为衡量指标，决定农民经营性收入效益的关键因素可以分为两大类（图3-6）：第一类是各经营项目自身的特征因素，主要包括平均成本水平高低、生产经营规模、价格水平三个因素；第二类是与多元化经营模式相关的因素，主要包括经营收入结构、范围经济效应、溢价程度三个因素。

---

① 在现实中，多元化经营的溢价现象一般只发生在家庭农场、种养大户等规模农户身上，而小农户经营中不太可能发生这种溢价现象。

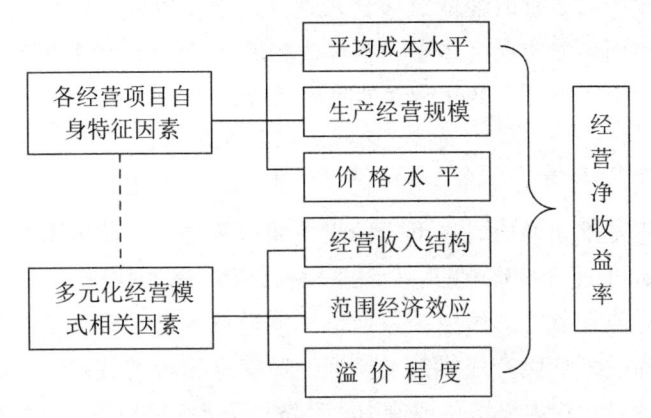

图 3-6　农民经营性收入效益的决定因素框架图

二、影响成本水平的重要因素及其作用机制

(一) 要素投入结构及其影响

要素投入结构是影响平均成本水平的一个重要因素。根据诱致性技术变迁理论，不同要素之间相对价格的变化，会使作为理性经济人的生产经营者做出要素投入结构的调整，用相对价格较低的要素替代相对价格较高的要素，进而降低单位产出的成本。但在现实的生产活动中，由于受到内外部条件的制约，生产要素投入的组合往往无法达到帕累托最优的状态（Farrell，1957）。在此情况下，就会出现要素投入结构不合理的现象，实际平均成本将高于帕累托最优时的最低平均成本[①]，导致成本效率的损失；并且，成本偏离水平取决于低成本要素替代的难易程度或实现程度。

从理论上分析，主要有以下因素会阻碍农民生产经营中要素投入结构的优化调整：一是要素获取方面的约束与限制。由于信息不对称、要素市场发展不充分、市场交易不公平等原因，农民难以在市场上便利地获取相对价格较低的要素，这样就无法充分地用低成本要素替代高成本要素，使理性的要素替代行为受阻。二是劳动者素质方面的约束与限制。某些要素在使用过程中，对劳动者的知识与技能有一定的要求，如新技术、操作较复杂的设备等。如果农民素质与相关要求不匹配，会阻碍这些要素的使用。三是土地特征方面的约束与限制。小块土地上农户往往难以选择和使用现代装备技术，造成

---

① 图 3-4 和图 3-5 的平均成本曲线表示的是每一个产出水平上的最小成本，而在制约条件下的实际平均成本曲线，会高于处于帕累托最优状态时的平均成本曲线。

小规模农业生产对要素改变的反应比较迟钝，要素替代效应可能受到土地规模较小的约束而不能实现（杨宇、李容，2015）；另外，地形条件也可能会成为农业生产中资本与技术替代劳动的阻碍因素。

（二）技术进步及其影响

技术进步是推动平均成本下降的最主要因素之一。美国著名企业史学家钱德勒（Chandler，1990）在其《企业规模经济与范围经济》一书中，阐述了技术进步对成本节约的作用，并列举了大量技术进步带来生产成本降低的现实案例。除了影响生产成本外，交通、通信等领域的技术进步，还能促使交易成本的下降。在内生增长理论中，经济学家探讨了不同类型的技术进步，包括产出增长型技术进步（Romer，1986；Lucas，1988）、质量改进型技术进步（Aghion & Howitt，1992）、成本节约型技术进步（Harberger，1998）等。其中，成本节约型技术进步直接影响到平均成本水平，此类技术进步带来的工艺改进，使生产单位产出所需要的要素投入减少，进而实现平均成本的下降。产出增长型技术进步的效应虽然表现在增加产出水平上，但在要素投入数量既定的情况下，产出增长必然使单位生产成本减少，在结果上也起到了推动平均成本下降的作用。至于质量改进型技术进步，其对生产成本的最终影响从理论上看并不确定，要取决于具体情况。技术进步对平均成本水平带来的影响，在农民生产经营实践中也是广泛存在的。

（三）知识、技能与经验及其影响

学习效应（亦称干中学效应）理论揭示了知识、技能、经验与成本之间的内在关系。根据学习效应理论，生产者与经营管理者能从实践中获得知识与技能，在某领域工作的时间长了之后，劳动的熟练程度与技能水平就会逐步提高，进而促进生产经营效率的提升，最终使平均生产成本趋于下降（图3-7）。不同农民从事特定经营活动的时间有长有短、积累的经验有多有少，这是平均成本出现个体间差异的原因之一。

除此之外，劳动力的知识、技能和经验状况，还会通过要素配置与技术进步两个中介因素，对平均生产成本带来间接影响。在要素配置方面，知识技能水平越高、经验越丰富的农民，越有能力在生产经营中优化各种要素投入的比例结构，加强对生产经营成本的有效控制。特别是在用资本和技术替代劳动的情形下，机器设备与技术的引入往往需要农民具备一定的操作技能。农民的技能匹配程度越高，越有可能采取有利于降低成本的要素替代行为。

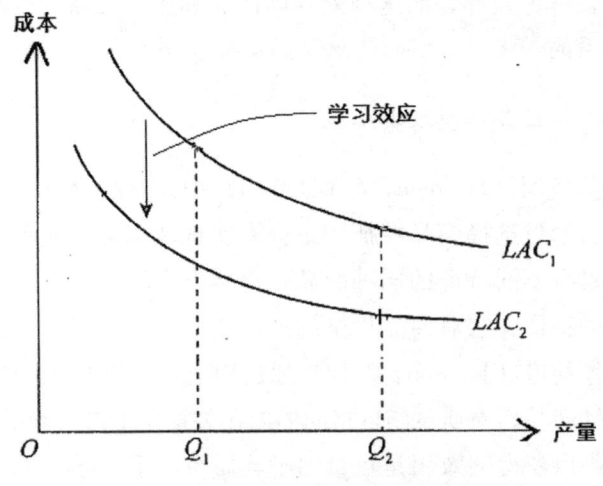

图 3-7 学习效应促进平均成本下降的作用

在技术进步方面，农民的人力资本水平关系到其对新技术的认知程度与采纳意愿。有研究发现：文化素质偏低的农民，对自己在生产中掌握和应用科学技术的能力缺乏信心，更倾向于经验型和模仿型技术，使新技术的推广遇到障碍（陈超、周宁，2007）；反之，受教育程度越高的农民，越倾向于采用先进的生产技术来提高劳动生产率（罗小锋，2010）。由此可见，在知识、技能与经验上占优的农民，将更充分地享受技术进步带来的成本下降红利。

三、影响价格水平的关键因素及其作用机制

在分析价格水平的影响因素前，先对本章所使用的价格这一概念的含义作若干必要说明。在本章中，价格是指农民出售产品或提供服务的价格，这属于微观价格而非宏观价格范畴。当农民生产经营领域是服务业时，因服务提供和消费是同时进行的，服务消费者支付的价格一般而言就是农民获得的单位服务收入。然而，当农民从事农业或工业生产经营时，因中间商的广泛存在，农民得到的单位产品收入往往是出售给中间商的价格，而不是最终消费者支付的价格。只有在直接销售的情形下，农民出售农产品或工业品的价格，才等于最终消费者支付的价格。所以，经营净收益率公式中的价格 P，准确地说应当是出售产品给下家的价格或提供服务的价格。本章中的价格一词如无特殊说明，均采用这种定义。影响农民出售产品或提供服务价格的因素众多，除了市场供求关系外，最主要的是产品和服务的质量、产品销售方式。作者在调研中也发现，不同农户出售同种农产品或手工艺品、提供同种

服务的价格存在一定差异，而这种差异同产品和服务质量、产品销售方式确实是有密切关系的。

(一) 产品和服务质量及其影响

在特征价格模型（Hedonic Price Method）中，商品价格被视为商品特征的函数，消费者通过选择商品特征的组合来实现效用最大化目标。这种模型可以解释为何具有不同特征的同种商品在价格上有较大差异。商品质量显然是商品最主要的特征，它对商品价格的高低会产生重要影响。在特征价格模型的基础上，约翰逊（Johnson，2012）通过构建质量调整价格模型（Quality-adjusted Price Model），对质量与价格间的内在关系作了进一步的阐述①，说明了消费每种商品所获得的效用是数量因子与质量因子的乘积，质量越好效用越高，消费者愿意为高质量高效用商品支付更高价格。

不同农民或农民与其他经济主体所生产的同类商品，有相当一部分是具有差异性的，这些商品就其市场结构来看属于垄断竞争或介于垄断竞争与完全竞争之间。从理论上讲，农民对差别化的产品和服务是具有一定定价权的，并非完全被动接受既定的市场价格。对于不同质量水平的同种商品，购买方愿意支付的价格会有所差异。高质量商品的价格通常要高于低质量商品的价格，价格差异反映了质量差异，合理的价差能对生产高质量商品农民所付出的更多投入加以补偿。在理想的市场环境中，如果商品的质量信息对交易双方都是公开透明的，在价格机制和竞争机制的作用下，农民生产的高质量商品将获得较高价格，而低质量商品只能接受较低价格，商品的价格水平将同其质量水平相匹配。

(二) 产品销售方式及其影响

农民家庭经营所生产的各种产品（主要指农产品），在销售方式上分为直接销售和间接销售两种途径。在直接销售中，农户直接出售产品给消费者，无需经过中间商。随着营销模式创新和互联网技术发展，除了传统直销手段外，还出现了订单直销、网络直销、游园采摘等直销新模式。间接销售根据渠道层次和中间商类型，也分为多种不同形式，常见的包括农民—批发商—

---

① 近年来，不少学者运用特征价格模型或质量调整价格模型实证研究了商品质量对价格的影响，为质量与价格间关系提供了一些经验证据。例如，Gunter 和 Kym（2001）探究了葡萄酒价格的影响因素，发现感官质量评级是解释价格差异的重要因素之一。

零售商—消费者、农民—收购商—批发商—零售商—消费者、农民—零售商—消费者等。对于同样的产品,当农民采取不同销售方式时,其对价格的影响力与获得的价格水平有所差异,这可以从如下几方面加以解释:

一是交易的市场结构。在传统直销方式中,市场中的买方和卖方数量均较多,单个农民难以影响市场价格,而单个消费者也不具有价格控制力。但是,当采用间接销售方式后,市场结构随着中间商的加入而发生变化。与大量农民相比,中间商的数量相对较少,他们凭借统一购买形成的规模优势,拥有较强的定价权,尽可能压低收购价以提高自身盈利空间。除了少数销量较大的家庭农场、种养大户外,大部分普通农户缺乏与中间商讨价还价的能力,只能比较被动地接受中间商的定价。二是交易双方的契约关系。通常而言,与没有契约关系或契约关系松散的情况相比,农民在契约关系紧密情形下更容易获得相对较高价格。例如,在订单直销、农超对接这两类销售模式中,买方出于稳定供应来源等方面考虑,愿意以比市场价稍高的价格购买农民的农产品。三是农民的组织化程度。当农民联合起来通过专业合作社等途径出售农产品时,能在一定程度上缓解农民因过于分散缺乏议价能力的问题,增强农民对产品价格的影响力,有助于提高产品的价格水平。

四、农民生产经营中规模经济的形成及其特点

《新帕尔格雷夫经济学大辞典》对规模经济的定义为"考虑在既定(不变的)技术条件下,生产一单位单一的或复合产品的成本,如果在某一区间生产的平均成本递减,那么就可以说这里有规模经济"。可见,规模经济描述的是平均成本随生产经营规模扩大而下降的过程。尽管规模经济理论多用于分析企业尤其是工业企业生产成本与生产规模间的关系,但其一般原理对农民以家庭为单位的农业与非农生产经营活动总体上也是适用的,区别在于农民生产经营的规模经济可能没有企业那样明显。

农民生产经营中规模经济的形成,主要源于以下四方面因素:一是阶梯式变动成本的分摊效应。规模经济是针对长期生产来讲的,在长期中所有成本均是可变成本。但是,根据成本随产出变化而呈现的不同性质特点,长期生产成本可分为连续性变动成本与阶梯式变动成本。其中,前者随产出变化而发生连续性的变化;而后者在一定产出范围内保持不变,当产出增长达到某一限度后,才跳跃式上升至一个新的水平。长期生产视角下的阶梯式变动成本,实际上就是短期生产中的固定成本。以农民农业生产为例,种子、化肥、农药成本可视为连续性变动成本,而农业机械、仓库成本等则属于阶梯式变动成本。在一定产出范围内，随着产出的增加，分摊至每一单位产品或服务的阶梯式变动成本会逐步减少，由此起到降低平均成本的作用。二是要素优化配置与利用效应。在生产经营规模较小时，某些生产要素（如机器设备等）的投入使用受到限制或功能无法得到充分发挥，这种问题会随着生产经营规模的扩大而缓解乃至消除，这将促进生产要素的优化组合与功能发挥，使单位产品或服务的成本降低。三是规模生产的学习效应。穆勒在其《政治经济学原理》一书中，从节约生产成本角度阐述了大规模生产的优点，美国学者怀特利用飞机制造业数据首次证实了大批量生产时学习曲线的存在。当农民大量生产某种产品或提供某项服务时，其熟练度提升的速度将加快，也会出现学习曲线效应，使单位产品或服务所需要的要素投入量及相应的成本随着产出提高而下降。四是议价能力增强带来的投入价格下降。农民在生产经营中购买各种投入要素的价格，与农民的生产经营规模存在一定关系。这是因为，农民购买投入要素的数量与生产经营规模正相关，而扩大采购量能增强议价能力、获得更加优惠的价格。所以，规模扩张有助于农民增强同生产资料供应商的议价能力，由此降低投入价格与生产成本。

然而，当农民的生产经营规模达到一定程度后进一步扩大，又会出现平均成本趋于上升的现象，形成规模不经济，这主要源于管理、组织与监督成本的增加。一方面，较大的生产经营规模往往需要投入更多劳动力，由于家庭内部劳动力有限，有时需要从外部雇工参与农业与非农生产经营，从而使组织管理员工的成本上升。特别是在农业领域，农业生产的特性决定了农业经营一旦雇工，就将面临高昂的监督成本。除了劳动力外，规模扩大后投入使用更多的资本、技术等要素，同样会提高管理协调成本。如果农民不具备与经营规模扩张相匹配的管理能力，规模经济转为规模不经济的拐点会提前到来，规模不经济程度也将变得更高。

虽然规模经济一般原理对各类经济主体的各种生产经营活动具有普适性，但农民的生产经营活动毕竟有较多不同于企业之处，关于企业和工业规模经济的结论不能完全套用到农民和农业身上。在工商企业中，生产经营规模的最重要决定因素是资本数量，一般而言，只要货币资本数量充足，就能在市场上较方便地获得规模扩张所需的劳动力、土地、技术等生产要素。而在农民的农业（特别是种植业）生产经营中，土地要素对土地规模经营与土地规模经济的形成具有突出重要性。为了实现农业土地规模经济，要求在有转移土地经营权实际需求的前提下，能够自由而顺畅地从他人手中转入土地经营权。土地流转的受阻，是制约农业土地规模经济有效形成的一个特殊因素。

五、农民生产经营中范围经济的形成及其影响因素

在农民生产经营过程中,一户家庭同时生产提供多种产品或服务是一种常见现象,多元化经营是范围经济效应广泛存在于农民经营活动中的现实基础。农民生产经营中范围经济的形成,本质上是多元化经营使边际成本减少、边际净收益增加的结果。形成范围经济的最主要原因,在于农民生产提供不同产品或服务时,各种有形与无形的资源要素投入因获得共享而提高了其使用效率,进而带动平均成本的下降,这具体表现为以下几方面:

首先是闲置资源的充分利用。基于生产经营的季节性特点以及设备工具等生产资料的通用性与多功能用途,农民可以通过错季生产经营减少资源的闲置浪费,使固定成本(或阶梯式变动成本)分摊到多种产品与服务中。其次是技术和经验的复制推广。农民在某经营领域掌握的技术与积累的经验,可以相对较低的成本复制推广运用到其他相关经营领域,从而带动这些领域平均成本的降低。再次是销售渠道的共用。农民利用同一渠道销售多种产品,能促进销售成本的下降。除此之外,经由其他一些途径也可以形成范围经济:一是通过纵向多元化节约交易成本。当农户往产业链上下游扩张时,以前通过外部交易购买的产品和服务将转为内部生产和提供,这种产业链内部化行为能起到节约交易成本的作用。二是将副产品或废弃物作为投入品节约生产成本。农民生产某些产品的副产品或废弃物,有时可以作为投入品用于其他产品的生产,较典型的例子就是农产品副产品的资源化利用、畜禽粪便的肥料化利用等,这显然也有利于降低生产成本。

然而,农民并不总是能从多元化经营中获得范围经济带来的利益。在某些情况下,联合生产的成本反而高于独立生产的成本之和,由此出现范围不经济现象。农民生产经营中涉足的产品和服务种类过多,是导致范围不经济的直接成因之一。过度多元化会明显增加农民生产经营的管理和协调成本,特别是当农民管理能力不适应多元化扩张要求时,成本上升幅度将更大。但是,范围经济/不经济与产品和服务种类数之间并不是简单的单调关系,不能认为当种类数越过一个临界值后,多元化经营就一定会从范围经济转向范围不经济。事实上,农民多元化经营究竟形成范围经济还是范围不经济以及其大小如何,很大程度上取决于不同产品和服务间的关联性。根据范围经济理论,产品和服务间关联性的差异会产生不同的范围经济效应。一般而言,被相同的设备、技术、销售渠道紧密联系起来的多元化会比缺乏联系的多元化产生更大的范围经济(或更小的范围不经济),也就是说,强相关的产品和服务多元化比弱相关的产品和服务多元化能带来更好的范围经济效应。这主要是因为与弱相关多元化相比，强相关多元化的资源共享程度更高而业务间协调成本更低。产品和服务种类过多造成农民多元化经营的范围不经济，其深层次原因往往在于农民采取了弱相关多元化甚至不相关多元化的经营策略。在该种多元化经营模式下，农民生产提供的各种产品和服务间的相关性低，这一方面使资源要素难以充分共享、弱化了多元化的成本节约效应，另一方面使管理协调成本快速攀升。

第三节 农民农业经营性收入效益变化的成因结构

我国农民的经营性收入主要来自农业生产经营，农业经营性收入占经营性收入比重长期保持在较高水平。尽管农业经营性收入占比近年来趋于下降，但目前仍接近2/3。因此，农业经营性收入效益状况对农民经营性收入效益有关键作用。本节运用因素分析法和贡献度分解法，基于农产品视角考察引起农业经营性收入效益变化的因素及其影响程度。先通过因素分析法，测算经营收入和经营成本两大因素对主要农产品经营净收益率变化的影响，揭示农业经营性收入效益变动的主导因素；接着通过要素成本贡献度的分解，分析主要农产品生产成本趋于上升的成因结构，说明推动农业经营成本攀升的主次成因。

一、收入和成本因素对农产品净收益率变化的影响

（一）测算方法：因素分析法

就某类农产品而言，其经营净收益率由经营收入和经营成本两大因素决定。为此，可运用统计学中的因素分析法，将收入因素和成本因素各自对经营净收益率变化的影响程度进行分解测算。用 r 表示经营净收益率，AR 和 AC 分别表示单位经营收入（元/千克）和单位经营成本（元/千克）[1]，则 t 期和 0 期（基期）经营净收益率之差可分解为 (3-6) 式：

---

[1] 单位经营收入、单位经营成本在下文简称单位收入、单位成本。

$$r_t - r_0 = \left(\frac{AR_t - AC_t}{AR_t}\right) - \left(\frac{AR_0 - AC_0}{AR_0}\right) = \frac{AC_0}{AR_0} - \frac{AC_t}{AR_t} = \left(\frac{AC_0}{AR_0} - \frac{AC_t}{AR_0}\right) + \left(\frac{AC_t}{AR_0} - \frac{AC_t}{AR_t}\right) \quad (3-6)$$

其中，$\frac{AC_0}{AR_0} - \frac{AC_t}{AR_0}$ 和 $\frac{AC_t}{AR_0} - \frac{AC_t}{AR_t}$ 分别表示单位成本、单位收入两大因素对经营净收益率变化的影响程度，将两者作比较就能揭示经营净收益率的变化主要由何因素引起。考虑到社会价格总水平的变化会导致测算结果出现偏误[①]，因此，t 期的单位收入与单位成本均用 GDP 平减指数加以调整，确保 t 期的单位收入、单位成本都按基期的同比价格与基期的单位收入、单位成本进行比较。另外，因素分析法的测算结果，与各因素排列的先后顺序有关。各因素先后顺序不同，会导致结果有所差异。为此，将先成本后收入的顺序改为先收入后成本的顺序，按照（3-7）式重新计算单位收入和单位成本两因素对经营净收益率变化的影响程度。

$$r_t - r_0 = \left(\frac{AR_t - AC_t}{AR_t}\right) - \left(\frac{AR_0 - AC_0}{AR_0}\right) = \frac{AC_0}{AR_0} - \frac{AC_t}{AR_t} = \left(\frac{AC_0}{AR_0} - \frac{AC_0}{AR_t}\right) + \left(\frac{AC_0}{AR_t} - \frac{AC_t}{AR_t}\right) \quad (3-7)$$

（二）数据来源与说明

各类农产品经营收入和经营成本的数据，来自历年《全国农产品成本收益资料汇编》，时间跨度为 2000~2020 年。在使用经营收入、经营成本数据时，有三点需要说明：第一，农业经营主体除了农户外，还包括农民合作社、农业企业等农业经营单位，农产品成本收益反映的是所有农业经营主体生产的农产品的成本收益状况。不过，以小农户为主的家庭经营是我国农业经营的主要形式，由农户生产的农产品占全部农产品的比重较高，因此，基于全国农产品成本收益数据计算的农产品经营净收益率，仍能在较大程度上衡量农户的农业经营效益状况。第二，经营收入用产值合计指标来衡量，如前文所述，使用产值指标会在一定程度上高估经营收入，从而削弱测算结果的准确性。第三，经营成本包含了显性的会计成本与隐性的家庭用工折价、自营地折租。

[①] 当发生通货膨胀时，单位成本因素对净收益率的负向作用会被高估（或正向作用被低估），同时，单位收入因素对于净收益率的正向作用也会被高估（或负向作用被低估）；反之则反是。

(三) 因素分析结果及分析

考察粮食、油料、棉花、蔬菜、生猪、肉鸡六类农产品的单位收入、单位成本对经营净收益率变化的影响。设粮食、油料、棉花的基期为 2000 年，蔬菜的基期为 2010 年，生猪、肉鸡的基期为 2005 年[①]，六类农产品的 t 期均为 2020 年，按（3-6）式进行测算，结果显示（图 3-8）：就整个时间段来看，六类农产品的单位成本均有所提高，产生了使净收益率下降的作用；同时，除棉花外的其他五类农产品的单位收入均趋于提高，带动了净收益率的上升。在粮食、油料和生猪的生产中，由于单位收入对净收益率的影响程度大于单位成本，所以净效应是使净收益率提高；但在蔬菜和肉鸡生产中，因单位成本相比单位收入对净收益率的影响程度更大，最终造成净收益率下降的结果。尽管成本和收入因素共同导致了棉花净收益率的降低，但两因素的主次地位有所不同。棉花净收益率的下滑，主要是由单位收入下降引起的，单位成本上升是次要原因。根据（3-7）式再次计算，从单位收入、单位成本两因素影响经营净收益率变化的相对程度来看（图 3-8），计算结果与按（3-6）式测算出的结果差异不大，所以，因素分析中收入因素与成本因素的排序并不影响基本结论。

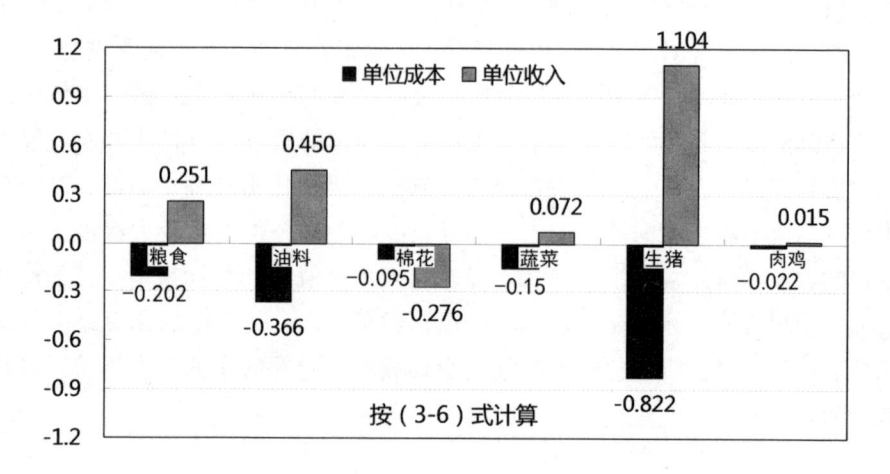

按（3-6）式计算

	单位成本	单位收入
粮食	-0.202	0.251
油料	-0.366	0.450
棉花	-0.095	-0.276
蔬菜	-0.15	0.072
生猪	-0.822	1.104
肉鸡	-0.022	0.015

[①] 由于蔬菜缺少 2010 年前的数据，生猪、肉鸡缺少 2005 年前的数据，故蔬菜的基期设为 2010 年，生猪、肉鸡的基期设为 2005 年。

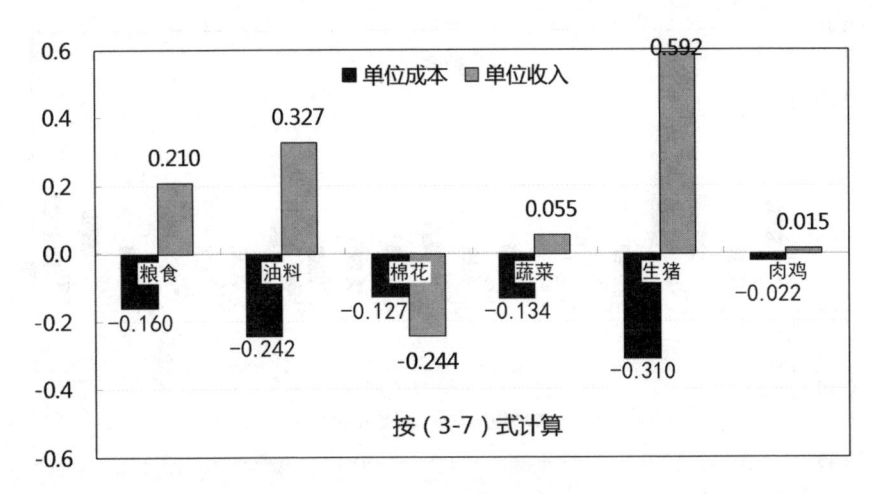

第三章 农民经营性收入的效益及其影响因素

图 3-8 单位收入和单位成本对农产品经营净收益率变化的影响（2000~2020 年）

资料来源：根据历年《全国农产品成本收益资料汇编》相关数据计算。

接着再按（3-6）式对各主要农产品每年经营净收益率的变化进行因素分解测算，结果发现（图 3-9）：尽管从整个时间段来看，单位成本对各种农产品净收益率的变化都产生了负向作用，但具体到某一年份并不完全如此。以粮食种植为例，2000~2020 年间有 7 年出现了单位成本比上一年度下降，进而带动当年净收益率上升的现象。单位成本对年度净收益率的影响程度，在不同农产品间存在较大差异。相比较而言，单位成本对肉鸡年度净收益率的影响最小，对生猪、棉花年度净收益率的影响较大，对粮食、油料、蔬菜年度净收益率的影响居中。与单位成本类似，单位收入影响年度净收益率的程度，也存在较明显的农产品间差异性。相比较而言，单位收入对棉花、生猪年度净收益率的影响，远超过对其他四种农产品年度净收益率的影响。另外，导致年度净收益率变化的主次因素，在不同农产品间也呈现出差异化特点。具体来看，引起粮食、蔬菜年度净收益率变化的主要因素是单位成本，次要因素是单位收入；而引起油料、棉花、生猪、肉鸡年度净收益率变化的主要因素是单位收入，次要因素是单位成本。与前面做法一样，再按（3-7）式进行测算，得到的基本结论并未发生明显变化[①]。

---

① 限于篇幅，不再详细展示按（3-7）式测算得到的结果。

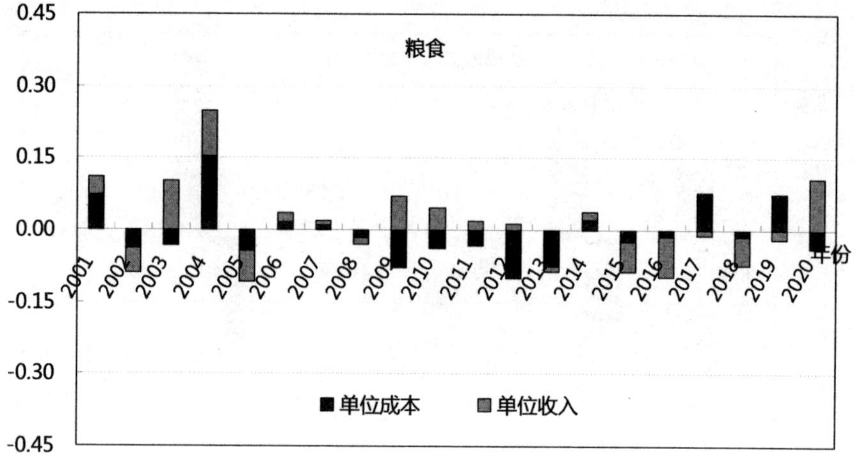
粮食
0.45
0.30
0.15
0.00
-0.15
-0.30
-0.45
2001
2002
2003
2004
2005
2006
2007
2008
2009
2010
2011
2012
2013
2014
2015
2016
2017
2018
2019
2020
年份
单位成本
单位收入

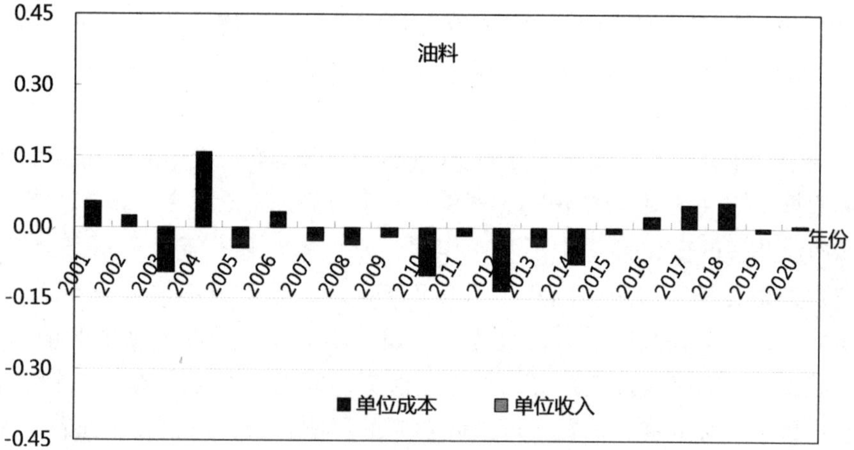
油料
0.45
0.30
0.15
0.00
-0.15
-0.30
-0.45
2001
2002
2003
2004
2005
2006
2007
2008
2009
2010
2011
2012
2013
2014
2015
2016
2017
2018
2019
2020
年份
单位成本
单位收入

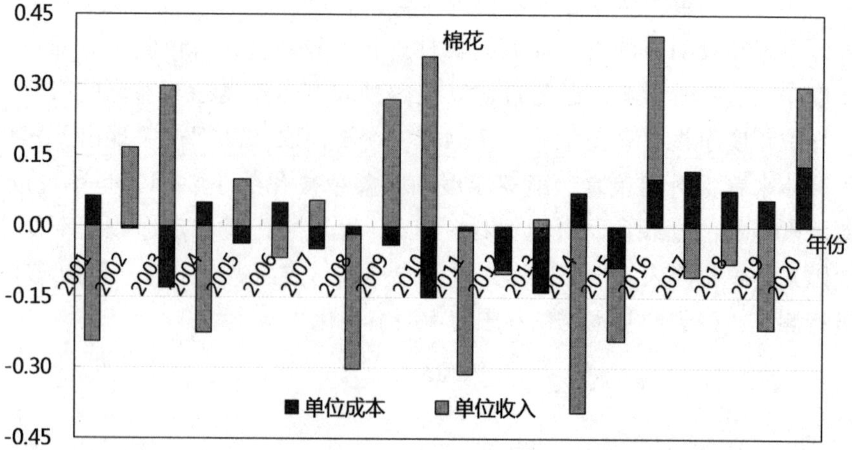
棉花
0.45
0.30
0.15
0.00
-0.15
-0.30
-0.45
2001
2002
2003
2004
2005
2006
2007
2008
2009
2010
2011
2012
2013
2014
2015
2016
2017
2018
2019
2020
年份
单位成本
单位收入

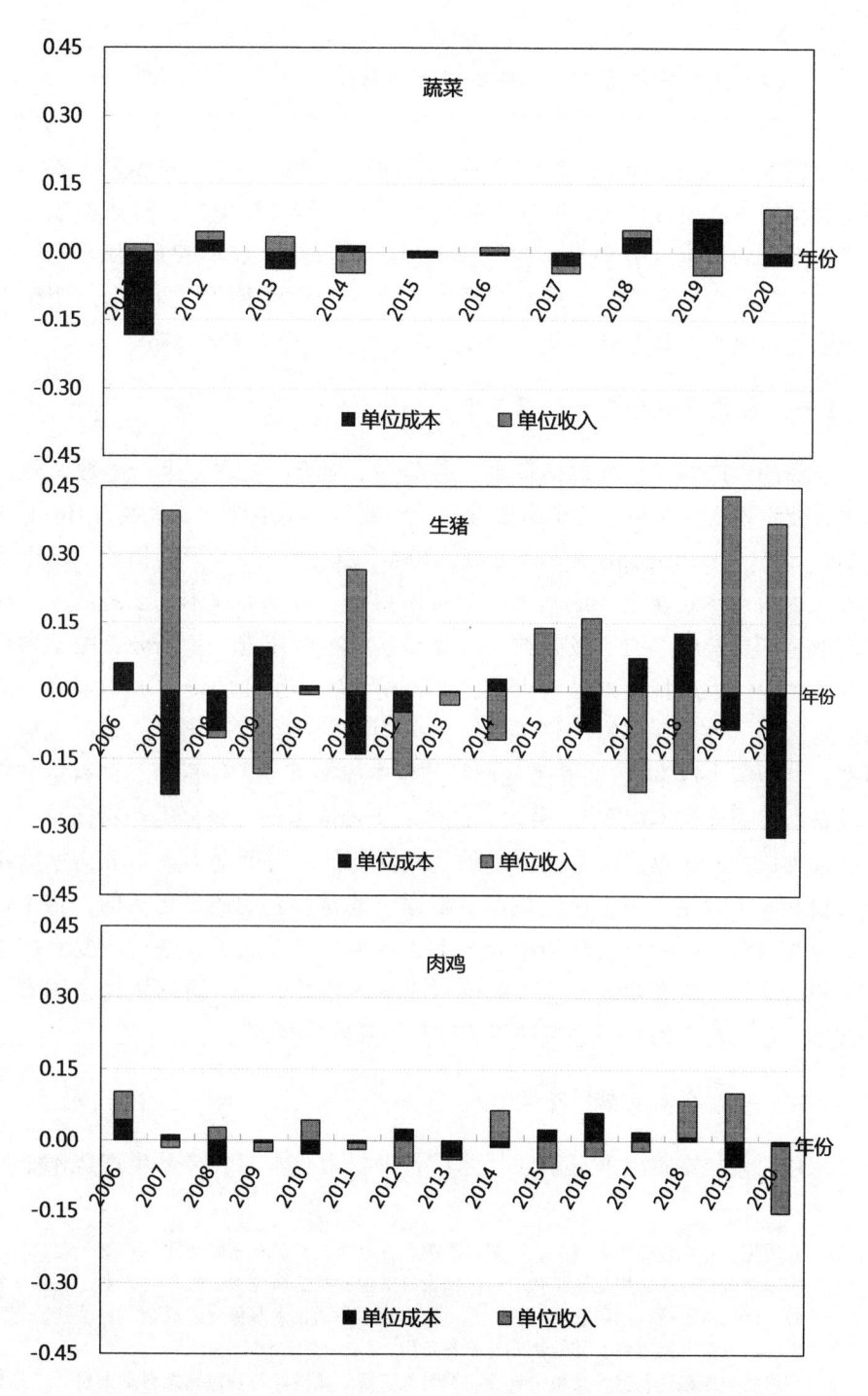

图 3-9 单位收入和单位成本对历年农产品经营净收益率变化的影响

资料来源：根据历年《全国农产品成本收益资料汇编》相关数据计算。

二、农产品生产成本上升的要素成本贡献度分解

进入 21 世纪以来,我国主要农产品的单位成本几乎都呈现出上升趋势,而单位成本的上涨无疑会导致农产品经营净收益率的下降。农业生产成本由不同类型的成本项目构成,在农产品生产成本上涨过程中,各种成本项目对总成本上升的贡献度分别是多少?哪些成本项目对总成本攀升的影响更大?搞清楚这些问题,有助于认清农产品生产成本上升的成因结构,由此明确降低农业经营成本的着力点,进而寻求富有针对性的降本增效策略。

(一) 要素成本分类和数据来源

农业的生产要素主要包括资本、劳动、土地等,在农业生产函数常见形式中,要素投入通常也分为资本要素、劳动要素、土地要素三大类(Heady & Dillon, 1961; Kudaligama & Yanagida, 2000; 涂圣伟, 2017)。据此,基于要素投入视角可将农业生产成本划分为资本成本、劳动力成本、土地成本,这是农业生产要素成本的一级分类。一级要素成本可作进一步划分:由于种植业与养殖业的生产特点差异较大,因此种植业、养殖业的资本成本划分方式有一定区别。种植业作物的资本成本可分为种子费、农用化学品费、机械设备费、其他资本成本[1],而养殖业产品的资本成本可分为仔畜费、饲料费、机械设备费、其他资本成本[2]。劳动力成本、土地成本的二级分类相对简单。对于劳动力成本,根据劳动力是自有的还是雇佣的,将劳动力成本分为家庭用工折价和雇工费用;对于土地成本,根据土地是自有的还是租赁的,将土地成本分为自营地折租与流转地租金。上述成本项目形成了农业生产要素成本的二级分类。一级要素成本与二级要素成本的相关数据,均可从《全国农产品成本收益资料汇编》中直接获得或通过计算间接得到。

(二) 要素成本贡献度分解法

采用要素成本贡献度分解法,测算各种要素成本对农产品生产成本上升

---

[1] 农用化学品费包括化肥费、农药费、农膜费,另外,鉴于农家肥与化肥均属于肥料,将农家肥费也计入农用化学品费中;机械设备费包括租赁作业费、燃料动力费、工具材料费、修理维护费、固定资产折旧;其他资本成本包括技术服务费、税金、保险费、管理费、财务费、销售费、其他物质与服务费用。

[2] 饲料费包括精饲料费、青粗饲料费、饲料加工费;机械设备费包括燃料动力费、工具材料费、修理维护费、固定资产折旧;其他资本成本包括医疗防疫费、死亡损失费、技术服务费、水费、税金、保险费、管理费、财务费、销售费、其他物质与服务费用。

的相对影响程度大小，据此找出推动农产品生产成本上升的主次因素。所考察的农产品依然是粮食、油料、棉花、蔬菜、生猪、肉鸡这六类。要素成本贡献度的分解测算，分别从一级要素成本、二级要素成本两个层面展开，成本用单位成本（元/千克）来度量。某项成本对生产总成本贡献度的计算公式如（3-8）式所示：

$$\varphi_i = \Delta ac_i / \Delta AC = (ac_{it} - ac_{i0}) / (AC_t - AC_0) \quad (3-8)$$

其中，ac_i表示第i项成本项目的单位成本，AC表示单位总成本，下标0和t分别表示基期和截止期。在本书中，粮食、油料、棉花的测算基期是2000年，蔬菜的测算基期是2010年，生猪、肉鸡的测算基期是2005年，截止期均为2020年。

（三）贡献度分解结果及分析

观察贡献度分解结果不难发现（表3-8）：从一级要素成本来看，种植业与养殖业生产成本上升的要素成本贡献度结构存在显著差异。对于粮食、油料、棉花与蔬菜而言，劳动力成本上涨是推动生产总成本上升的最主要因素；但对于生猪和肉鸡来讲，生产总成本的上升主要源于资本成本的攀升。土地成本对生猪、肉鸡生产成本变化几乎没有影响，对蔬菜生产成本的影响也很小；在所考察的六类农产品中，生产总成本受土地成本影响程度最大的是粮食，但土地成本对粮食生产成本的贡献度依然低于劳动力成本、资本成本。由此可见，在要素成本贡献度结构上，粮食、油料、棉花、蔬菜这几类种植业作物属于劳动力成本推动为主模式，其中以蔬菜最为典型，蔬菜劳动力成本贡献度高的主要原因在于其种植的机械化程度较低；至于生猪、肉鸡等养殖业产品，则属于资本成本推动为主模式，这同养殖业的人力投入相对较少有关。

再进一步考察二级要素成本的贡献度。在资本成本的四种分项成本中，对粮食、棉花生产成本上升影响最大的是机械设备费、其次是农用化学品费，对油料生产成本上升作用最大的是化学品费、其次是机械设备费，对蔬菜生产成本上升影响最大的是农用化学品费、其次是种子费；至于生猪和肉鸡，饲料费是推动生产总成本攀升的首要资本成本项目，而仔畜费的贡献度仅次于饲料费。在六类农产品的劳动力成本中，家庭用工折价的成本贡献度远高于雇工费用。近二十年来，农村劳动力大量转移到城镇就业，导致农村青壮年劳动力短缺、雇工工价偏高；不过，我国农业生产中的雇工规模并不大。因此，虽然雇工工价在持续上涨，但雇工费用带动生产总成本上升的力度仍很小。另外，在种植业的土地成本中，自营地折租对生产总成本的影响程度明显大于流转地租金。然而需要引起注意的是，流转地租金的成本贡献度虽然不高，但其增长速度很快。特别是粮食和棉花这两种大田作物，其流转地租金的年均增速分别高达9.2%和7.5%，超过相应的生产总成本增速4.9个和2.9个百分点。随着今后耕地流转面积进一步扩大，如果租赁价格延续以往快速上涨趋势，流转地租金对大田作物生产成本的拉动作用可能会明显增强。最后，将各类农产品的8项二级要素成本放在一起比较其贡献度高低。在四类种植业作物中，家庭用工折价的贡献度远超其他成本项目，是推动生产总成本上升的首要因素；而在生猪和肉鸡养殖中，贡献度最高的成本项目均是饲料费，表明生猪和肉鸡生产成本上涨主要源于饲料费的提高。

表3-8 主要农产品生产成本上升的要素成本贡献度分解　　　　单位：%

要素成本＼农产品	粮食	油料	棉花	蔬菜	生猪	肉鸡
1. 资本成本	33.7	25.5	33.6	17.9	78.4	79.6
种子费（仔畜费）	6.2	7.7	2.1	6.1	35.4	18.9
农用化学品费（饲料费）	14.6	11.5	11.0	8.8	40.2	56.8
机械设备费	17.4	10.2	20.0	3.8	0.1	2.4
其他资本成本	-4.5	-3.9	0.5	-0.8	2.7	1.5
2. 劳动力成本	38.8	57.6	47.1	74.7	21.6	20.5
家庭用工折价	34.6	56.3	27.9	47.9	20.0	17.1
雇工费用	4.2	1.3	19.2	26.8	1.6	3.4
3. 土地成本	27.5	16.9	19.3	7.4	0.0	-0.1
自营地折租	22.6	15.1	17.2	4.9	—	—
流转地租金	4.9	1.8	2.1	2.5	—	—

资料来源：根据历年《全国农产品成本收益资料汇编》相关数据计算。

第四节　改善农民经营性收入效益的主要难点

我国农村经营户中的传统小规模经营户数量较多，这些经营户改善收入效益的内生动机往往较弱；经营规模普遍偏小且推进规模经营面临不少瓶颈，也在很大程度上阻碍了农民经营性收入效益的改善；除此之外，在降低生产经营平均成本、走出低价经营困境、推动经营结构优化调整方面同样存在着诸多难点问题，提高农民经营性收入效益的任务艰巨。

一、传统小规模经营户改善收入效益的内生动机较弱

行为动机是驱动经济主体作出经济决策的内在根源，表现为经济主体为了实现一定目标所展现出的意愿和内在动力，不同的行为动机会导致不同的经济行为方式。从事农业或非农产业规模经营的农村家庭，如专业大户、家庭农场或私营企业主等，其经营目标一般是在既定约束条件下谋求利润最大化，有较强的动机去改善经营效益。但是，对于数量众多的传统小规模经营户[①]来说，他们从事生产经营活动的行为动机同规模经营户相比有一定差异，不能完全用利润最大化来解释其行为逻辑。

首先，随着城镇化、工业化和农村市场化的发展，我国农民的生计方式发生了深刻变化，在各种谋生手段中，外出或在本地务工的地位明显提高，工资性收入占比总体上趋于上升。在不少农村家庭，经济来源主要依靠务工，农业生产规模不仅没有扩大反而逐步萎缩，经营性收入比重已经下降至较低水平。对于高度依赖工资性收入等非经营性收入的那些家庭而言，生产经营变成了"副业"。由于经营性收入无足轻重，这些家庭不会花太多时间精力对规模不大的生产经营精打细算，对改善经营性收入效益的意愿不强烈。

其次，农村青壮年劳动力的持续流出，使得务农老年化程度提高，以传统小规模经营方式为主的老年农业在很多地区成为农业生产经营的主要范式。相当一部分老年人从事农业生产主要是为了自己日常消费所需，有剩余的也多赠送他人，并不打算靠卖农产品多赚钱，这种满足生计型的老人农业在农村地区较为盛行（张丰翠等，2020）。除了自给自足外，充实日常生活、促进公共生活参与、满足本体性价值需求（孙明扬，2020）也是农村老年人从事农业生产的重要动因，这些动因往往并不与经济效益目标相一致。

再次，在农村市场化、现代化浪潮的推动下，农村生活的社会化程度不断提高，农民日益融到开放且错综复杂的社会关系网络中，社会化渗透至农民日常生产、生活与交往的各个方面。在此背景下，中国的小农走向了社会化小农的新阶段（徐勇、邓大才，2006）。进入社会化小农时期后，随着农村

[①] 传统小规模经营户是指经营规模小且以传统生产经营方式为主的农村经营户，生产经营方式比较传统、生产经营规模较小是传统小规模经营户的两大基本特征。

家庭经济社会交往范围的扩大与交往程度的深化，其生产生活的货币化程度大幅提高。对于收入水平不高、经济不宽裕的大部分普通农村家庭来讲，面临短期性的货币支出压力是一种常态化现象。为了应对频繁的刚性货币支出需求，小规模经营户很难按照长期利润最大化目标行事，其行为逻辑通常是尽最大可能去实现短期货币收入的最大化。

二、经营规模普遍偏小且推进规模经营遇到瓶颈

虽然通过土地经营权的流转，我国农业规模经营户数量快速增长，土地经营规模较小的问题有所改观；但农业以小农户经营为主的基本格局并未改变，小农户实际经营的户均土地面积也没有明显扩大。据农业农村部统计，截至2020年，我国耕地经营规模不足10亩的小农户，占全部农户的比例仍高达85.1%[①]。小农户土地面积狭小，导致土地规模经济不足，并阻碍了大型农机的推广使用，不利于农业生产成本的降低。除了每户经营土地面积小之外，我国农地细碎化问题也比较突出，造成了地块层面的规模不经济。《全国农村固定观察点调查数据汇编（2010-2015）》统计数据显示：2015年末，我国户均实际经营耕地的块数为3.27块，其中不足1亩的块数达到1.85块。尽管近年来经过土地整合治理促进了地块合并、扩大了地块面积，但耕地分散的现象依然较为普遍。

我国土地流转在经过一段时期的快速发展后，近年来在不少地区出现了放缓的趋势，进入了瓶颈期，继续推进土地规模经营正面临一些梗阻。从土地供给方（农户）来看，留地养老心理、租金违约顾虑以及熟人交易偏好是主要制约因素。自己还在耕作土地的中老年农民，对土地依赖心理较强，将承包地作为生活保障的最后一道防线，他们在身体健康仍有劳动能力情况下，转让土地的意愿并不高；有的农户虽有出租意向，但由于担心外来承租者经营亏损跑路或拖欠租金，对土地使用权转让心存较大顾虑；另外，不少农户为了避免纠纷，倾向于将土地转包或出租给熟人，不太愿意转给陌生人和外来经营者，这也限制了流转的对象范围。再从土地需求方来看，也有诸多因素降低了新型农业经营主体转入土地的意愿，其中比较突出的是基础设施较差和土地过于细碎两大因素。在某些贫困地区，农业生产所需的配套水、电、路等基础设施仍不够完善，难以发挥出土地规模经营效益；一些地区特别是

---

① 农业农村部政策与改革司：《2020年中国农村政策与改革统计年报》，中国农业出版社，2021年。

丘陵山地区域土地分布零散、地形高低起伏不平、田面坡度较大,缺乏集中连片耕作的条件。除此之外,土地流转市场和中介组织不健全也是流转受阻的重要原因。虽然目前大部分地区都建立了农地流转管理机构与平台,但在服务内容、规范性、精准性上参差不齐,这方面的短板同样制约了土地的高效流转集中。而在土地细碎化治理上,也面临一些实践难点问题。土地细碎化按照其成因,可分为自然细碎化和产权细碎化两种类型。在通过土地整理治理自然细碎化的过程中,丘陵山地平整土地的难度和成本远高于平原地区,受整理资金的限制,前者的实施范围相对较小、效果也较差一些。至于产权细碎化的治理,因土地权属调整牵涉到广大农户利益,沟通协调的成本高昂,再加上一些"钉子户"的存在,削弱了通过土地流转促进地块合并的效果。在现实中,自然细碎和产权细碎又经常交错在一起,这更是增加了土地细碎化治理的复杂性与难度。

近十多年来,我国农业生产性服务业快速发展,有许多农村家庭专门从事农业生产性服务的提供,成为了农业服务专业户。仅就农业服务专业户中的农机作业服务专业户来看,2020年数量已达420.6万户、588.75万人[1]。但是,无论从固定资产、经营收入还是服务面积等指标衡量,当前我国农业服务专业户的平均经营规模仍较小,服务专业大户的占比低,服务规模经济效应未充分体现。例如,辽宁省2019年农业服务专业户的户均与人均经营收入仅为5.4万元和2.6万元[2]。农业服务专业户经营规模之所以较小,除了服务半径小的原因外,还与其服务类型较单一有密切关系。随着农户农业服务需求往多环节拓展,一些服务专业户因服务面偏窄,难以充分满足综合性服务需求,制约了经营规模的扩大。此外,作者在调研中还发现,农机库房建设用地难落实,也在一定程度上阻碍了服务专业户的规模经营。一些农机专业户想购置更多大型农机,但苦于没有足够的库房场地存放[3]。

三、有效降低生产经营平均成本存在较多困难

第一,部分生产要素价格上涨是经济社会发展客观规律所决定的。今后一段时期,从全国总体层面看,农村青壮年劳动力净流出状态仍将持续,农村人口老龄化程度会进一步加剧,再加上城镇工资水平提高带动农村劳动力

---

[1] 农业农村部农业机械化管理司:"2020年全国农业机械化发展统计公报"。
[2] 辽宁省农村经济指导中心内部资料。
[3] 如果将农机设备露天存放,遭受风吹日晒雨淋后会大幅缩短使用年限。

机会成本攀升等因素的作用,农村产业发展中劳动力成本的上涨具有较强的刚性。除此之外,一些资源性投入品价格的上升也是大势所趋。例如,当前我国水价偏低,未能充分反映水资源稀缺程度和生态环境成本;通过开征水资源税等途径合理提高水价,是促进节约用水的客观需要。我国农业用水量大,如果节水程度跟不上水价提高幅度,也会导致农业用水成本的上升。

第二,资本替代劳动的降成本作用未能充分显现。尽管就长期趋势而言,资本替代劳动有助于降低平均成本;但从目前农民的生产实践活动看,通过资本投入节约劳动力成本仍面临一些障碍,且在某些情况下用资本替代劳动未必能实现降成本目标。出现这种现象有多方面的原因:首先是地形地貌的制约。在南方丘陵山区,土地较为细碎且坡度较大,导致推广机械化耕作难度大、成本高。其次是配套基础设施与农民技能跟不上。一些贫困地区农田水利、机耕道路建设仍较为滞后,制约了农机装备的使用;部分农民操作现代化设备不够熟练,造成设备使用中磨损大、故障多、能耗高。再次,在某些生产环节和领域,机械化自动化的技术条件和经济条件尚不成熟。例如,大田经济作物和果蔬类农产品的收获环节一直是我国农机化的短板,国内技术装备尚未取得明显突破,进口国外设备价格又很高。最后,对于收入水平较低的小农户来讲,资本品投入属于显性成本会产生货币支出,而家庭劳动投入属于隐性成本并不发生货币流出。当机械化自动化绝对成本较高时[①],他们出于短期货币收入最大化目标,宁可自己辛苦一些多增加劳动时间,也不愿自购设备或外购服务。如此,虽然节省了显性成本,但广义的总成本却不降反升。

第三,农业农村技术进步发挥降成本效应存在不少难题。一方面,我国农业及相关产业发展的某些核心关键领域(如重要种源、农机装备等)还受困于"卡脖子"技术,制约了生产经营成本降低。例如,与发达国家相比,我国大豆种植面临单产水平不高、高性能农机装备国产化率低等问题,造成生产成本缺乏国际竞争力,而这与我国大豆育种科技创新支撑能力不足、高端农机缺乏自主核心技术有密切关系。另一方面,由于科研与生产脱节、技术推广体系发展滞后、农民文化素质不高等原因,我国农业农村科技成果转化为现实生产力的效率偏低。有资料显示,中国农业科技成果转化率仅为30%~40%,远低于发达国家70%~90%的水平(翟金良,2015)。农业农村科技的转化率较低,导致其未能在农民生产经营活动中充分发挥作用,使科

---

① 尽管其相对于家庭用工折价要低。

技进步降成本的效果打了折扣。

四、走出低价经营困局遭遇多方面的梗阻

梗阻之一是增产导向向提质导向转变不充分。究其成因，既与我国一些农民思想观念有关，也缘于高质量要素支撑不足、相关制度安排不完善。首先，在中西部地区尤其是刚脱贫摘帽的贫困县，农民的小农意识依然较广泛存在，不少小农户的生产经营因循守旧、墨守成规，缺乏创新意识和质量观念。其次，一些农民在向提质增效方向转变过程中，面临高质量要素支撑不足的问题。土壤肥力下降、劳动力文化技能水平偏低、设备性能较弱或适用性不强、缺乏精准的技术指导和专业服务、基础设施建设滞后等，是较常见的制约高质量生产的瓶颈因素。再次，目前推动增产导向转向提质导向的体制机制还不够健全。小农户仅靠自身力量很难实现农业高质量生产，新型农业经营主体发挥带动引领作用是必不可少的。但在不少地区，由于联农带农机制尚未充分建立起来或利益联结不合理，导致新型农业经营主体未能有效带动小农户开展高质量生产。

梗阻之二是小农户在销售中的议价能力较弱。对于数量众多的小农户而言，他们在销售农产品及其他产品的市场交易中处于弱势地位，价格话语权被占有销售渠道的中间商所掌控。中间商凭借着规模、信息、资金等方面的优势，在与小农户的交易中会通过压价增加自己利润，导致小农户销售产品的收益被挤压。我们借鉴陈奕山（2021）的做法，用农业生产者出售农产品价格占农产品集贸市场价格的比例来反映销售环节收益在生产者与中间商之间的分配结构。结果发现（图3-10），除了油菜籽和主粮外，其余农产品销售中的生产者所得份额都不高。特别是果蔬农产品，生产者收益份额均低于50%，销售环节大部分利益被中间商所获得。果蔬农产品生产者分享销售环节的收益份额明显偏低，一个很重要的原因在于此类农产品不易保存容易腐烂，这会削弱生产者在市场交易中的议价能力。由于农业生产者既包括小农户也包括家庭农场、农民合作社等规模经营主体，如果剔除规模经营主体而仅考虑小农户的话，出售农产品价格占农产品集贸市场价格比例会更低。这实际上是小农户在农产品销售中与中间商议价地位不对等，在不平等交易状态下形成的结果。

梗阻之三是优质优价机制尚不健全。商品实现优质优价是有前提条件的，那就是产品和服务的质量信息对交易双方均公开透明。但在现实中，消费者在获取商品质量信息上通常处于劣势，其限于自身能力与客观条件，不一定

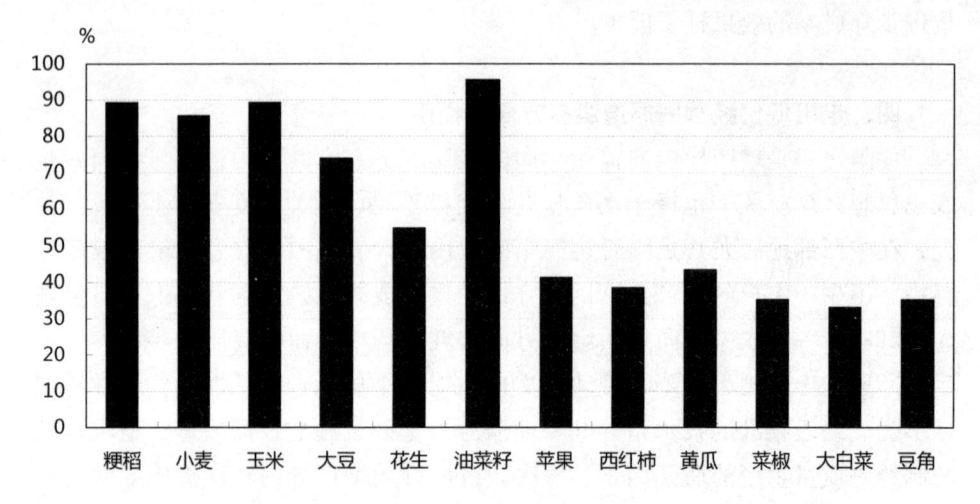

图 3-10　各种农产品的生产者出售价格占集贸市场价格比例（2020 年）

资料来源：根据 2021 年《全国农产品成本收益资料汇编》《农产品价格调查年鉴》相关数据计算。

能准确判断产品与服务的质量，此时就容易出现优质不优价现象。例如，在缺少认证标志与品牌标识度的情况下，消费者仅从外观上辨别农产品优劣存在较大局限性，造成有些优质农产品卖不出好价钱。再如，农资行业中"劣币驱逐良币"问题也较突出。在调研农村农资零售店时，一些店主向作者表示"卖农资还不如菜市场透明，质量表面上看不出，使用后效果怎样也说不清楚，很多人就是看谁家便宜就去谁家买""你要是想解释价格高是因为生产厂家、配方、工艺原因，一些买家会觉得反感"。当优质难以实现优价时，为提高质量而多付出的投入就得不到合理补偿，农民在生产经营中提供优质产品和服务的动力会减弱，这是低价-低质恶性循环难以打破的症结所在。

五、推动经营结构优化调整面临一些困境

普通农户大多属于风险厌恶者，尤其是收入水平较低的相对贫困户有强烈的风险规避意识。当面临不同风险-报酬组合的经营方案时，一些传统小农户为了求稳，往往会选择低风险-低报酬的项目。为了尽可能避免风险损失，他们倾向于固守目前经营领域、采用保守技术、沿用以往生产方式，从而放弃了调整经营结构和使用新技术新模式带来的潜在收益。例如，在调查访谈中就有一家原建档立卡贫困户向作者表示"改种其他作物或引进新品种有可能增加收益，但谁也不能保证一定成功，家里本钱不多，有孩子上大学每年得付学费、老人身体不好医药费开支也不小,实在承受不起失败带来的损失,保持现状虽赚不了更多钱但起码还可以维持开支。"

对于那些有意愿调整家庭经营结构的农民,也经常会因为转向效益较高产业或项目的条件不具备或不充分,导致愿望无法顺利实现。某些产业项目对资金规模、技术水平、管理经验或基础设施有一定要求,当农民满足不了这些要求时,就难以有效开展相应的生产经营活动。例如,近年来乡村新产业新业态快速发展、效益良好,但这些产业往往需要从业者有较高文化程度和较多市场经验,很多农户在能力上还无法胜任。农村土地供给上的限制性规定,在某些情况下也会成为农民经营结构调整的制约因素。另外,农民调整家庭经营结构还需要考虑产业环境因素。如果所在村庄和周边地区缺乏上下游产业或配套服务的支持,即使选择那些在一般情况下经营效益更高的产业项目,也较难实现预期收益。例如,作者在河北某村调研时了解到,该村种植业以粮食作物为主、经济作物占比较低,不少村民尽管有改种果蔬的想法但真正付诸实施的很少。其中的一个重要原因在于本地果蔬种植规模不大,相关市场发展不成熟,也缺少保鲜储藏等配套服务设施,在仅有少数几户小规模种植的情况下,中间商不太可能来收购,更无法吸引加工企业延伸产业链,而农户自行销售的渠道窄且成本高。

对于农业经营而言,农产品生产周期一般较长,收获时的市场情形相比投产时可能发生较大变化。由于很难预测今后较长时期的市场走向,农民在要不要转向生产当前高利润产品或品种时会面临两难选择——既不甘心放弃更好盈利机会但又担心未来市场价格大幅下跌。在现实中,后一种情况确实时有发生。例如,前几年阳光玫瑰葡萄价格极高,不仅使很多葡萄种植户转向此品种,而且还吸引了大量从事其他农产品生产的农民改种,导致短期内产量大增、价格快速下跌,进入市场较晚农户的收入效益很不理想。

第四章　农民经营性收入的风险及其影响因素

由于农民生产经营活动中存在着各种各样的不确定性因素，导致农民经营性收入风险无法完全避免，风险高低直接影响到农民从经营性收入中获得的实际效用和福利水平。本章先对农民经营性收入风险的现状特点进行了考察并揭示其中存在的主要问题；接着从生产经营活动四大环节及其关联性出发，研究了农民经营性收入风险的形成机制与影响因素；鉴于农民的经营性收入风险与其所选择的生产经营方式有密切关系，专门探讨了专业化经营、规模化经营、负债经营对农民经营性收入风险产生的影响；除此之外，还分析了降低农民经营性收入风险所面临的瓶颈制约。

第一节　农民经营性收入风险的现状特点与主要问题

本书同时使用二手数据和一手数据来考察农民经营性收入风险的现状特点并揭示其中存在的主要问题。一方面，基于全国农村固定观察点调查微观数据，运用调整离差率法对农民经营性收入风险进行量化测度与分析；另一方面，利用自行搜集的问卷调查数据，对农民经营性收入风险状况加以考察与评价。使用二手、一手数据各有优劣：二手数据的样本量大、遵循严格的随机抽样方法产生，这使得样本的代表性较好；不过，二手数据反映经营性收入风险的指标较少，信息量有所不足。与之相比，一手调查数据尽管在样本代表性上偏弱，但提供了关于风险成因等方面的信息，在真实反映农民对风险状况的认知上具有优势。可见，二手、一手数据有较强的互补性，综合利用两类数据有利于得到更加全面客观的结论。

一、基于全国农村固定观察点调查微观数据的风险测度结果及分析

作者参考王健宇（2010）提出的调整离差率法，对农民经营性收入风险进行测度，该方法本质上是用实际收入对预期收入的偏差水平来衡量收入的不确定性程度。我们将估算步长设为三年①，即以过去三年经营性收入的年均增长率作为农民可预期的经营性收入变化率，然后根据该变化率计算得到历年农民经营性收入的预期值。实际经营性收入和预期经营性收入的差额为经营性收入的调整离差，其与预期经营性收入的比值就是经营性收入的调整离差率。

（一）风险测度结果

根据我国农民人均经营性收入测算得到的调整离差率见图4-1，容易发现，2011年以来的大多数年份，农民经营性收入的不确定性体现为风险损失而非风险收益，风险损失是农民经营性收入不确定性的主要表现形式。按照第二章的概念界定，本书中的经营性收入风险专指风险损失而不涵盖风险收益。据此，2011~2020年间，农民在2012年、2013年、2014年、2015年、2016年、2017年和2020年的经营性收入调整离差率为负，表明遭遇了经营性收入风险，这7年的经营性收入调整离差率均值为-1.95%，该数值刻画了农民经营性收入风险的平均水平。然而，在一个大的空间区域内，部分农户

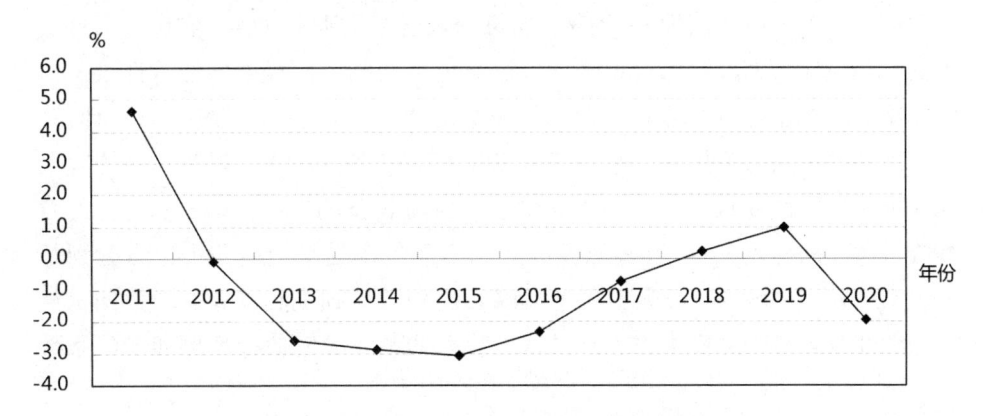

图4-1 农民人均经营性收入的调整离差率

资料来源：根据历年《中国统计年鉴》相关数据计算。

---

① 根据王健宇（2010）的调查，我国农民比较习惯于通过过去3年的收入水平对自己未来收入进行预期，因此选取3年作为估算步长。

的高风险可能会被其他低风险农户所抵消或平滑，使用大空间尺度加总数据评估风险会低估风险水平，由此产生空间加总偏差问题（张峭、王克，2015）。所以，要准确地衡量农民经营性收入风险的真实状况，有必要使用家庭层面的微观数据进行分析。

为此，利用全国农村固定观察点调查微观数据，以家庭为单位来计算农民经营性收入的调整离差率，这样能从微观层面上更好反映农民经营性收入风险的情况。农民家庭生计方式的变动[①]，很可能会导致农民家庭经营性收入在不同年份间的变化；显然，由生计方式变动引发的经营性收入变化，并不属于经营性收入风险范畴[②]。农村固定观察点农户调查表中有"家庭成员职业"一项，具体分为家庭经营农业劳动者、家庭经营非农业劳动者、个体合伙工商劳动经营者、私营企业经营者、受雇劳动者、乡村及国家干部、教育科技医疗卫生和文化艺术工作者、其他共8种职业。将从事前4种职业的劳动力统称为"生产经营劳动力"，将从事后4种职业的劳动力统称为"受雇务工及其他劳动力"，并按这样的分类计算所有样本户的生产经营劳动力人数。然后，我们仅选择2011~2015年间家庭生产经营劳动力人数大于零且保持不变的样本户来测算其2015年家庭经营性收入的调整离差率。经过这种处理，可部分剔除掉因生计方式转变导致家庭经营性收入发生变化的那些农户，从而使测算结果更接近真实的经营性收入风险状况。

对2015年样本户经营性收入数据进行计算后发现：第一，样本户经营性收入调整离差率的均值为-9.98%，这意味着就平均水平来看，农民经营性收入的实际值比预期值要低近10%，农民总体上面临一定程度的经营性收入风险。第二，根据样本户经营性收入调整离差率的频数分布（图4-2）计算，调整离差率为负与为正的户数占比分别是63.9%和36.1%，可见，遭遇收入风险损失的农民在数量上远多于获得收入风险收益的农民。第三，遭受经营性收入风险的样本户[③]，其经营性收入调整离差率的平均值和中位数分别是-34.57%和-28.58%，反映出遭遇风险农民的收入损失程度较高。第四，遭受经营性收入风险的样本户，其经营性收入调整离差率的标准差和变异系数

---

① 这里主要指家庭劳动力和劳动时间在生产经营、受雇务工间配置结构的变动。
② 例如，某农户有两个劳动力，去年一个从事农业生产，另一个从事非农经营；而今年，一个继续从事非农经营，另一个由农业生产转为外出务工。这种生计方式变化自然会导致家庭经营性收入减少（同时家庭工资性收入增加），但这种减少显然不属于收入风险范畴。
③ 即经营性收入调整离差率为负的样本户。

分别是27.7%和-0.8，说明农民经营性收入损失程度的离散性较大，不同家庭面临的风险高低存在较大差异。第五，调整离差率小于-30%和-40%的样本户占比分别约是30.7%和22.7%，表明有相当一部分农民的经营性收入风险处于偏高水平，遭受的收入损失较为严重。

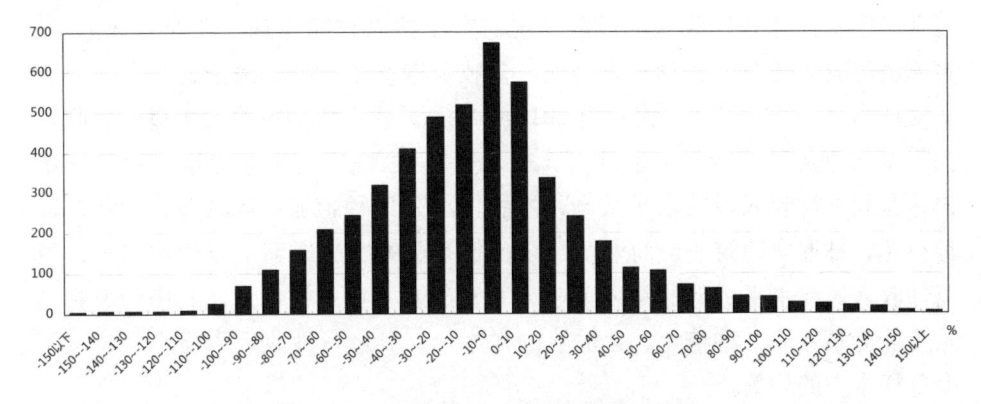

图4-2　样本户经营性收入调整离差率的频数分布

资料来源：根据全国农村固定观察点调查微观数据计算。

在此需要指出的是，将测算范围限于家庭生产经营劳动力人数保持不变的样本户，只能部分消除由生计方式转变引致的家庭经营性收入变化。另外，还有一些引起家庭经营性收入变化但不属于风险范畴的因素，这些因素对经营性收入的影响，受限于数据和技术等原因而未能剔除，如家庭自行调整经营规模造成的经营性收入变化等。鉴于上述情况，前文得到的调整离差率测算结果会偏离真实水平，现实中的农民经营性收入风险与本书测算结果会存在一定程度的差距，对这一点有必要加以说明。

（二）对测度结果的进一步分析

根据基于全国农村固定观察点调查微观数据得到的测度结果，作者拟通过进一步的分析来揭示农民经营性收入风险的主要特点及突出问题。在此，我们将研究对象范围缩小至遭遇经营性收入风险（即家庭经营性收入调整离差率为负）的样本户，而不再考察获得经营性收入风险收益（即家庭经营性收入调整离差率为正）的样本户。风险评估的关键是对风险的发生概率与损失程度进行估计与衡量。为此，用遭遇经营性收入风险的样本户数占比来衡量"风险发生概率"，用遭遇经营性收入风险样本户的经营性收入调整离差率绝对值来衡量"收入损失度"。风险发生概率与收入损失度构成了观察农民经营性收入风险状况的两个主要维度，风险发生概率与收入损失度均值的乘积就是风险量，它能较好衡量农民经营性收入风险的总水平。

1. 经营性收入风险的分行业考察与比较

考虑到不同行业经营特点的差异性及其对经营性收入风险的影响，先分行业考察农民经营性收入的风险状况。在全国农村固定观察点调查数据中，将家庭经营主业分为种植业、林业、畜牧业等9个行业，故按这9个经营主业对样本户进行分类，并测算出2015年每一类样本户的风险发生概率、收入损失度均值及风险量。结果显示（表4-1）：家庭经营主业为畜牧业的样本户，其经营性收入风险水平最高，接着依次是以种植业、运输业、渔业、其他行业、林业、建筑业、商业/饮食业/服务业为家庭经营主业的样本户，经营性收入风险水平最低的是以工业为家庭经营主业的样本户。其中，家庭经营主业为畜牧业、种植业、运输业的样本户，其经营性收入风险水平超过了全部样本户的均值。

表4-1 样本户经营性收入风险的分行业比较   单位:%

家庭经营主业	风险发生概率	收入损失度均值	风险量
种植业	65.25	34.95	22.80
林业	61.07	33.35	20.37
畜牧业	54.37	44.37	24.12
渔业	38.46	55.80	21.46
工业	50.77	16.29	8.27
建筑业	52.27	23.74	12.41
运输业	71.05	31.71	22.53
商业、饮食、服务业	42.66	23.67	10.10
其他行业	60.42	34.93	21.10
全部	63.90	34.57	22.09

资料来源：根据全国农村固定观察点调查微观数据计算。

根据表4-1的计算结果，将9类样本户的风险发生概率与收入损失度均值绘制在图4-3中，然后，以全部样本户的风险发生概率和收入损失度均值为参照系划定分界线，将图划分成四个区域，由此可直观看出各类样本户经营性收入风险状况的特征：以种植业为家庭经营主业的组别位于区域Ⅰ，其风险发生概率和收入损失度均值都高于全样本平均水平，处于"高发生概率-

高损失程度"风险状态①；以渔业、畜牧业、其他行业为家庭经营主业的组别位于区域Ⅱ，其风险发生概率低于全样本平均水平，但收入损失度均值高于全样本平均水平，处于"低发生概率-高损失程度"风险状态；以商业/饮食业/服务业、工业、建筑业、林业为家庭经营主业的组别位于区域Ⅲ，其风险发生概率和收入损失度均值都低于全样本平均水平，处于"低发生概率-低损失程度"风险状态；以运输业为家庭经营主业的组别位于区域Ⅳ，其风险发生概率高于全样本平均水平，但收入损失度均值低于全样本平均水平，处于"高发生概率-低损失程度"风险状态。

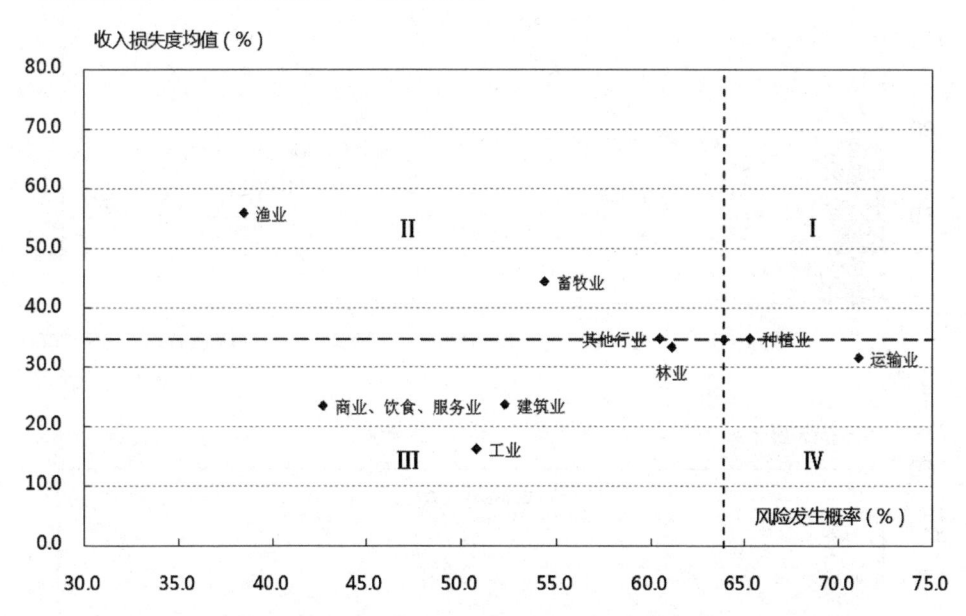

图4-3 按家庭经营主业分类的经营性收入风险发生概率与收入损失度均值
资料来源：根据全国农村固定观察点调查微观数据计算。

2. 经营性收入损失度与经营规模间关系分析

接着分析农民在遭遇经营性收入风险时，其收入损失度与经营规模间的线性关系——主要考察收入损失度是否随着经营规模的扩大而趋于上升或下降，其中，经营规模用过去三年家庭经营收入的均值衡量。经计算，遭遇经营性收入风险的样本户，其收入损失度与经营规模的相关系数仅为0.03；简单线性回归结果也显示（图4-4），收入损失度与经营规模呈极微弱的正相关性，且在经济上和统计上都不具有显著性。剔除掉极端值后再次计算相关系

---

① 风险的发生概率和损失程度的高低，是以全部样本户的测算值为参照系来衡量的。

数并进行简单线性回归（图4-4），结果几乎没有发生变化。这说明，当农民遭受经营性收入风险时，其收入损失度与经营规模之间并不存在明显的线性相关关系。

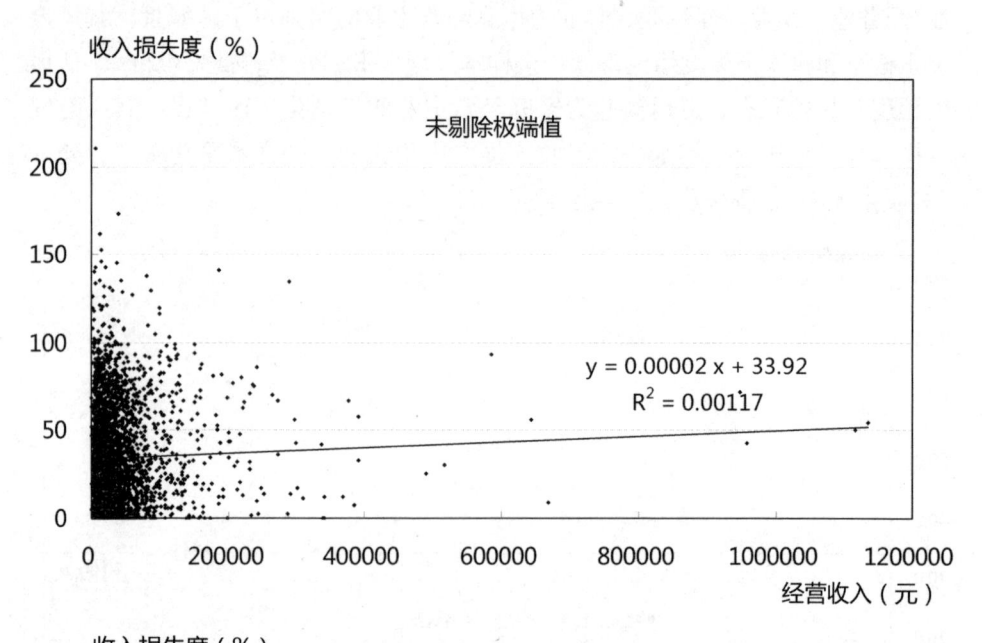

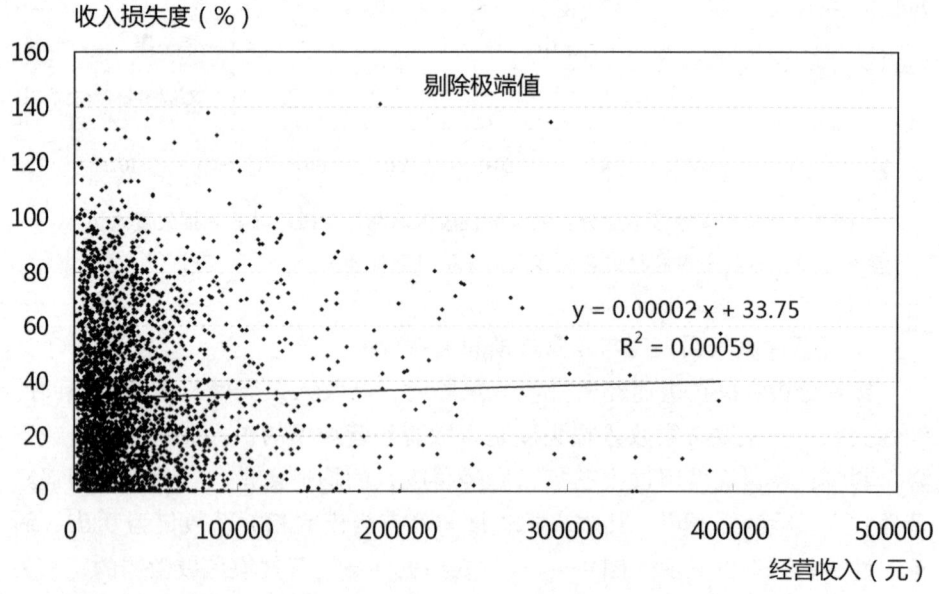

图 4-4　遭遇经营性收入风险样本户的收入损失度与经营规模间的线性关系

资料来源：根据全国农村固定观察点调查微观数据计算。

二、基于问卷调查数据的风险评价结果及分析

(一) 风险的发生概率和损失程度

为了把握农民经营性收入风险的实际状况,作者在调查问卷中设置了上一年度 (2019 年) 有无家庭经营性收入意外减少现象、家庭经营性收入和预期相比的减少程度等问题,由此大致了解受访户经营性收入风险的发生概率和损失程度。

调查结果显示:有 21% 的受访户在 2019 年遇到了家庭经营性收入意外减少的情况①,即经营性收入风险的发生概率为 21%;和预期相比,这些家庭经营性收入减少幅度的平均值为 22.3%,这实际上就是经营性收入损失度的均值。由此可计算得到受访户的经营性收入风险量是 4.7%。在统计汇总问卷结果时我们发现,遭遇经营性收入意外减少的受访户中,填写的减收程度最小的是 5%。根据经验判断,受访户中应当存在意外减收程度小于 5% 的家庭,但很可能由于减收较少时受访户主观感受不大,使得经营性收入损失度较小的受访户并不认为自己遭遇了风险损失。由此可以推断,现实中经营性收入风险的发生概率很可能高于 21%。如果将这些意外减收程度较小但自己并不认为遭遇风险的农户也算进来,因他们的收入损失度较小,受访户经营性收入损失度的均值会有所下降而小于 22.3%。

(二) 风险的主要成因

为了了解导致农民经营性收入风险的主要因素,作者在问卷中设置了经营性收入意外减少的原因这一问题,对应的选项包括自然因素②、成本上涨过快、产品服务价格下降、销售渠道不畅、其他等。调查结果显示 (图 4-5):在调查的前一年 (2019 年) 遭受经营性收入风险的受访户中,由于自然因素引发风险损失的占比高达 51.5%,远远超过其他因素的比例;而在自然因素中,80% 左右是自然灾害,另外约 20% 是农作物病虫害与养殖动物疫病。可见,自然灾害是导致农民经营性收入风险的最主要原因。产品服务价格下跌和销售渠道不畅两因素引发风险损失的占比合计为 55%,表明经营性收入风险较多来源于产品服务的销售环节。另外,在遭受经营性收入风险的受访户

---

① 农业保险赔付款不算在经营性收入里面。
② 自然因素包括自然灾害、农作物病虫害、养殖动物疫病等。

中，风险成因个数为2个、3个与4个的比重分别是26.3%、6.1%和2%，可见，有相当一部分农民在生产经营中同时面临着多种风险因素的冲击。

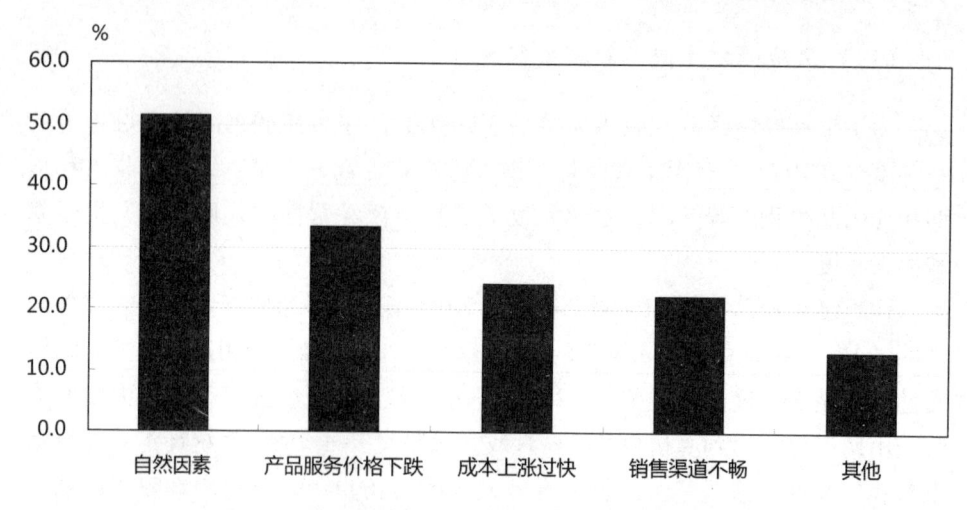

图 4-5　遭受经营性收入风险受访户的风险成因结构

资料来源：根据问卷调查数据计算。

注：图中各风险成因的占比，指的是遭受经营性收入风险受访户中遇到某风险因素的比例，由于有些受访户遇到的风险因素多于一个，所以各风险成因占比之和大于1。

（三）对未来风险因素的预判

农民自身对未来生产经营不确定性及经营性收入波动诱因的主观预判，是观察农民经营性收入风险走向的重要切入点。为此，作者在问卷中设置了可能导致今后经营性收入意外减少的主要因素等半结构化问题，其目的在于了解并把脉农民对未来经营性收入风险因素的前瞻性判断。

通过调查发现：第一，农民普遍认为自然灾害仍是今后可能导致生产经营意外减收的最主要风险因素。接近60%的受访户将自然灾害视为未来影响经营性收入的首要风险来源，在以种植业为经营主业的受访户中，该比例高达70%以上。一些从事流通、旅游等服务业的受访户，也认为其未来收入可能会受到自然灾害的负面冲击。第二，农民对产品服务价格波动风险的担忧程度表现出较明显的行业差异性。养殖户尤其是生猪养殖户对价格下行风险极为担忧，水果蔬菜种植户对价格波动的顾虑也较多。相比之下，粮食种植户、农业生产性服务经营户不太担心因价格过度波动而影响收入；究其原因，前者主要归因于粮食最低收购价等托底政策，而后者同本地化服务使价格较稳定有关。第三，在大多数农民看来，今后因生产资料价格上涨引起经营性收入大幅下滑的可能性较小。将生产资料价格波动作为未来风险因素的受访户还不到1/3，预计生产资料价格上涨会显著冲击经营性收入的人更少。一些受访户提到，只要不是全面涨价，源于生产资料价格波动的冲击是有限的；尽管部分生产资料价格的意外上涨确实会对经营性收入带来一些负面影响，但通过提前储备、寻找替代品、集中采购等办法，经营性收入不至于大幅减少。第四，小农户与规模农户[①]对未来风险因素的主观判断存在一定差异。与小农户相比，规模农户对市场风险的担忧程度明显高于自然风险；此外，规模农户提到的今后可能遭遇的风险因素类型也比小农户更加复杂多样化。

第二节 农民经营性收入风险的形成机制与影响因素

农民生产经营活动一般涵盖购买生产要素、生产产品/提供服务、销售产品服务、开展物流活动等环节，本节从这四大经营环节及其关联性出发，分析了农民经营性收入风险的形成机制，并对直接影响各经营环节风险的主要因素进行理论探讨与现实考察。

一、农民经营性收入风险的形成机制：基于经营环节的分析

农民的生产经营活动，通常要经过购买生产要素、生产产品/提供服务、销售产品服务等环节。此外，上述三个环节均涉及仓储、包装、运输等物流活动。鉴于物流管理有相对独立的内容和形态，我们将开展物流活动也视为农民生产经营活动的一个组成环节，该环节的特点在于它是嵌入到购买生产要素、生产产品/提供服务、销售产品服务这三个环节中的。农民获得的经营性收入，实际是经历上述四个环节后形成的经营成果。从经营活动风险关联性与传导机制看，这些环节所产生的各种风险，经过层层传递后都会转化为经营性收入风险，并最终以经营性收入风险的形式表现出来（图4-6）。

---

① 农村经营户按生产经营规模大体上可分为小农户与规模农户两大类。其中，规模农户主要由家庭农场和专业大户构成。

```
     采购风险          生产风险           销售风险          收入风险
        ↑              ↑                ↑              ↑
  ┌──────────┐   ┌──────────────┐   ┌──────────┐   ┌──────────────┐
  │购买生产要素│ → │生产产品/提供服务│ → │销售产品服务│ → │获得经营性收入│
  └──────────┘   └──────────────┘   └──────────┘   └──────────────┘
        ⇣              ⇣                ⇡
              ┌──────────────┐
              │  开展物流活动  │
              └──────────────┘
                     ↓
                  物流风险
```

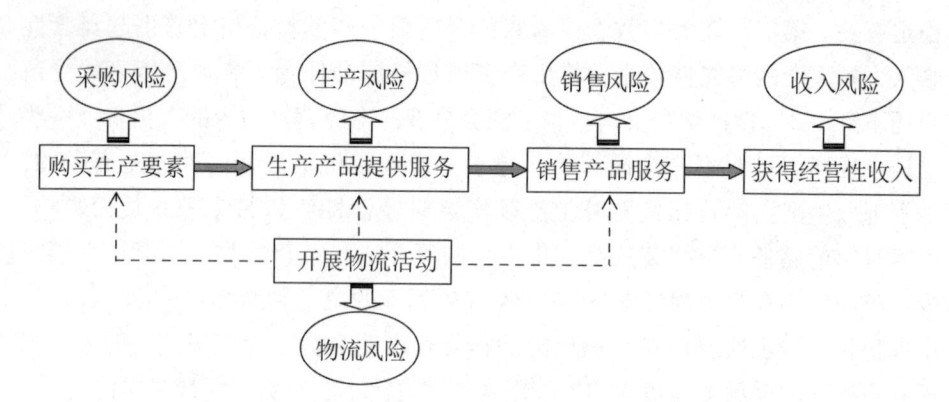

图 4-6　各经营环节风险经过传递转化形成经营性收入风险

生产要素购买环节的风险可称为采购风险，其首要风险是成本风险，它是指因要素投入成本非预期提高、生产经营成本上升而使经营净收入低于预期水平的可能性。农民经营净收入是经营收入与经营成本之差，所以，成本风险是导致经营性收入风险的重要原因之一。成本风险主要源于两种情况：一是在保持现有要素结构不变的条件下，由于目前所使用生产要素的价格出现了非预期上涨，进而使投入成本意外上升。二是因自然、法律、政策等事先未预料到的外部因素变动，造成经营者被动调整要素结构、使用成本相对更高要素，由此导致投入成本的增加[①]。如政府强制要求用绿色环保农用化品替代传统农用化学品，就可能会增加农户的农业生产成本。除了成本风险外，生产要素购买环节的风险还可能来自要素投入的短缺、不及时或质量不达标，这些类型的要素投入风险一旦发生，均会影响产品生产与服务提供的正常进行，最终对经营性收入带来负面冲击。

生产产品/提供服务环节引发的风险可称为生产风险。生产风险与要素投入风险是直接关联的——要素投入短缺、不及时或低质，会造成产品服务的供给数量不足或质量降低，要素投入风险对生产的负面影响将通过产出数量或质量的下降反映出来。在现实中，由要素投入因素引致的生产风险有多种表现形式，如供应商违约无法按时提供原材料、种子品质不佳造成农产品减产和品质下降等。除了要素投入上的原因外，生产风险的形成还可能源于自

---

① 如果投入成本上升是经营者主动使用成本较高优质要素的结果（目的是为了提高产品和服务的质量），不能视为成本风险，这是因为在作出调整要素结构的决策前，经营者通常已经了解了使用优质要素带来的成本上升结果，并对相应的成本收益变化进行了预估。

然条件、生产技术、劳动者技能等因素。农业生产经营与一些农村服务业（如交通运输、乡村旅游等）受自然因素的影响较大；技术和技能因素也容易诱发生产风险，尚不成熟的新技术投入运用或生产经营者对新技术操作使用不够熟练，均可能对产品服务的产量和质量带来不利影响。由上可见，生产风险会引致产品服务供给数量或质量的非预期下降，供给数量下降直接减少经营收入，供给质量降低将引起需求下降和售价下跌，进而使经营收入减少，两者最终均会导致经营净收入低于预期水平。

与上述两大环节风险相比，产品服务销售环节形成的风险，对农民经营性收入风险的影响更为直接。销售风险可分为需求风险和（销售）价格风险两种类型，未预料到的需求减少与价格下跌，均可能造成经营净收入无法达到预期目标。未预料到的市场需求下降，既可能是整体性的也可能是结构性的。价格风险中的价格，如第三章第二节所作的定义，是指出售产品给下家的价格或提供服务的价格。在现实中，农民生产的农产品有相当一部分是通过间接销售方式进入市场的，此时农民出售给中间商的价格（即中间商的收购价）并不是最终消费价格。但是，最终消费市场上的供求变化与价格波动，也会间接传导至中间商收购价，这同样可能导致农民面临销售风险，使农民遭遇经营性收入的意外下降。

农民在生产经营中开展的物流活动类型众多，包括仓储、包装、搬运、装卸、运输、流通加工、配送及相关信息管理等，在此过程中发生的物流风险，指的是货物意外损坏、变质或灭失的可能性。物流风险引发的经济损失（部分产品服务无法正常出售或只能以较低价格出售），会导致经营净收入低于预期水平。对于主要从事物流经营管理的农民而言，物流活动就是经营主业，其生产风险很大程度上就表现为物流风险。至于从事其他领域经营的农民，在经营过程中也或多或少涉及物流活动、承担着部分物流职能，因此也会面临一些物流风险。即使农民自己不直接从事物流活动，其经营活动上下游产业链发生的物流风险，也可能会通过价格机制等途径传递到农民身上。此时，农民也将分担一部分上下游的物流风险，进而对其经营性收入产生间接的负面影响。

二、直接影响各经营环节风险的主要因素

(一) 采购风险的主要影响因素

1. 要素价格变化

投入要素价格意外上涨是引发采购风险的最主要因素。农民从事任何生产经营活动,均需要在市场上购买各种生产要素,当投入要素价格出现未预料到的上涨时,就会推动生产经营成本的非预期增加,进而引发成本风险。不同行业的要素投入种类与结构有别,各种投入要素的价格波动性又强弱不一,因此,处于不同经营领域的农民所面临的成本风险存在差异。

就农业而言,农资价格过快上涨是引发成本风险的重要诱因。20世纪90年代中期以后,随着农资市场化改革的持续推进,农资价格水平波动成为一种常见现象。由图4-7可见,1991~2020年间有11年的农资价格涨幅超过5%,其中,1994年、1995年和2008年的涨幅高达15%以上。但分项来看,不同农资的价格波动程度有明显差异。比较而言,种子、农药及农药器械、机械化农具的价格变化比较平稳,它们的年度价格指数标准差分别为4.3、4.6和4.9;饲料、化学肥料的价格波动相对较大,两者的年度价格指数标准差分别达到了11.4和11.5;仔畜幼禽及产品畜的价格波动显得最为剧烈,其年度价格指数标准差高达22.4。由于仔畜幼禽及产品畜、饲料的成本是养殖业农资的主体部分,可初步推断,养殖业面临的农资成本风险高于种植业。

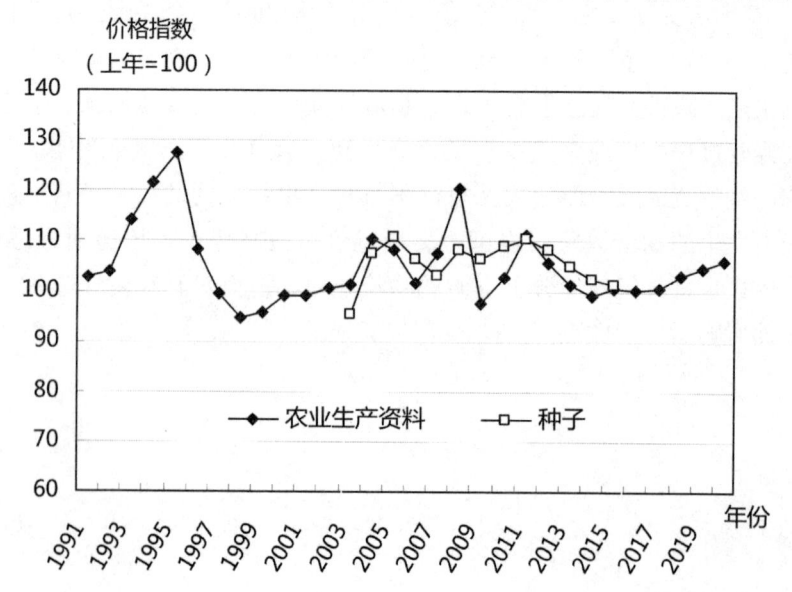

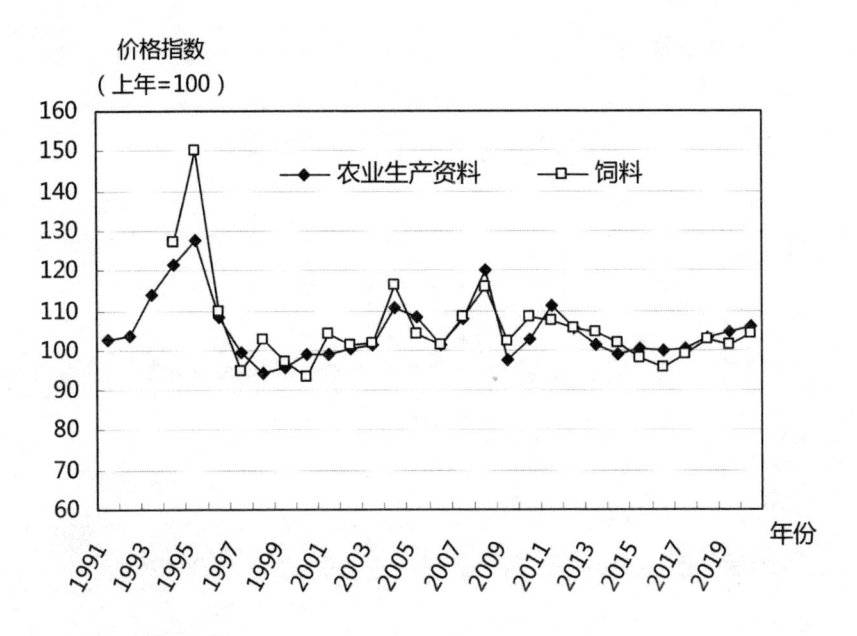

第四章 农民经营性收入的风险及其影响因素

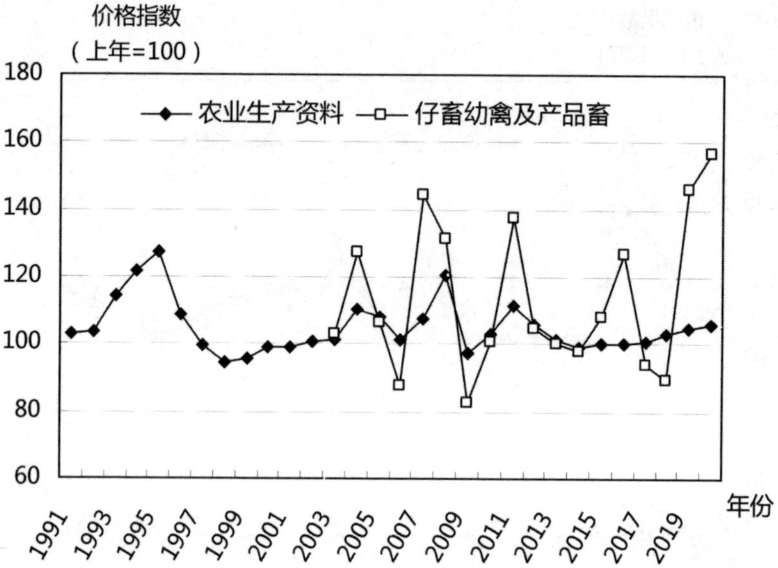
价格指数
(上年=100)
180
160
140
120
100
80
60
农业生产资料
仔畜幼禽及产品畜
1991
1993
1995
1997
1999
2001
2003
2005
2007
2009
2011
2013
2015
2017
2019
年份

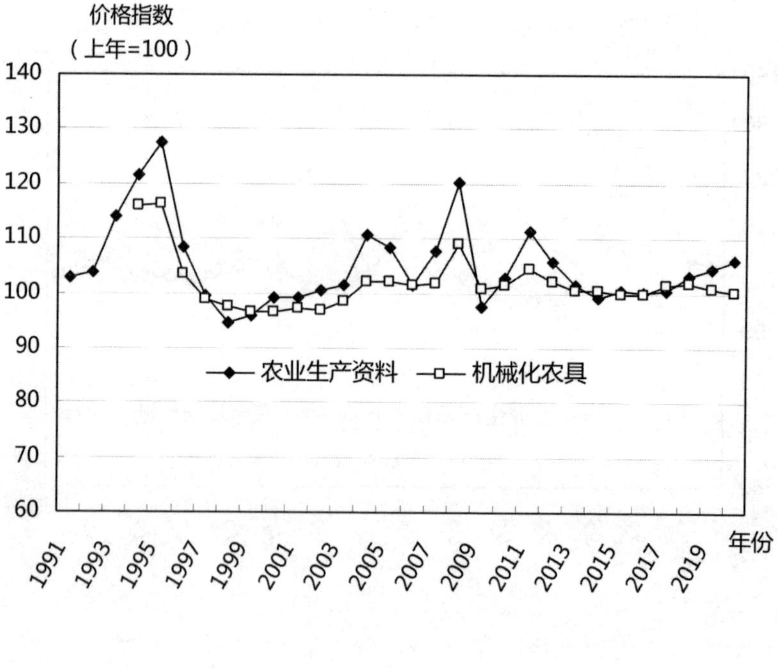
价格指数
(上年=100)
140
130
120
110
100
90
80
70
60
农业生产资料
机械化农具
1991
1993
1995
1997
1999
2001
2003
2005
2007
2009
2011
2013
2015
2017
2019
年份

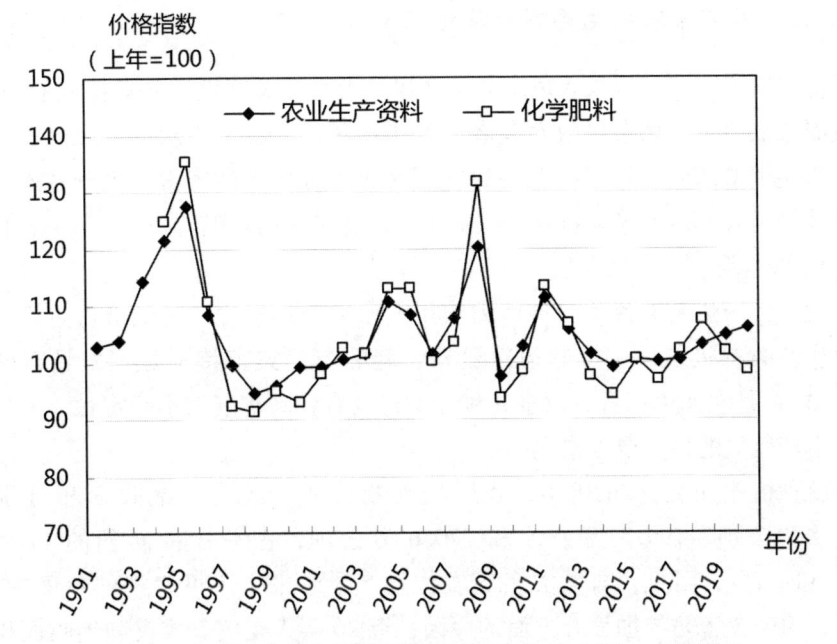

图 4-7　各类农业生产资料价格波动程度比较（1991~2020 年）

资料来源：根据历年《中国统计年鉴》相关数据计算。

注：种子价格指数在 2015 年后不再公布。

2. 投入要素质量

除了投入要素价格非预期上涨外，投入要素质量不合格也是引发采购风险的重要原因之一。由于农民辨识能力普遍较弱，在一些无良商家欺骗下，就有可能购入质量不合格的生产资料。在现实中，从农业生产领域看，尽管我国农资产品质量合格率不断提高，但不合格产品仍占一定比例。一些规模较小的农资生产商为了抢占市场份额，制售低价假冒伪劣产品的现象依然存在。农业农村部 2020 年对全国肥料和农药监督抽查的结果显示，肥料的不合格率达到 17.2%，重点抽查农药的不合格率也有 7%。因此，农户买到假冒伪劣农资的事件还是屡有发生。例如，曾有媒体报道，2021 年山东潍坊和烟台等地近百户樱桃果农购买、使用不合格化肥农药后，樱桃出现了斑点和减产情况并延缓了上市时间，给果农造成不小的收入损失。与农业相类似，农民在非农生产经营中也经常遇到所购原材料、设备设施质量不达标的问题，使经营性收入遭受未预料到的损失。

（二）生产风险的主要影响因素

前文曾说明，要素投入风险与生产风险有直接关联性，要素投入的短缺、不及时或低质量，均会导致经营者面临生产风险。鉴于要素投入风险在采购风险影响因素部分已作了一些探讨，下文重点分析自然因素、生产技术和劳动者技能对农民生产风险特别是农业生产风险带来的影响。

1. 自然因素（自然灾害）

农业生产是人类劳动与自然力作用紧密结合的过程，是经济再生产与自然再生产的有机统一。自然条件变异引起的自然灾害特别是突发性自然灾害[①]，往往是农业生产者难以事先预知的，具有较高程度的不确定性，是导致农业生产风险的最重要因素之一。

就种植业而言，2020年，我国农作物受灾、成灾和绝收面积分别为1995.8万公顷、799.3万公顷和270.6万公顷，占总播种面积的11.9%、4.8%和1.6%，可见，自然灾害给农作物产量带来了不可忽视的负面影响。不过，由于灾害防控加强等方面的原因，近20年来受灾、成灾和绝收面积占比均呈现出较明显的下降趋势（图4-8），自然灾害对种植业生产的不利影响在趋于减弱。从全国范围看，各类自然灾害中对种植业生产冲击最大的是旱灾，其次是洪涝灾，而其他灾害的影响相对较小，旱灾与洪涝灾构成了我国种植业生产自然风险的主要来源。当然，由于我国幅员辽阔、自然地理条件区域差异大，不同区域种植业生产面临的自然风险类型仍有各自特点。与种植业有所不同的是，养殖业尽管也受自然灾害的影响，但对其生产带来最大威胁的自然因素是动物疫病，禽流感、猪瘟曾给我国受灾养殖户造成不小损失。

另外，导致农业生产风险的各种自然灾害，也不完全是纯自然因素造成的，其中有相当一部分是人类经济社会活动引起的[②]。人为因素引致的农业生产自然风险，就其根源而言，在于人类未能处理好经济发展与生态环境的关系，对自然的贪婪索取与过度的经济开发，最终酿成生态系统平衡被破坏的后果。除了农业外，某些非农产业的生产经营过程也比较容易遭受自然因素的负面冲击，如强降雨降雪等极端天气直接影响到交通运输服务的正常提供。

[①] 自然灾害有突发性和渐变性之分，事前预料突发性自然灾害的难度远高于渐变性自然灾害。

[②] 这在生态灾害中表现得尤为明显，例如，对农业有较大危害的酸雨的形成，就与大量使用化石燃料和汽车尾气排放密切相关。

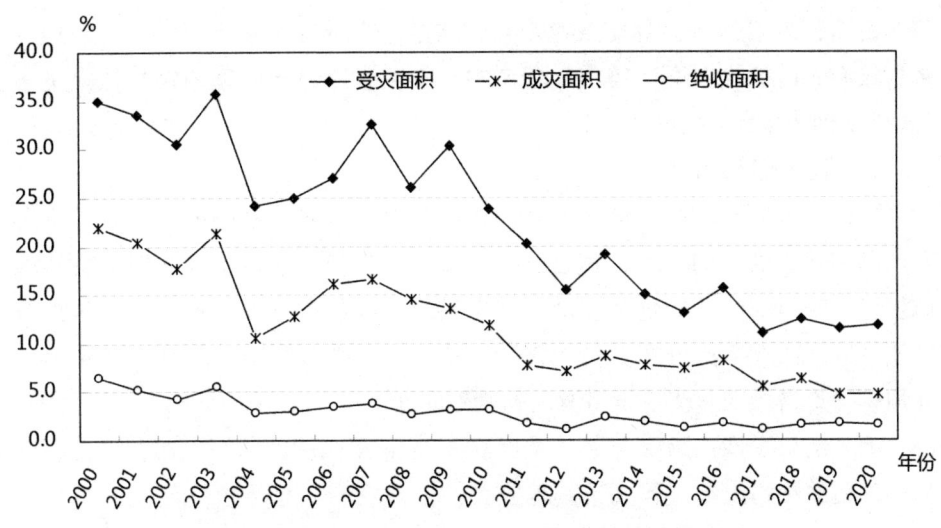

图 4-8 我国农作物受灾、成灾、绝收面积占比的变化

资料来源：根据历年《中国农村统计年鉴》相关数据计算。

2. 生产技术与劳动者技能

除了自然因素外，生产技术、劳动者技能等因素也可能成为生产风险的诱因。产生于实验室的新技术运用到生产一线的实际效果，有一定程度的不确定性，新技术在实践中运用失败的现象并不鲜见。农业及相关产业领域的很多技术是以信息传递方式扩散传播的，当技术推广体系不完善时，信息传递失真导致技术被误用就难以避免，由此造成产品产量或质量的下降。此外，技术是物化的知识形态，其使用过程依赖于劳动者，现代生产技术通常对操作者的素质能力有较高要求。当前，我国大部分农民的文化与技能水平不高，如果没有接受有针对性的培训，很可能由于掌握技术不熟练导致新技术运用低效乃至失败，使生产经营产出遭受非预期损失。

（三）销售风险的主要影响因素

1. 市场需求变化

市场需求的非预期减少是导致销售风险的最直接因素，当市场需求下降时，必然造成产品和服务销售变得更加困难。市场需求的减少，既可能是需求总量水平缩减引起的，也可能是需求结构变化引致的。对特定区域、某些品种需求的减少以及来源于某类群体需求的减少，都是结构性需求下降的典型表现。需求总量水平的变化通常较为缓慢，只有在遭遇某些突发性事件时才会出现较大幅度的非预期下降。例如，2020年上半年，全国乡村旅游需求骤然萎缩，当年1~8月休闲农业与乡村旅游总人数减少了60.9%，导致经营乡村旅游农民的收入下滑较多。现实中，农民生产经营面临的销售风险更多是由需求结构的快速变化所引起。

2. 销售价格变化

农民销售风险还受到价格波动的影响。引发价格波动的因素众多，主要有产品和服务供求的变化、贸易条件的变动、中间商的压价、政府对价格的调控等。我国农产品的价格波动总体上较大，但具体到不同农产品，价格波动幅度差异明显。比较主要农产品近年来市场价格指数变化情况（图4-9），并用季度价格标准差衡量价格波动的剧烈程度。

测算结果发现：2017年第一季度到2021年第四季度期间，在各主要农产品中，猪的价格波动显著大于其他农产品，对农产品总体价格波动的贡献度最大；此外，玉米的价格波动幅度也较大，高于农产品总体价格波幅。分类别考察，在粮食作物中玉米价格波动相对较大，而稻谷和小麦价格较平稳，这与对稻谷和小麦实行最低收购价政策有一定关系；在经济作物中，价格波动程度由高到低依次为棉花、蔬菜、水果、烟叶、糖类、油料、茶叶；在畜禽产品中，猪价波动最为剧烈，肉禽、牛和羊的价格变化则相对较小；在鱼类产品中，海水捕捞产品价格最稳定，海水养殖产品价格波动略大于淡水养殖产品。

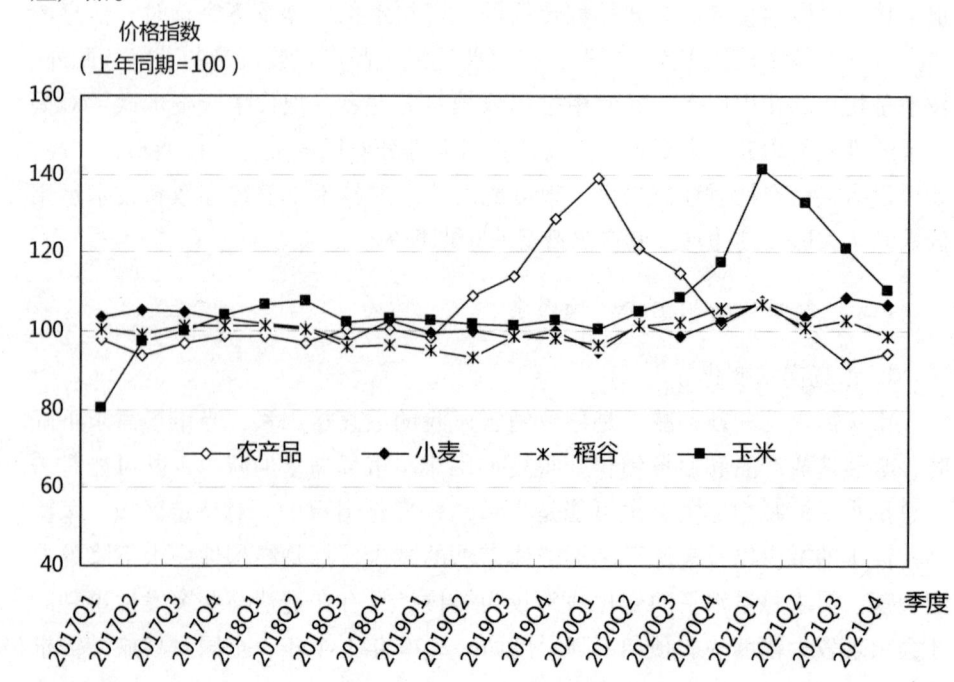

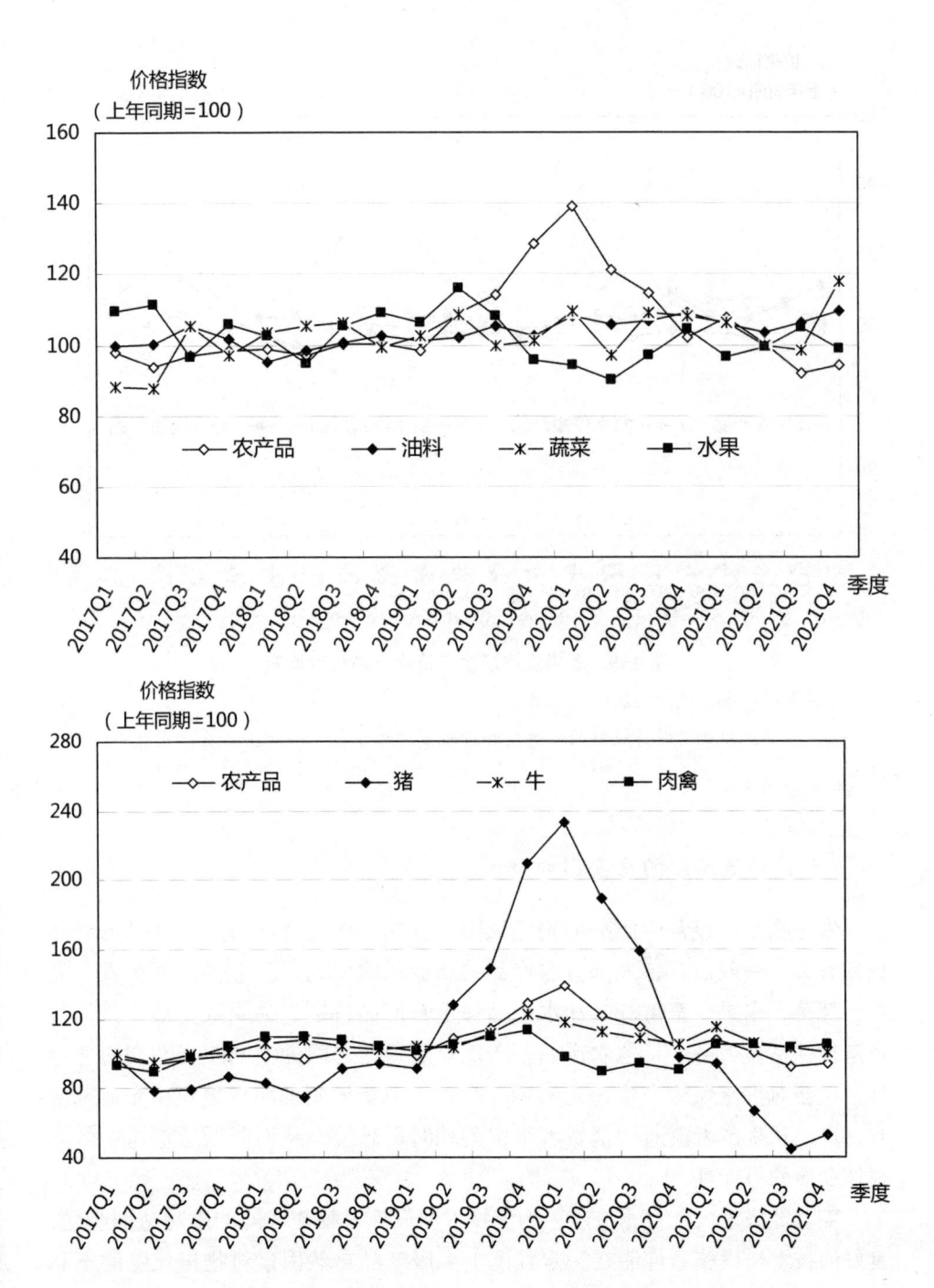

第四章 农民经营性收入的风险及其影响因素

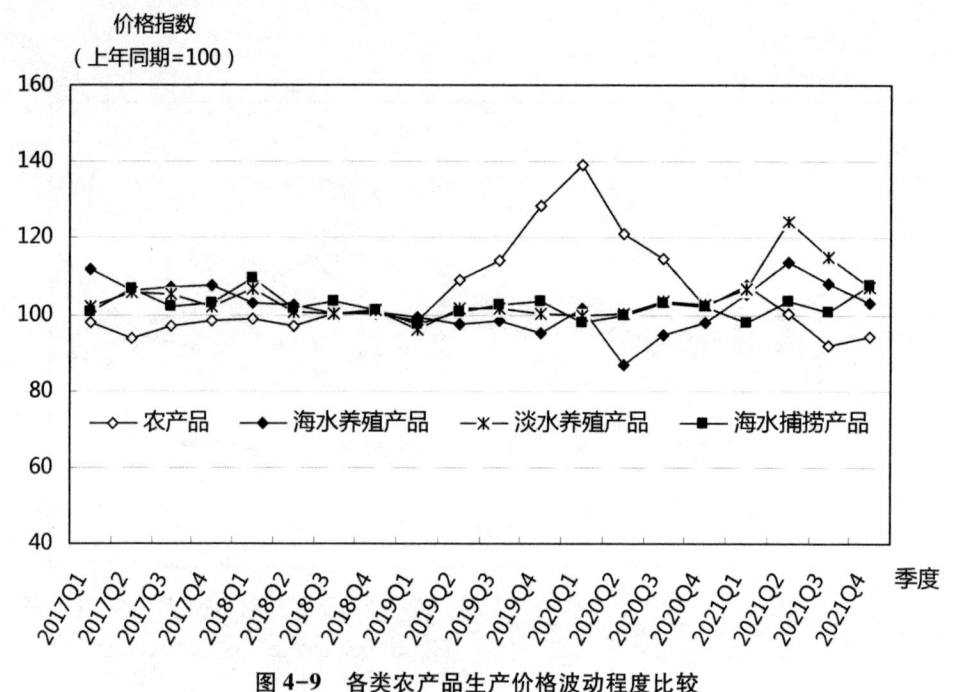

图 4-9 各类农产品生产价格波动程度比较

资料来源：国家统计局统计数据库。

注：为了使曲线图保持较好的分辨度和清晰度，部分农产品的生产价格指数未绘制在图中。

（四）物流风险的主要影响因素

农民在生产经营中面临的物流风险，首先与作为物流对象的产品的自然属性有关。一般而言，大部分农产品的物流风险要高于工业品；而在农产品中，蔬菜、水果、畜禽产品和水产品等生鲜产品特别容易腐败变质，其物流风险往往又显著高于其他农产品。产地与消费地之间的空间距离和交通通达性，也会对物流风险产生一定影响。产地与消费地间的距离越短、交通越便利，产品从生产者流通到消费者手中的耗时就越短，从而降低运输途中产品损坏变质的可能性。

随着经济发展与技术进步，物流技术和设施对物流风险的影响愈加明显，良好的技术与设施条件能在一定程度上克服产品自然因素对物流风险的不利影响。在技术方面，冷藏保鲜技术有助于保持易腐食品的新鲜度和原有品质，农产品深加工技术可延长保质期并提高产品运输能力。物流设施对物流风险的影响也是全方位的。仓储、包装、搬运、加工、运输等各项物流功能的实施,均与物流设施密切相关。就同种产品而言,不同经营者面临的物流风险之所以有较大差异,很大程度上缘于他们拥有的物流设施与技术水平参差不齐。例如,凭借比较完善的冷链网络体系,东部沿海地区生鲜果蔬物流损耗率得以保持在相对较低水平;而中西部地区因冷链设施短缺,导致该地区生鲜果蔬物流损耗程度总体上较高。

第三节 农民经营方式选择对经营性收入风险的影响

农民选择什么样的生产经营方式,对其经营性收入风险会产生重要影响。进入 21 世纪后,我国一部分农民的生产经营活动呈现出由以往"小而全""小而兼"的多元化经营向专业化、规模化经营转变的趋势。另外,随着农村市场经济和金融体系的发展,农民的户均借款规模在不断扩大,借款成为许多农户从事经营活动的重要融资来源。因此,本节将依次分析专业化经营、规模化经营、负债经营对农民经营性收入风险带来的主要影响并重点关注其中的不利影响。

一、专业化经营对经营性收入风险的影响

通过专业化经营,农民能享受到效率提高的红利,这有助于改善生产经营效益。但是,与多元化经营相比,实行专业化经营也给农民经营性收入带来了一些新的风险挑战,这主要体现在多元经营转向单一经营使风险分散功能弱化、资产专用性的增强推动投资风险和被"敲竹杠"风险攀升等方面。

(一)经营结构由多元转向单一弱化了自动分散风险功能

通常而言,农民从事专业化经营有利于提高生产效率、增加经营效益,但从风险角度来看,提高生产经营的专业化程度后,多元化内生的风险分散功能就会趋于弱化。如果风险防控机制不完善,专业化经营者将面临更高的自然、市场或政策风险。这也是自身抵御风险能力较弱的小农户,更倾向于采用多元化而非专业化经营的一个重要原因。不过,在实际生产经营中,专业户往往会采取较积极的风险防控措施,如投资防灾设施、购买农业保险、参与订单农业等,以此增强专业化经营的抗风险能力、弥补专业化在自动分散风险上的不足,进而减少风险损失。

（二）资产专用性程度提高使投资风险趋于上升

专业化经营程度越高、生产目的越是专门，生产经营中投入各类资产的专用性程度就越高，即专业化会增强资产的专用性。威廉姆森（2004）认为，某些投资一旦形成某种特定用途的资产，就较难低成本地改作他用，由此带来风险的上升。当农民生产经营的专业化程度提高后，其土地、生产设备、人力资本及产品服务的专用性趋于增强。如果因内外部环境条件变化需要调整经营项目，将会付出高昂的沉没成本，这使得专业化经营隐藏着较大的投资风险。由于资产专用性的存在，专业化农户遇到自然灾害、市场波动与政策变化时的风险脆弱性较大。

在现实中，专业化农户因资产专用性而遭受严重风险损失的现象并不少见。罗必良等（2008）曾以广东徐闻"蕉贱伤农"事件为例，说明了农户专业化生产的高资产专用性带来高市场风险的成因。作者在实地调研中也发现，一些资产专用性较强的专业户，在市场冲击下陷入了结构难调整的困境，蒙受了较大风险损失。如在安徽某地调研时了解到，前几年玉米价格快速下跌，当地种植玉米的农户纷纷改种经济作物，但许多常年种植玉米的专业大户，因考虑到大量专用机械设备在改种后就用不上，没有或仅作了少量调整，价格风险损失未能通过经营掉头转向得到有效弥补；生猪养殖专业户也遇到类似情况，在生猪价格下跌期，因为专用资产投资的沉没成本高，在资金流回笼前很难退出市场。

由于不同行业、经营项目与产品服务的资产专用性强弱不一，因专用资产引发的沉没成本水平不尽相同，这使得专业化经营的投资风险，在行业间、项目间和产品服务间呈现出高低差异性。例如，与一般农产品相比，特种农产品的资产专用性要强得多，所以，专业化生产特种农产品面临的投资风险也就相对较高。

（三）专用资产引发买方机会主义行为，卖方面临被"敲竹杠"风险

许多从事专业化生产的农民，采用了组织化程度相对较高的产品销售方式，与农业龙头企业签订合同进行交易就是一种常见方式①。在合同条款得到严格遵守与执行的情况下，契约交易对农民而言有助于稳定销售渠道和销售

---

① 农民与企业采取契约交易方式，既有农民规避市场风险的动因，也有企业稳定货源的考虑。

价格、避免直接遭受市场风险的冲击。但采用契约交易方式后,是否一定能降低农民专业化生产的风险呢?其实也不尽然。

专业化形成的专用资产同契约相结合,使市场结构从竞争性向垄断性转变。资产专用性为企业的机会主义行为提供了可乘之机,而农民因被专用资产锁定套牢,在双方谈判中处于弱势地位。企业基于自身利益,很可能利用合同的不完备找借口"敲竹杠",将农民专用资产的准租金(Klein etc, 1978)占为己有。在现实中,企业"敲竹杠"有多种方式,如压低采购价、提高供货要求、减少采购量、拖欠货款等,这些行为均会导致农民经营性收入低于预期水平。另外,如前文所述,不同行业与产品的资产专用性程度存在差异,因此,农民在专业化经营中遭遇买方"敲竹杠"风险的高低,还取决于其涉足的具体行业领域及所生产的产品特点。

由上可见,当从事专业化经营的农民采取契约交易方式后,其所面临的风险在结构上发生了变化,即由外部的市场风险转为内部的契约风险。至于这种风险结构变化对风险总水平的影响,这属于实证层面的问题而难以给出理论上的解答。

二、规模化经营对经营性收入风险的影响

第三章说明了开展适度规模经营对提高农民经营性收入效益的重要作用;然而,规模化经营具有两面性,它在给农业生产带来规模效益的同时,也给农业生产带来了新的风险,这是农户小规模经营所无法比拟的(黄祖辉、黄忠良,1996)。农民扩大生产经营规模后,尽管可能获得一些抵御风险的有利条件,但也会遇到一些新的风险因素,原有的部分风险也将变得更加突出。适度规模经营是我国农业现代化与高质量发展的基本方向,全面辩证认识规模化[1]对农民农业生产及经营性收入风险带来的影响,能使我们在发展农业规模经营过程中趋利避害,让农民从适度规模经营中获得最大化的福利增进效应。

(一) 规模化经营导致部分风险趋于上升

无论是规模农户还是小农户,其所面临的生产经营风险类型大部分是相同的,两者风险状态的差异性主要表现在风险结构上。随着经营规模的扩张,农户所面临的部分风险会趋于上升,有时还会遭遇在小规模经营时并不存在

---

[1] 规模化有土地规模化、服务规模化等形式,这里主要分析土地规模经营对风险的影响。

的新风险,由此推动经营性收入风险发生概率与损失度的提高,具体而言:

一是地租和雇工成本风险加剧。规模农户和小农户在使用土地、劳动力两大要素上的行为有较大差异。在土地使用上,小农户一般就在自家承包地上耕作,即便从别户转入一些农地,数量也不会太多;但规模农户则需要租入大量土地,尤其是种植业。在劳动力使用上,小农户以家庭劳动力为主,很少雇佣他人;而规模农户仅依靠家庭劳动力是不够人手的,多需要常年或季节性雇工。所以,规模农户地租与雇工成本占生产总成本的比重,明显高于小农户,导致其面临更高的地租和雇工成本风险。近年来,土地流转价格和雇工工价总体上趋于提高,推动规模农户的成本风险往上攀升。

二是由专业化诱发的风险上升。规模化经营通常是与专业化经营密切联系在一起的,与小农户相比,家庭农场、种养大户等规模农户的专业化程度通常更高。相当一部分规模农户集中精力专门生产一种或少数几种农产品,使得多元化内生的风险分散功能明显减弱甚至消失。另外,如前文所述,专业化还会增强资产的专用性。规模农户在专用资产上的大量投资形成了沉没成本,会阻碍经营结构的调整,容易陷入"船大难掉头"的困境。

三是农产品产后损失风险增加。在农作物收获期,小农户自己就能完成收割采摘任务,但规模农户往往要雇人帮忙。进入21世纪后,农村人口特别是青壮年大量外流,在人口流出程度较高的地区,收获季节劳动力短缺和雇工困难成为一种常态。果蔬规模种植户对此尤为头疼,因为瓜果蔬菜采摘的机械化率低、对人工依赖度高,许多瓜蔬品种如不及时采摘,其品质很快会下降甚至腐烂在田间枝头。此外,对于生产鲜活农产品的农户而言,当仓储设施不完善、销售渠道不畅时,规模农户相比小农户更加担心农产品积压滞销导致腐烂变质。

四是更易遭受特定政策风险的影响。近年来,我国各级政府出台了很多支持农业适度规模经营、支持家庭农场和专业大户等新型农业经营主体发展的政策,涉及财政补贴、土地流转、银行信贷、农业保险等诸多领域。如果今后这些政策发生调整变化,很可能对规模农户的成本和收入产生不同程度的影响,并且这种影响事前也较难预料。至于小农户的生产经营,则基本不会受到上述政策的影响(因为这些政策并不是面向小农户群体的)。

(二)地租和雇工成本风险的量化评估

在上述对规模农户有特殊重要影响的各种风险中,专业化风险、产后损失风险与特定政策风险较难量化,而地租和雇工成本风险则可以进行定量测算与评估。为此，作者拟通过数理分析与模拟计算，考察地租和雇工成本非预期上涨对规模农户经营性收入产生的负面冲击。

设某规模农户原先预期的经营性收入 $\pi=R-C_T$，且 $C_T=C_1+C_2+C_3$，其中 R 表示经营收入，C_1、C_2 和 C_3 分别表示流转地租金、雇工费用、除地租和雇工费之外的其他显性成本之和。未预期到的地租和雇工费涨幅分别达到 δ 和 θ，此时，经营性收入减少到了 $\pi'=R-(1+\delta)C_1-(1+\theta)C_2-C_3$。由此可计算得到该规模农户的经营性收入调整离差率 $\varphi=-(\delta C_1+\theta C_2)/\pi$，经整理得式（4-1），其中 $w_1=C_1/C_T$、$w_2=C_2/C_T$。

$$\varphi=-\frac{w_1\cdot\delta+w_2\cdot\theta}{\pi/C_T} \qquad (4-1)$$

观察式（4-1）容易看出，地租或雇工费用上涨引发的经营性收入风险大小，除了取决于地租和雇工费用本身涨幅外，还受到上述两类成本占比的影响——地租和雇工费用占总生产成本的比重越高，地租和雇工费上涨导致的经营性收入损失度也越大。由于规模农户生产成本中的地租和雇工费用占比一般高于小农户，（4-1）式实际上也进一步论证了地租和雇工成本上涨对规模农户经营性收入负面冲击更大的结论。除此之外我们还发现，经营性收入调整离差率绝对值还与经营的会计利润率负相关，即会计利润率越高、经营性收入调整离差率绝对值越小；这意味着当规模农户面临地租或雇工成本上涨风险时，较强的盈利能力有助于降低其经营性收入损失程度。

接着，我们以实地调查中获取的浙江宁海某果园种植大户为例，根据其家庭经营成本收入记账数据，模拟分析地租和雇工费用上涨对经营性收入的影响。该户果园总面积为120亩，2019年的水果销售收入共93.8万元，全部生产成本约为42万元，其中，流转地租金24.8万元、雇工费用8.7万元。另出于比较目的，又选取了当地一家小规模果树种植户，按同样方法做模拟测算。该户种植果树14亩，2019年水果销售收入6.6万元，全部生产成本约为2.6万元，其中，流转地租金0.4万元、雇工费用0.2万元。模拟测算结果显示（图4-10）：对于种植大户，地租或雇工费用每上涨1%，经营性收入将分别减少0.48%与0.17%；而对于小规模种植户，地租或雇工费用每上涨1%，经营性收入将分别减少0.1%与0.05%。可见，地租和雇工费用上涨对种植大户经营性收入带来的负面冲击程度远甚于小规模种植户。

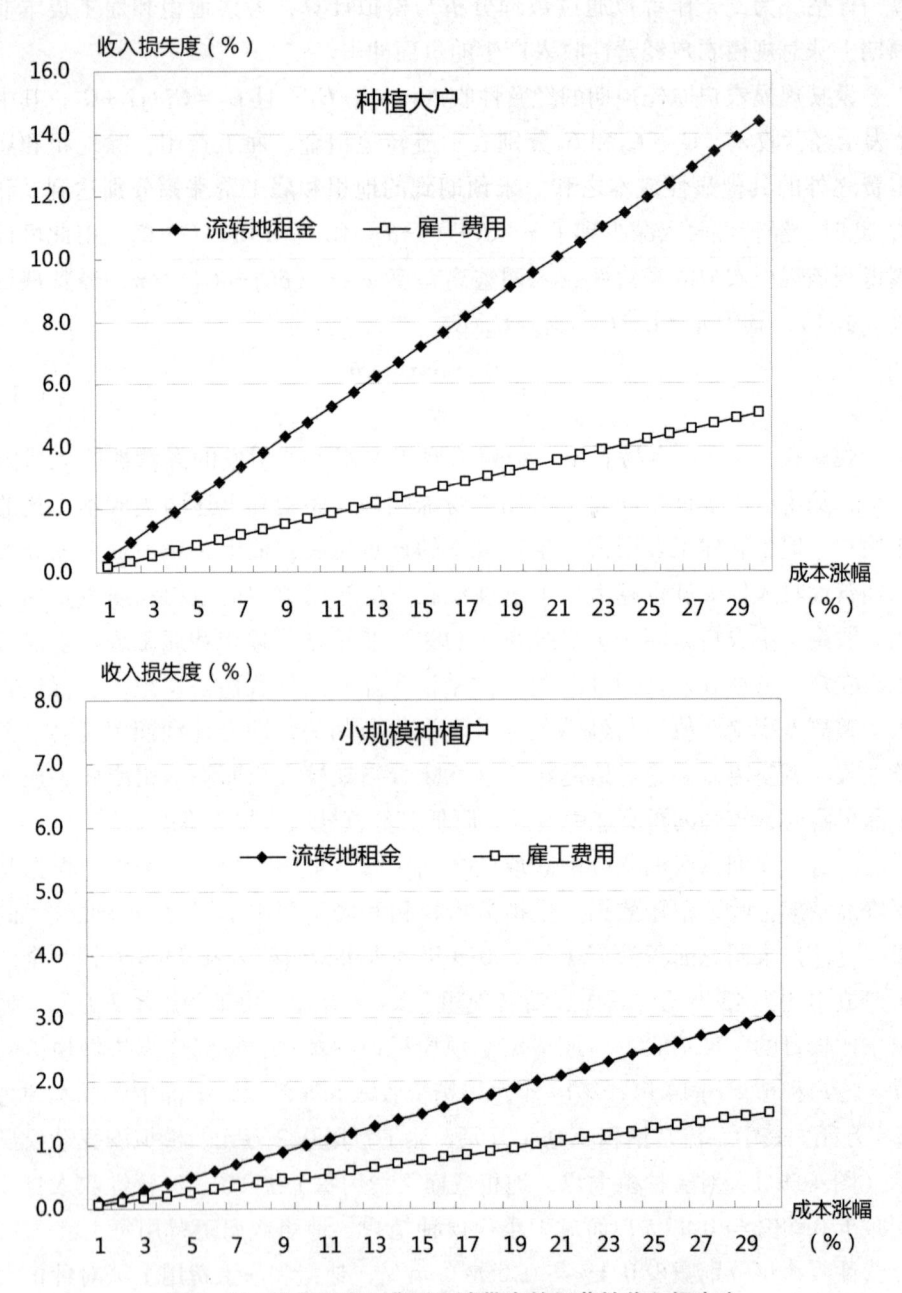

图 4-10 地租和雇工费用上涨带来的经营性收入损失度

资料来源：根据调查样本户的经营成本和收入数据作模拟测算得到。

(三) 规模化经营在抗风险上也具有一定潜在优势

在认识到规模化经营会导致某些风险趋高的同时，也要看到经营规模扩张会带来一些化解风险的有利因素。从理论上说，实现规模化经营后，规模农户相比小农户在某些方面可能形成抵御经营性收入风险的优势：首先，规模的扩大有助于增强经营主体在市场上的议价能力，在面临不利的价格波动时，更有能力同农资供应商与农产品收购方进行价格协商，缓解市场价格风险；其次，规模农户有较强意识和动机去建立稳定可靠的农资供应渠道，从而降低要素投入风险；再次，规模农户在资金实力上强于小农户，更有条件对农业防灾抗灾与农产品仓储设施进行投资，这对减少生产风险和物流风险有积极作用。

但在现实中受各种因素的影响，规模化经营抗风险的上述潜在优势未必能有效发挥出来。例如，粮食丰收期有时恰好碰上阴雨天，由于部分产区烘干机与仓储空间紧张，种粮大户面对成堆的作物，往往比普通粮农更加急于出售，而收购方正好趁机压价，很多种粮大户为了尽快出货以减少发霉变质损失，不得不接受较低的收购价；在此情况下，粮食规模生产者并未形成更强的议价能力。再如，当前不少农地的流转期限较短，某些地方还发生了农民要求提前收回流转地的现象，租期不稳定降低了规模农户投资农业防灾抗灾设施的积极性，进而弱化了其抵御自然风险的能力。

三、负债经营对经营性收入风险的影响

在生产经营活动中除了使用自有资金外，农民也可以通过正规或非正规金融市场获得外部融资（一般是债务融资）。农民的生产性借款，也会对其经营性收入风险带来不可忽视的重要影响，这种影响主要经由债务杠杆、借款用途两条路径而实现。

(一) 债务杠杆的效应

债务融资是经营风险传导中的重要一环，关于企业财务杠杆与企业经营风险间关系的研究表明：财务杠杆会产生放大经营利润波动的效果，且杠杆率越高、利润波动被放大的幅度就越大，所呈现的风险也就越高。这一基本规律，同样适用于农户负债经营的情形。下面，我们运用简单的数学分析，将无生产性借款与有生产性借款两种情况进行比较，揭示农民经营性收入的

波动性是如何受到负债经营影响、通过债务杠杆效应被放大的。

设某农户投入生产经营的自有资金额为 I，目前投资的（会计）利润率为 R，此时的经营性收入为 $I \cdot R$。受各种因素的影响，预期今后的投资利润率会发生变化，变化幅度假定是 $x\%$，于是今后的经营性收入变为 $I \cdot R \cdot (1+x\%)$。容易得到，经营性收入的变化率就是 $x\%$。接着，考察该农户实行负债经营后其经营性收入的变化。设借款利率为 r，借款额为 ΔI，则其目前经营性收入是 $(I+\Delta I) \cdot R - \Delta I \cdot r$。相比无借款的情形，经营性收入变化额为 $\Delta I \cdot (R-r)$，由于 $R>r$[①]，因此通过债务融资扩大生产经营规模后，农户的经营性收入总额得以增加。假设今后投资利润率发生变化的幅度仍为 $x\%$，据此，今后的经营性收入变为 $(I+\Delta I) \cdot R \cdot (1+x\%) - \Delta I \cdot r$。在负债经营的情况下，经营性收入的变化率 φ 为：

$$\varphi = \frac{(I+\Delta I) \cdot R \cdot (1+x\%) - \Delta I \cdot r - [(I+\Delta I) \cdot R - \Delta I \cdot r]}{(1+\Delta I) \cdot R - \Delta I \cdot r}$$

$$= \frac{(I+\Delta I) \cdot R \cdot x\%}{(I+\Delta I) \cdot R - \Delta I \cdot r} = \frac{x\%}{1 - \frac{r}{(I/\Delta I + 1) \cdot R}} \quad (4-2)$$

由式（4-2）可见，因 $\frac{r}{(I/\Delta I+1) \cdot R} > 0$，所以总有 $|\varphi| > |x\%|$，这意味着负债经营后，农户经营性收入的波动性将大于仅使用自有资金时的情形。并且，农户的负债率（$\Delta I/I$）越高，经营性收入的波动性越大；借款利率与投资利润率之比越高，经营性收入的波动性也越大。这表明，为了避免经营性收入风险过高，农户在借款时应当结合投资利润率、借款利率等因素，合理控制生产经营中的负债水平。

（二）借款用途的影响

农民生产性借款的具体用途，对其经营性收入风险也会带来一些间接影响。这主要是因为当借款用于和防控风险相关的领域时，能起到增强农户风险抵御能力进而降低经营性收入风险的效果。与风险防控相关的资金投入领域包括抗灾防灾设施、农产品保鲜仓储设施、行业保险等。根据作者调查掌握的信息，目前我国农民生产性借款中用于上述用途的比例总体而言较低，大多数借款的使用与增强农户风险抵御能力关系不大，对防控经营性收入风

[①] 该假定是合理的，因为只有当投资利润率高于利率时，农民借款才有利可图。

险的作用很有限。

除此之外，尽管农民生产性借款从理论上是用于生产经营用途的，但在现实中由于各种原因，有的农民会将一部分原本拟用于生产经营的借款转向用于生活用途，使这部分借款的性质发生变化——从生产性借款变成了生活性借款。这种变化对农民的经营性收入风险会带来不利影响，其原因在于：生产性借款是能够获得经济效益的，借款利息只是生产经营利润的一部分；然而，生活性借款则无法直接产生经济效益，借款利息对借款者来说纯粹是一种负担。当农民将借款从生产用途转为生活用途后，将导致其经营性收入风险趋于上升，这种影响可通过负债经营情况下经营性收入变化率的变动反映出来。

延续前文的假设情景进行分析，设借款额中实际用于生产性用途的比例为 s，且有 $0<s<1$。在此情形下，目前的经营性收入变为 $(I+s \cdot \Delta I) \cdot R - \Delta I \cdot r$，未来投资利润率发生变化后的经营性收入则变为 $(I+s \cdot \Delta I) \cdot R \cdot (1+x\%) - \Delta I \cdot r$。由此计算得到部分借款用于生活性用途时的经营性收入变化率 $\overline{\varphi}$ 如下：

$$\overline{\varphi} = \frac{(I+s \cdot \Delta I) \cdot R \cdot (1+x\%) - \Delta I \cdot r - [(I+s \cdot \Delta I) \cdot R - \Delta I \cdot r]}{(I+s \cdot \Delta I) \cdot R - \Delta I \cdot r} = \frac{x\%}{1 - \frac{r}{(I/\Delta I + s) \cdot R}}$$

(4-3)

将式（4-3）与式（4-2）作比较不难看出，$|\overline{\varphi}| > |\varphi|$，这说明在负债经营情况下，将部分借款从生产性用途转为生活性用途后，会导致农户的经营性收入波动性变得更大，即经营性收入风险趋于上升。

第四节 降低农民经营性收入风险的瓶颈制约

就当前来看，降低我国农民经营性收入风险面临不少瓶颈制约，其中较突出的障碍主要包括：一些农资与农产品摆脱价格过度波动的难度较高，农村基础设施跟不上农民生产经营抗风险需求，降低农产品产后产地储存损失困难较多，农业保险化解农业经营性收入风险的作用偏弱。下面对这些瓶颈制约的具体内容展开论述。

一、部分农资与农产品较难摆脱价格过度波动困境

第二节的分析表明，我国部分农资与农产品长期以来存在价格波动过大的问题，使相关农民面临较高的成本风险与（销售）价格风险。由于市场供求特点、价格波动关联性、政府调控失灵等诸多原因，这些农资与农产品有效摆脱价格过度波动困境的难度较大，成为降低农民经营性收入风险的一大"拦路虎"。

（一）市场供求特点决定了价格高波动性

农业自然再生产与经济再生产相互交织的特点，决定了农产品市场供求关系的影响因素相比其他产品市场显得更加错综复杂。由于农产品的需求弹性总体上较小，而供给量受气候、病虫害等因素影响容易发生较大变化，导致价格波动成为农产品市场运行的常见现象。当前，我国相当一部分农产品生产的组织化程度不高，小农户对市场信息掌握不充分、难以对未来价格走势作出合理预判，跟风生产现象较为普遍，这无疑加剧了农产品市场供给的不稳定性，农产品通过市场机制自我调节平复价格波动的能力依然偏弱。因此，部分农产品尤其是鲜活农产品价格的阶段性波动幅度仍较大，个别农产品价格在某些地区乃至全国范围内反复出现"暴涨暴跌"现象，使生产相关产品的农民面临较大的经营性收入风险，近年来生猪价格、葱姜蒜等小宗农产品价格的大起大落就是典型例子。

市场结构类型也是影响价格波动程度的一个重要因素。以化肥市场为例，我国化肥的购买者大多是小农户，其购买行为呈现出量小且分散的特点，议价能力弱。而化肥生产与流通行业的市场集中度较高，近年来通过重组后越来越呈寡头化趋势，定价权被几家龙头企业所掌控，在一定程度上出现了凭借垄断地位串通涨价的现象。另外，我国部分化肥品种的进口依赖度较高[1]，这些进口肥的国内售价变化，对化肥总体价格波动的影响不容忽视。虽然以前由个别国企垄断的化肥进口权已被进口配额制度所替代，越来越多民营企业也获得了化肥进口权（Qiao etc，2003），但少数化肥分销巨头对进口肥依然保持着较强的国内销售定价权，有时他们为获得更多利润采取了非合理涨

---

[1] 如作为我国三大肥料之一的钾肥，其进口依赖度近年来高达50%左右。

价手段，成为化肥价格过高过快上涨的推手[①]。

(二) 价格变化联动性使价格波动相互传导

产业链上下游产品价格间具有内在关联性，上下游产品价格可以通过产业链进行传导，而不同产业链又是相互交织在一起的，这使得价格波动的传导变得更加复杂，加大了保持价格稳定的难度。就农资与农产品而言，价格波动的联动性突出表现在两个方面：一是农资价格波动受到上游行业价格波动的影响。如化肥特别是氮肥所需原料严重依赖于各种化石能源，在经济开放度日趋提高背景下，国内能源价格越来越与国际市场接轨，这使得国内化肥价格波动受到国际能源价格波动的显著影响。二是农资与农产品价格波动的相互影响。上游农资价格波动会向下游农产品价格波动传导，而某些农产品还可以作为生产其他农产品的投入品，由此，农资价格与农产品价格形成了双向影响。例如，由于畜禽饲养需要饲料，而玉米等粮食是饲料的重要原料，这使得畜禽产品价格波动与粮食价格、饲料价格的波动密切关联。已有实证研究表明，玉米价格对中游猪饲料价格、下游生猪价格与猪肉价格都具有较为明显的影响（田波、王雅鹏，2014）。因此，玉米价格较大幅度的波动自然会传递至饲料与生猪价格波动上。

(三) 政府调控政策失灵助长了价格波动

政府为了稳定农资与农产品价格而出台的一些调控政策，存在调节滞后、调节过度或调节缺位等问题，有时反而在一定程度上加剧了价格波动。例如，2006年夏天发生的猪蓝耳病造成大量生猪死亡，导致生猪供给不足、价格快速上涨。为此，政府在2007年出台了标准化规模化养殖场建设补贴、能繁母猪补贴等一系列政策鼓励生猪养殖。但是，在上述政策出台前，持续攀升的猪价已经吸引了养猪场（户）主动扩大生产规模，猪价也已经在市场机制作用下开始出现下降迹象。这使得补贴政策在出台时间上显得滞后，政策与市场双重刺激导致生猪产量畸形大增，直接引发了2008年生猪的供过于求与价格大跌，直至2009年上半年价格才有所回升。类似现象在2011~2014年间又

[①] 例如，国家市场监督管理总局公告（国市监处罚〔2021〕72号）显示：2021年2月以来，中化化肥有限公司在进口价格未发生变化的情况下，以较大幅度加价销售进口的氯化钾，导致半年内涨价幅度达58.37%，推动了国内氯化钾价格过高过快上涨，存在哄抬价格行为，国家市场监管总局对此作出罚款260万元的处罚决定。

一次出现，而政府补贴依然是刺激养殖户过度补栏进而引发生猪产能过剩与价格大跌的重要原因之一。

（四）某些流通因素加剧了价格风险

在农产品销售环节，当农户存在或遇到下列情况时，往往容易遭受更大的价格下跌风险：一是小农户采用传统销售方式。此类农户生产的农产品数量较少，多由贩销商进行收购，缺乏议价能力，在供过于求、市场价格下行时受收购商压价较厉害。二是果农与菜农缺乏冷链仓储条件。不少瓜果蔬菜在短期内大量集中上市，有些露天存放时间一长就会腐败。在没有冷藏保鲜条件或冷链能力不足的情况下，农民为了尽快将收获的新鲜果蔬出手，不得不以低价贱卖。相比之下，拥有良好保鲜设施的果农与菜农，他们面临的价格风险就要相对小一些。三是主产区农产品外运受阻。受天气、疫情等各种偶发因素的影响，农产品主产区的农民有时会遇到农产品向区外运输受阻的情况，区内需求有限无法消化持续积压的大量农产品，从而加剧当地农产品价格的下跌。

二、农村基础设施与农民生产经营抗风险需求有差距

（一）防灾减灾基础设施仍存短板，部分设施抗风险能力弱

当前我国农村防灾减灾基础设施的突出短板之一，是某些设施建设标准与等级较低，滞后于现阶段农民生产经营的抗风险需求。例如，因相关设施抗风雪强度低，2019年雪灾造成青海全省共倒塌损毁牲畜棚圈、储草棚等基础设施合计10万平方米，直接经济损失2.3亿元[①]。农村部分防灾抗灾基础设施的标准等级不高，主要源于以下几方面原因：第一，防灾减灾基础设施投入存在重城市轻农村、重大型工程轻小型设施的倾向。在投资建设过程中，农村防洪排涝标准往往低于城市，小型农田水利设施与骨干水利工程的标准差距也较大。第二，出于节约成本考虑，在设施建设时选用了价格较低廉但抗灾能力也相对较弱的类型。如一些从事设施农业经营的农户，选择了塑料或简易钢筋结构的大棚，尽管其成本较低，但难以抵御大风大雪。第三，高标准农田建设不到位，辐射区标准落实打折扣。高标准农田建设划分为核心

[①] 王加亭、武建双、赵鸿鑫："牧民防灾意识浓储备机制待完善——青海玉树州防灾减灾调研"，《农村工作通讯》2021年第7期。

区、辐射区两类区域，在建设资金较为有限的情况下，不少地区优先确保核心区达到高标准，至于辐射区的设施则多以改造修补为主，导致部分项目区出现一半好一半差的"阴阳田"现象，辐射区与核心区基础设施的抗灾性能反差较大。

农村防灾抗灾基础设施的另一突出短板，表现为因缺乏有效管护造成设施抗灾性能弱化甚至丧失。如作者在安徽某村调研时，就有多户农民反映当地一个小排灌站自建成后很少看到有人维护，前段时间发生大故障后被迫停用，村民只能自己用抽水机灌溉，大家都担心排灌站罢工后万一出现洪涝灾害，后果不堪设想。这种现象，是重建轻管、管理责权不明确、财力短缺等多种因素引发的结果。目前，我国农村基础设施建设中重建设轻管理的理念尚未完全转变，许多设施建成之后，并没有明确管护责任的归属，陷入"有人用、无人管"的窘境。特别是农村小型农田水利设施，在不少地方形成了"国家管不了、集体管不好、农民管不到"的局面。此外，设施管护不足也同缺少资金有关。在一些经济相对落后地区，地方财政收入较少，农村集体经济又很薄弱，难以为设施维护提供充足且持续的财力支持。

（二）交通物流和信息基础设施有薄弱环节，成为引发销售风险的重要成因

产品滞销卖难引发农民销售风险的问题较为普遍，但很多时候，滞销并非市场需求减少、产品供过于求所导致，而主要源于农村交通物流和信息基础设施方面仍有一些薄弱环节。薄弱点之一是农村交通基础设施仍不够完善。目前还有一部分村尚未通硬化路，部分公路建成时的标准低、抗灾能力较弱，还有些农村公路出现了"油返砂"，一到下雨天严重影响货物运输，引发暂时性短期滞销。薄弱点之二是欠发达地区村级物流快递站点偏少。当前，我国中西部地区物流快递网点的行政村覆盖率仍较低，在不少偏远农村地区，物流快递终端还不能直达村一级；物流快递公司出于设站成本收益考虑，在偏远农村设立村级网点的积极性并不高。在此情况下，产品出村遭遇明显的物流瓶颈，特别是到了销售旺季，产品发货经常出现迟缓积压现象。薄弱点之三是某些地区通信网络设施质量欠佳。尽管农村宽带覆盖率已达到较高水平，但质量和服务的区域差异较大，一些地区网络不稳定给农民线上销售带来不便。作者在河北某村调研时，就有几位农村淘宝合伙人抱怨当地宽带故障多发、维修困难，影响了做生意。

三、农户降低农产品产后产地储存损失困难较大

长期以来，农产品产后损失高是制约我国农业高质量发展的一个重要因素。我国农产品的产后损失率，虽然在过去十年间有了较大幅度下降，但相比发达国家还有不小差距。农产品产后各个环节的损失均不利于降低农民经营性收入风险，其中，产后产地储存环节损失对农民经营性收入风险的影响最为直接、程度相对最高。近年来，各地通过加快农产品仓储保鲜冷链设施建设、推动农产品产地初加工发展等措施，一定程度上减少了农户在产后储存环节遭受的风险损失。尽管如此，产后"最初一公里"依然是当前农产品产后各环节的最大短板，进一步降低农产品产后产地储存环节损失，仍面临以下几大难点问题：

第一，产地贮藏保鲜与初加工的供给能力不足。我国农产品产地储存和初加工的初始基础较薄弱，虽然近几年呈现出较快发展趋势，但存量仍显不足、供需矛盾较突出。据估计，当前产地仓储保鲜设施仍有 2.3 亿吨左右的库容缺口[①]。其中，田间地头鲜活农产品的仓储保鲜冷链设施缺口尤为明显。由于产地仓储保鲜设施运营的效益较低，再加上设施建设用地不易解决，民间资本在该领域投资的积极性不高，一定程度上制约了产地贮藏保鲜供给能力的扩大。而在农产品产地初加工方面，目前不少农户的初加工设施较为落后、工艺方法也比较原始，加工后储存减损的效果不够明显，加工能力与水平难以较好满足产业链下游的实际需求。

第二，主客观两方面因素阻碍了农户转变传统储存方式。以粮食储藏为例，东北、内蒙古等粮食主产区的不少粮农长期习惯于在自家庭院、田间地头搞"地趴式"储粮，等价格合适时再出售，由于存放时间较长，粮食霉变腐烂率较高。粮农之所以采用这种粗放储粮方法，除了传统储粮观念短期内难改变的主观原因外，也同新型储粮设备适用性不强、成本过高有关。如用苞米楼子存放玉米可降低几个百分点的损耗，但由于部分地区常用规格的楼子容量较小、功能比较单一，在种粮大户中并未获得普遍使用；而对于许多小规模粮农来说，一些新型储粮设备的购置成本往往是一年储粮损失的几十倍甚至上百倍，自己购买设备并不划算。

[①] 农业农村部规划设计研究院：《农产品产地流通及"最先一公里"建设调研报告》，2021年3月。

第三，有效减少产地储存损耗存在技术方面的短板与瓶颈。首先，当前我国农产品产地冷链技术普及率低，产地预冷保鲜率只有30%左右，缺乏产后预冷处理导致鲜活农产品产后损耗率偏大；并且，常用的预冷技术也较为落后，真空预冷等先进高效预冷技术的使用率低。其次，农产品减损保鲜技术精准度不高，缺乏针对不同类型产品的靶向性保鲜技术。再次，一些不符合绿色环保要求的储存、初加工技术设备（如传统的燃煤粮食烘干设备等）使用受限后，亟待研发和推广生态型、经济适用的新型储藏加工技术与设施。

四、农业保险化解农业经营性收入风险的作用偏弱

2004年以来，我国以政策性农业保险为主的农业保险体系实现了较快发展，在农业风险管理中发挥了积极作用。但是，与新时代农民防控生产经营风险的需求相对照，现行农业保险体系在制度设计与运行层面仍存在一些明显短板，弱化了其化解农业经营性收入风险的作用。

（一）供给侧层面：六大因素削弱了农业保险的风险保障能力

从保险供给侧考察，主要有以下几方面因素制约了我国农业保险功能的有效发挥，造成农业保险的风险保障能力偏弱：一是保险的覆盖面较窄。目前政策性农业保险主要面向大宗农产品，对特色农产品的关注相对较少，很多地方特色农产品尚未纳入政策性保险范围，政策性农业保险承保品种还不够丰富。二是保险的保障标准偏低。长期以来，我国农业保险以物化成本保险为主，保额未覆盖土地成本与人工成本，平均而言仅占生产总成本的40%左右；2017年起开始试点的大灾保险，虽然覆盖了土地成本但依然没有覆盖人工成本。这导致农业保险对受灾损失的补偿明显不足。尽管现在国家已开始试行完全成本保险，但只针对粮食作物，且对实施地区作了限定。三是保险的风险保障范围有限。当前大多数农业保险险种属于灾害险、产量险，只保自然灾害风险不保市场价格风险，无法化解市场价格波动引发的收入风险。政策性收入保险仅限于玉米、大豆等极少数品种且处于局部试点期；此外，一些商业保险公司探索推出的价格保险、收入保险产品，尚处于零星开发阶段，普及面很小。四是保险的保障水平不平衡。农业保险保障水平的区域间差距较大，内蒙古、青海、北京、上海等地较高，而湖北、江苏、山东、广东等地较低（苗梦帆，2020），在一定程度上出现了"农业大省保障小省"的现象；另外，不同险种间保障水平也有不小差异，如棉花达到了50.6%、大豆只有 20.8%，而肉牛仅为 0.7%（苗梦帆，2020）。五是保险的赔付服务不完善。这突出表现在现场勘查定损主观随意性大、取证和赔付过于拖延等方面，导致遭受风险损失的农民未能及时获得公平合理的补偿。六是保险供给未充分考虑需求异质性。近年来新型农业经营主体发展加快，与小农户相比，家庭农场、专业大户在生产经营上的投入大、专业化程度高，对风险更加敏感；但现行农业保险政策和产品大多以小农户为出发点设计，与规模农户希望保市场风险、提供标准化服务等需求不够匹配。

（二）需求侧层面：四大因素制约了农民参保率的提高

再从保险需求侧考察，目前我国农民的农业保险参保率并不高且呈现出较显著的区域差异。从事农业生产经营但未购买农业保险的现象，在经济相对落后地区的小农户中更为常见。未参保农民在遭遇风险事件后，自然无法通过保险渠道使风险损失获得补偿。很多农民之所以没有购买农业保险，除了信息闭塞不了解保险、风险意识不强、收入水平低等原因外，也与保险体系本身的不足有密切关系，概括而言有如下几大因素降低了农民参与农业保险的比例，需要加以关注：

一是因自付保费高而却步。对于未纳入中央财政补贴范围的地方特色农产品政策性保险，虽然有地方财政保费补贴，但农民的保费自付比例总体而言较高，如陕西省的苹果险要农户自筹 50%，这无疑影响到农民参保的积极性。并且，经济越是欠发达的地区，因地方财力少，通常对保费的财政补贴也更少，导致不少农民尤其是低收入农民囿于经济能力而放弃购买。二是想参保但无政策性险种。除了为数不多的由中央财政补贴保费的政策性农业保险险种外，各地方政府也结合本地农业发展实际开办了一些特色农产品政策性保险项目，但这些险种并非各省区市普遍都有。这样就出现了农民想投保某类农产品，但本地却没有此类农产品的政策性保险项目的情况。虽然该类农产品可能有商业保险，但因自付保费高昂，农民一般不会去购买。三是因保险性价比低而不愿参保。我国许多政策性农业保险险种的费率是全国或全省统一的，没有体现出地区间农业经营风险特别是自然灾害风险的差异性。在费率"一刀切"的情况下，少灾地区的农户就觉得费率偏高、参保不划算，认为"风调雨顺买保险会白花保费""保费都给多灾地区用了"，因此，他们的参保意愿也就相对较低。四是嫌程序麻烦而不想买。小农户生产规模普遍较小，如果只是遭遇小灾，经济损失一般也不大，在家庭承受范围内。而农业保险理赔手续较复杂、赔付时间相对冗长，且当前保障标准又偏低，很多小农户觉得为了获得小金额的赔款而付出这么多时间精力不值得，所以也不太乐意去购买保险。

第五章 农民经营性收入的成长性及其影响因素

收入成长性从收入水平动态变化角度反映了农民经营性收入的质量情况。本章先从全国、产业、地区、家庭四个层面考察了我国农民经营性收入成长性的状况特点与现存问题；接着通过构建一个理论解释框架，分析了影响农民人均经营性收入成长性的因素及其作用；针对农民经营性收入成长性家庭间分化较明显的现象，综合运用访谈调查法、归纳分析法等方法研究并揭示了形成这种现象的主要原因；最后，还探讨了现阶段制约农民经营性收入成长性的若干关键因素。

第一节 农民经营性收入成长性的状况特点及存在问题

本节拟从全国、产业、地区、家庭四个层面，考察进入21世纪以来我国农民经营性收入成长性的状况特点并揭示其中存在的主要问题。全国层面分析针对的是全国农民人均经营性收入的历史增长，旨在从总体上反映我国农民人均经营性收入的历史成长性及其特点。产业层面分析针对的是农民各产业人均经营性收入的历史增长，重点是比较我国农民在不同产业领域人均经营性收入的历史成长过程。地区层面分析针对的是各地区农民人均经营性收入的历史增长，侧重于刻画我国农民人均经营性收入历史成长的省际差异性。家庭层面分析以家庭为单位对农民经营性收入的历史增长与（未来）增长潜力进行考察，其主要目的是揭示我国农民经营性收入成长性在不同家庭间的差异性和分化性。另外，国家统计局从2013年开始正式实施城乡住户一体化调查，在统计指标计算口径、抽样调查方法等方面发生了一些变化，导致城乡居民收入与以前年度不完全可比，因此，分2000~2012年与2013~2020年两段时期考察。

一、全国层面：农民经营性收入增长相对较为缓慢

将农民经营性收入同农民可支配收入及其他三种来源收入的历史增长情况进行比较，结果发现（图5-1）：进入21世纪后，在绝大多数年份，农民的经营性收入增长既慢于可支配收入增长，也慢于其他三种来源收入增长。2008年国际金融危机和2020年新冠肺炎疫情两次较大的外部冲击，对农民经营性收入增长产生了一些不利影响，导致2008年、2009年与2020年增长率有所下降，但这并未改变农民经营性收入长期增长趋势。

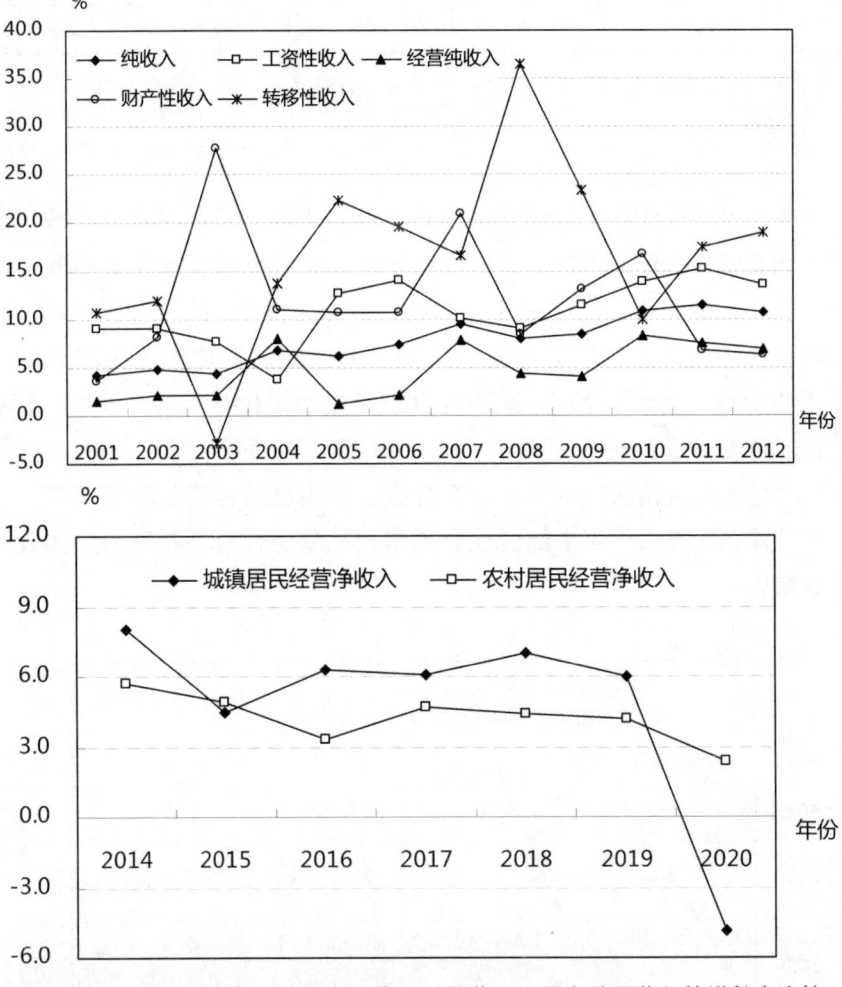

图5-1 历年全国农民人均可支配收入（纯收入）及各分项收入的增长率比较

资料来源：根据历年《中国统计年鉴》相关数据计算。

注：增长率为实际增长率。

分时间段来看，无论在 2000~2012 年间还是 2013~2020 年间，农民经营性收入的年均增速均低于其可支配收入的年均增速。经营性收入的增长，在不同程度上大幅落后于工资性收入、财产性收入和转移性收入的增长；与其他三种来源收入相比，经营性收入的历史成长性明显偏弱（表5-1）。

表 5-1　全国农民人均可支配收入（纯收入）及各分项收入的年均增速　单位：%

2000~2012 年	纯收入	1. 工资性收入	2. 经营纯收入	3. 财产性收入	4. 转移性收入
	7.7	10.7	4.6	11.9	16.2
2013~2020 年	可支配收入	1. 工资性收入	2. 经营净收入	3. 财产净收入	4. 转移净收入
	6.7	7.4	4.2	9.3	9.8

资料来源：根据历年《中国统计年鉴》相关数据计算。

注：年均增速为实际增速。

再将农民经营性收入与城镇居民经营性收入的增长情况进行比较，结果发现（图5-2）：进入21世纪后，农民经营性收入的增长率在大多数年份低于城镇居民经营性收入的增长率；但是，近年来两者间的差距在趋于缩小。分时间段考察，2000~2012 年间农民的经营性收入年均增速比城镇居民低 14.2 个百分点，而到了 2013~2020 年间差距缩小至仅 0.4 个百分点。如不考虑受新冠肺炎疫情影响的 2020 年，就 2013~2019 年间作比较，农民的经营性收入年均增速比城镇居民低 1.8 个百分点，差距也同样明显小于 2000~2012 年间。另外，从近二十年来经营性收入增长的稳定性看，农民的总体表现要优于城镇居民。

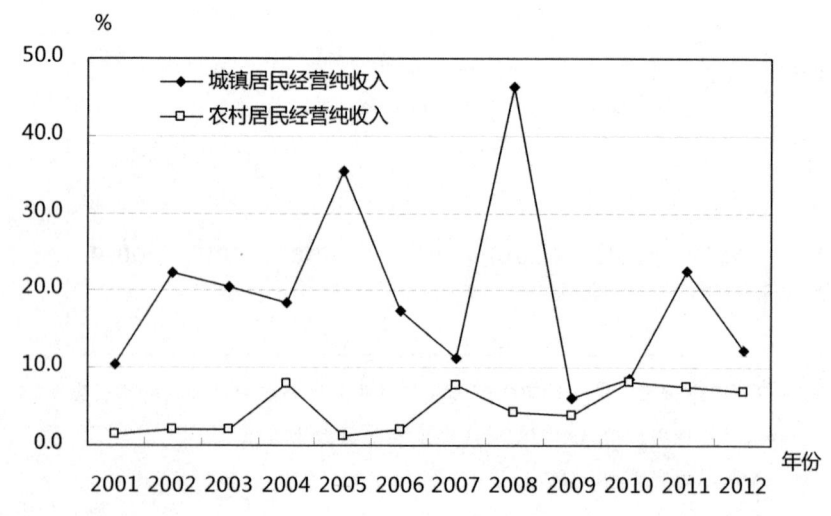

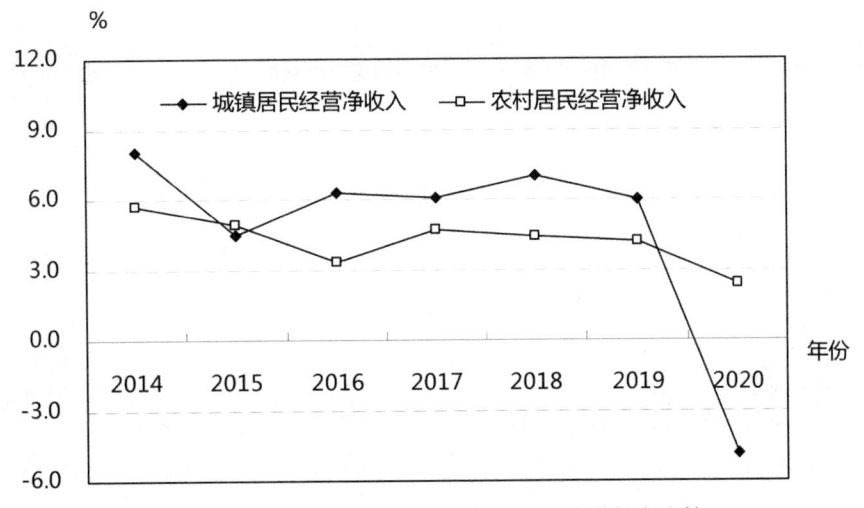

图 5-2 历年城乡居民人均经营性收入的增长率比较

资料来源：根据历年《中国统计年鉴》相关数据计算。

注：增长率为实际增长率。

二、产业层面：农民不同产业经营性收入增长分化趋于明显

尽管与其他来源收入相比，农民的经营性收入增长从总体上看较为缓慢，但不同产业的经营性收入增速存在一定差异（图5-3）。在21世纪初期若干年中，第二和第三产业经营性收入的增速还落后于第一产业经营性收入，但之后，第二和第三产业经营性收入的增长开始步入快车道并超过第一产业经营性收入的增速。2015年至2019年这5年里，第二产业、第三产业经营性收入的年度增长率均超过第一产业经营性收入，第二和第三产业经营性收入增长与第一产业经营性收入增长间的分化状态较明显。由此可以看出，该期间第一产业经营性收入的成长性相对较弱。不过，第一产业经营性收入在增长稳定性方面要强于第二和第三产业经营性收入。

分时间段考察发现（表5-2）：在2000~2012年间，三大产业经营性收入年均增速的差距并不大；而到了2013~2020年间，三大产业经营性收入增长分化格局初步显现，增速差距明显大于2000~2012年间；另外，在2013~2020年间，第三产业经营性收入的年均增速还超过了工资性收入，表现出良好的成长性。

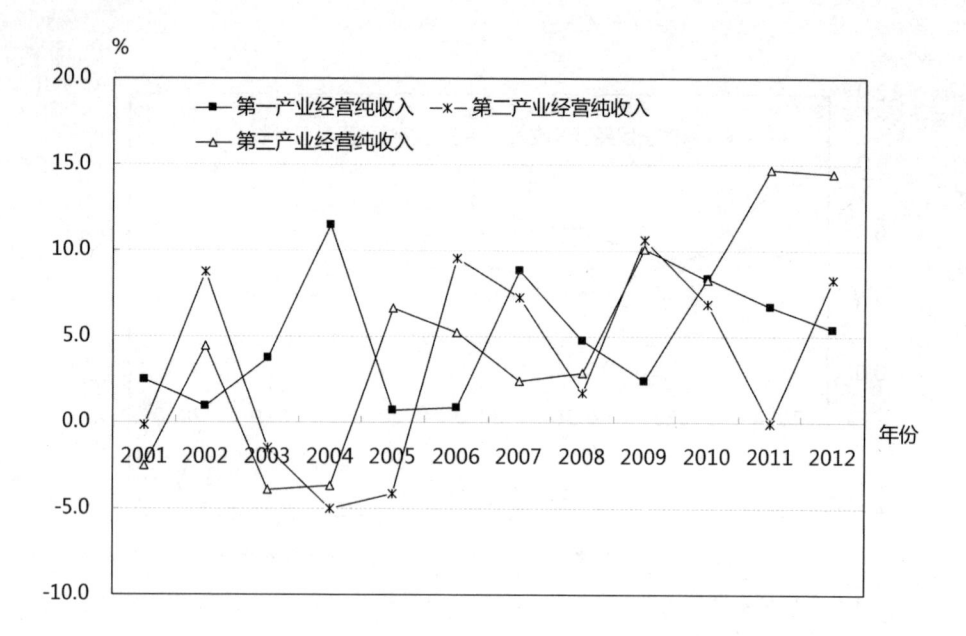

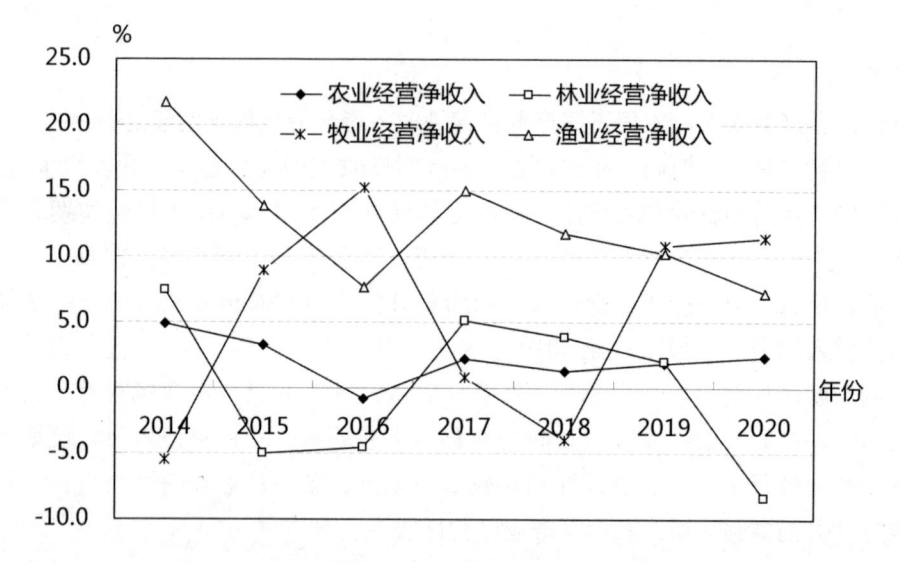

图 5-3 历年分产业农民人均经营性收入的增长率比较

资料来源：根据历年《中国农村住户调查年鉴》《中国住户调查年鉴》相关数据计算。

注：增长率为实际增长率。

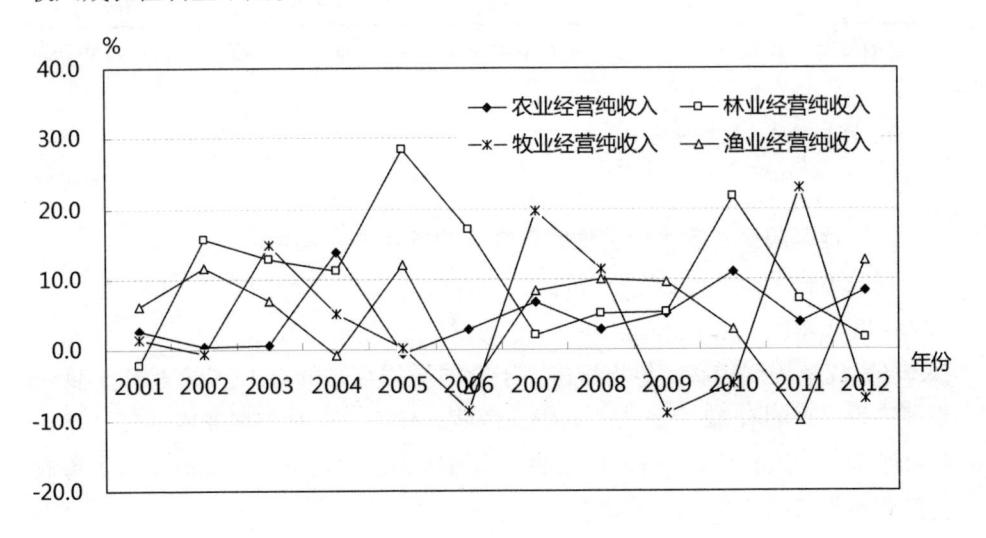

表 5-2 分产业农民人均经营性收入的年均增速　　　　　　　　单位：%

2000~2012 年	第一产业经营纯收入	第二产业经营纯收入	第三产业经营纯收入
	4.7	3.4	4.8
2013~2020 年	第一产业经营净收入	第二产业经营净收入	第三产业经营净收入
	2.8	5.7	8.0

资料来源：根据历年《中国农村住户调查年鉴》《中国住户调查年鉴》相关数据计算。

注：年均增速为实际增速。

在第一产业内部不同行业间，农民经营性收入的增长情况也存在较明显的差异性，农业、林业、牧业和渔业经营性收入的历年增长率，均表现出不同程度的差距（图 5-4）。再比较收入增长的稳定性，无论从出现负增长年份数还是从年度增长率标准差来看，农业和渔业经营性收入增长的稳定性相对较好，林业经营性收入增长稳定性居中，而牧业经营性收入增长的波动性相对最大、稳定增长能力偏弱。

分时间段进行比较发现（表 5-3），农林牧渔业经营性收入增长的分化程度，在 2013~2020 年间显著高于 2000~2012 年间。2013 年以来，渔业经营性收入呈快速增长态势，其年均增速高于第二和第三产业经营性收入，表现出良好的成长性；牧业经营性收入的增长也相对较快；相比之下，农业和林业的经营性收入增长状况均不够理想，尤其是林业经营性收入年均增长率为负，收入成长性明显不足。

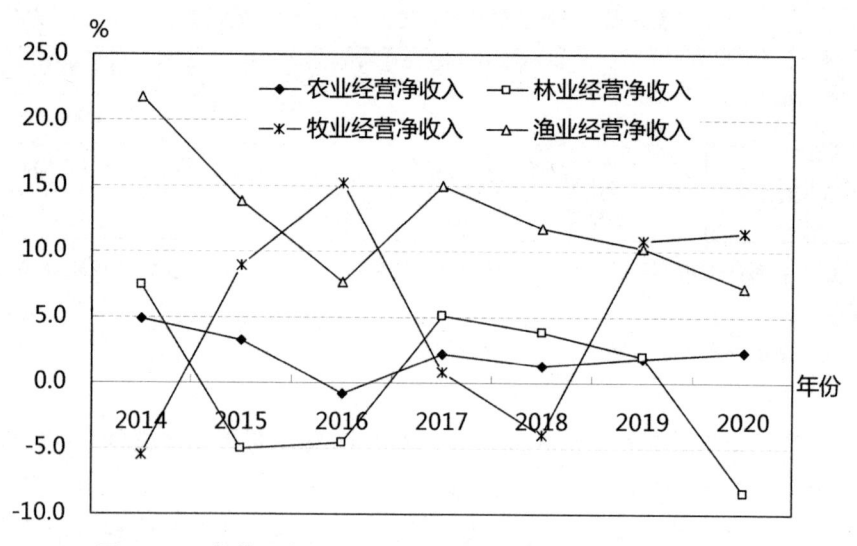

图5-4 历年第一产业分行业农民人均经营性收入的增长率比较

资料来源：根据历年《中国农村住户调查年鉴》《中国住户调查年鉴》相关数据计算。

注：增长率为实际增长率。

表5-3 第一产业分行业农民人均经营性收入的年均增速　　　单位：%

2000~2012年	农业经营纯收入	林业经营纯收入	牧业经营纯收入	渔业经营纯收入
	4.8	10.2	3.3	5.1
2013~2020年	农业经营净收入	林业经营净收入	牧业经营净收入	渔业经营净收入
	2.1	-0.1	5.1	12.4

资料来源：根据历年《中国农村住户调查年鉴》《中国住户调查年鉴》相关数据计算。

注：年均增速为实际增速。

三、地区层面：农民经营性收入增长的省际差异较大

我国不同省区市农民经营性收入增长速度的差距较明显（图5-5）。2000~2012年间，农民经营性收入年均增速的省际标准差为2.7%，极差为12.5%，离散程度较高。年均增速高于全国平均水平的有19个省区市，低于全国平均水平的有12个省市。其中，西藏、辽宁、吉林与黑龙江的年均增速超过了7%，而北京、上海、广东的年均增速为负。可见，这段时期京沪粤农民经营性收入的成长性不太理想。

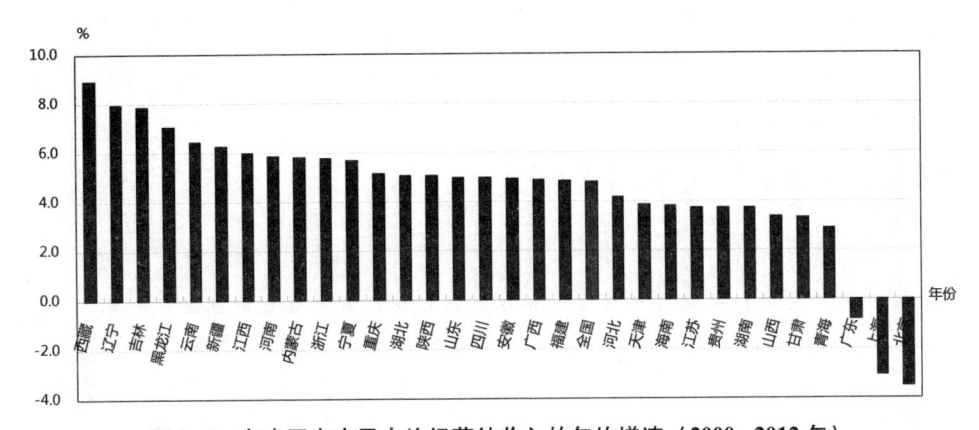

<<< 第五章 农民经营性收入的成长性及其影响因素

图 5-5 各省区市农民人均经营纯收入的年均增速（2000~2012 年）
资料来源：根据历年《中国统计年鉴》相关数据计算。
注：年均增速为实际增速。

  2013~2020 年间，农民经营性收入年均增速的省际标准差为 2.1%，极差为 10.1%，离散程度相比 2000~2012 年间有一定程度下降，表明农民经营性收入的省际差异有所缩小。年均增速高于全国平均水平的有 17 个省区市，低于全国平均水平的有 14 个省区市。与 2000~2012 年间相比，上海、广东与东北三省的农民经营性收入增速发生了显著变化。上海和广东的农民经营性收入从负增长转为正增长；而东北三省农民经营性收入均从原先的中高速增长状态跌落至低速增长区间，收入增长的下滑幅度较大①（图 5-6）。

  另外，我们发现北京和上海的农民经营性收入在 2020 年大幅下降，相比 2019 年分别减少了 30.8%和 19.9%，是当年少数几个出现负增长的省区市中降幅最大的，超过疫情最严重的湖北（降幅 3.8%）。考虑到 2020 年京沪两地农民经营性收入大幅减少可能有特殊原因，故剔除 2020 年后再次测算了 2013~2019 年间各省区市农民经营性收入的年均增长率，结果显示（图 5-7）：该期间北京农民经营性收入保持了正增长，年均增速为 2.6%，而上海农民经营性收入年均增速达到了 8.6%，是全国所有省区市中最高的。基于 2013~2019 年的测算结果相比 2013~2020 年能更好反映 2013 年以来我国农民经营性收入增长的省际间差异状况。

---

① 尽管因城乡住户调查一体化改革原因，2013 年前后农民经营性收入不完全可比，但改革引起的收入数据变化程度不至于影响该结论。

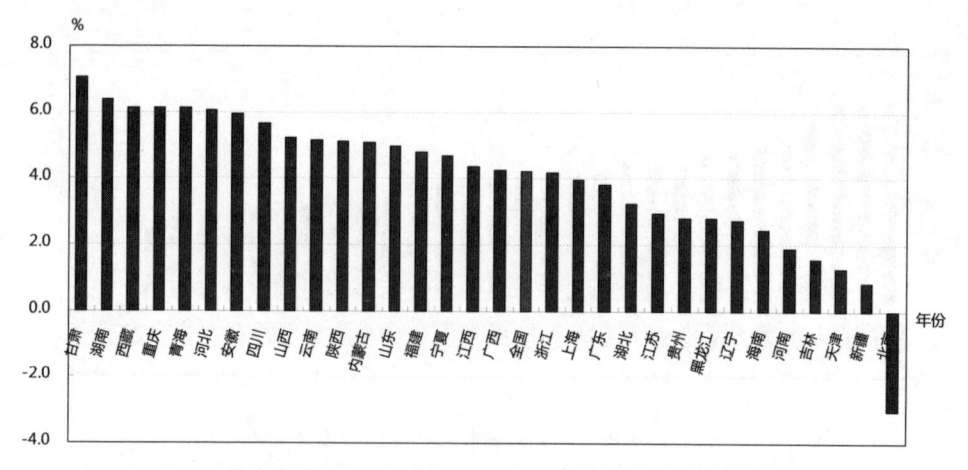

图5-6　各省区市农民人均经营净收入的年均增速（2013~2020年）

资料来源：根据历年《中国统计年鉴》相关数据计算。

注：年均增速为实际增速。

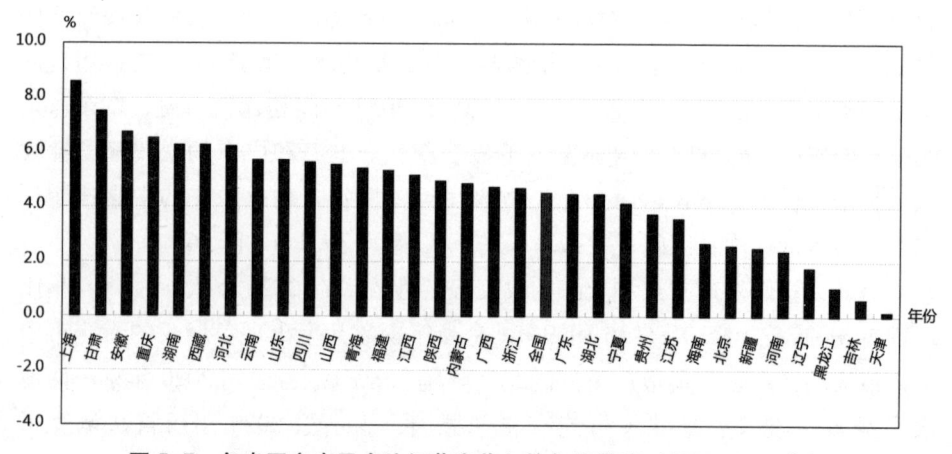

图5-7　各省区市农民人均经营净收入的年均增速（2013~2019年）

资料来源：根据历年《中国统计年鉴》相关数据计算。

注：年均增速为实际增速。

四、家庭层面：农民经营性收入成长性呈现较明显的家庭间分化

在现有的家庭微观数据库中，有追踪调查数据且质量较高的是中国家庭追踪调查（CFPS）数据，故本书利用该数据库测算农民经营性收入的历史成长性。至于农民经营性收入的未来成长性，则采用由自行问卷调查获得的数据来衡量。

（一）历史成长性的家庭间分化

利用中国家庭追踪调查数据对农村不同家庭经营性收入历史增长率的差异性进行考察，家庭经营性收入增长率为2010~2020年间的年均实际增长率。鉴于一些基因成员在该期间由于结婚等原因另组建新的家庭，出于可比性的考虑，在测算家庭经营性收入增长率时将此类家庭排除在外。

在所考察的3951户样本经营户[①]中，有473户家庭的经营性收入从有到无，另有387户家庭的经营性收入从无到有，可见，由经营户转为非经营户、由非经营户转为经营户的家庭占比分别为12.0%和9.8%；其余的3091户经营户，他们的经营性收入增长率也存在较大差异，年均实际增长率的标准差为19.2%。从样本家庭经营性收入年均增速的频数分布[②]看（图5-8），有1488户的经营性收入趋于减少，有1603户的经营性收入实现了正增长，两类样本户所占比重分别为48.1%和51.9%；经营性收入年均增速高于10%的有925户，占比达到29.9%。

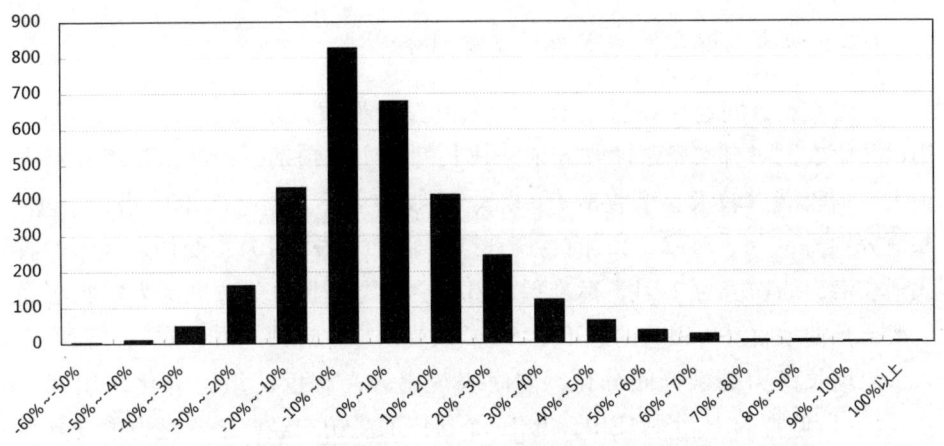

图5-8 样本家庭经营性收入年均增速的频数分布（2010-2020年）
资料来源：根据中国家庭追踪调查（CFPS）相关数据计算。
注：年均增速为实际增速。

另外还发现，农民家庭经营性收入历史增长率的分化程度表现出一定的地区间差异。比较而言，福建、上海等省市农民家庭经营性收入增长的分化

[①] 剔除了2010年或2020年经营性收入有缺失值的家庭，另外，只要2010年或2020年至少有一年有经营性收入就算做经营户。

[②] 计算频数时剔除了由经营户转为非经营户以及由非经营户转为经营户的样本家庭。

程度相对较高，而云南、河南等省份农民家庭经营性收入增长的分化程度相对较低（图5-9）。

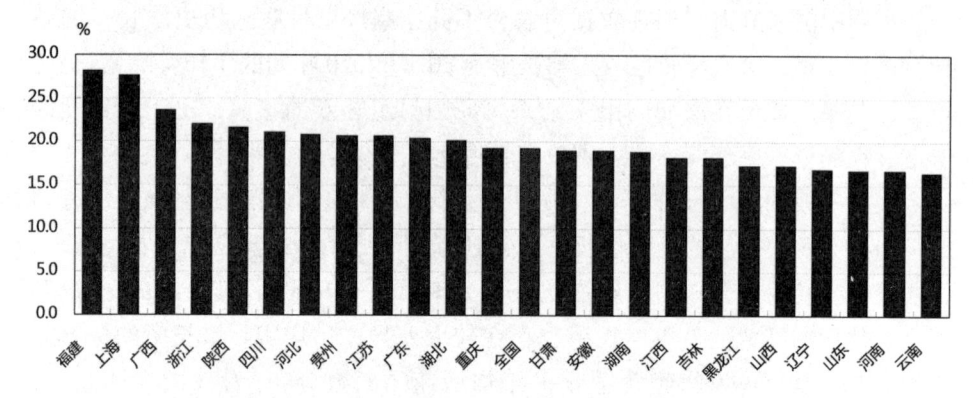

图5-9 各省区市样本家庭经营性收入年均增速的标准差（2010~2020年）
资料来源：根据中国家庭追踪调查（CFPS）相关数据计算。
注：年均增速为实际增速。

（二）未来（预期）成长性的家庭间分化

作者在调查问卷中设置了对今后家庭经营性收入增长前景看法的问题，用以了解农民对自家经营性收入未来成长性的主观预期，选项包括增收潜力很大、增收潜力较大、增收潜力一般、增收潜力不足、毫无增收潜力五项，赋值分别为5、4、3、2、1。问卷调查结果显示（图5-10）：受访户经营性收入增长潜力的均值为2.91，标准差为0.9，半数以上的受访户认为增收潜力一般，预期增收潜力很大的还不足5%。从受访户主观预期看，农民经营性收入未来增长潜力的家庭间分化，同时表现出较高程度的组内分化与组间分化[①]。在所调查的16个村庄中，有15个村庄的受访户经营增收潜力值变异系数高于0.15，最高的达到了0.43，说明村内不同家庭对自家经营性收入未来成长性预期的离散程度较大；再考察各村庄的受访户经营增收潜力值平均数，其对应的变异系数为0.17，反映出家庭经营性收入预期成长性在村庄与村庄之间同样存在着较大差距。进一步运用泰尔指数分解法，将总分化水平定量分解成组内分化与组间分化两部分，测算结果发现，组内分化、组间分化对总分化的贡献度分别为75%和25%，这意味着农民经营性收入预期成长性的家庭间分化主要表现为村庄内部的分化。另外还发现：受访户经营性收入的

---

① 由于是以村庄为基本单位开展调查的，所以这里的组指的是村庄。

预期成长性和历史成长性有较高程度的一致性。近十年内经营性收入历史成长性良好①的受访户，大多数认为未来的增收潜力很大或较大；反之也存在类似情况。

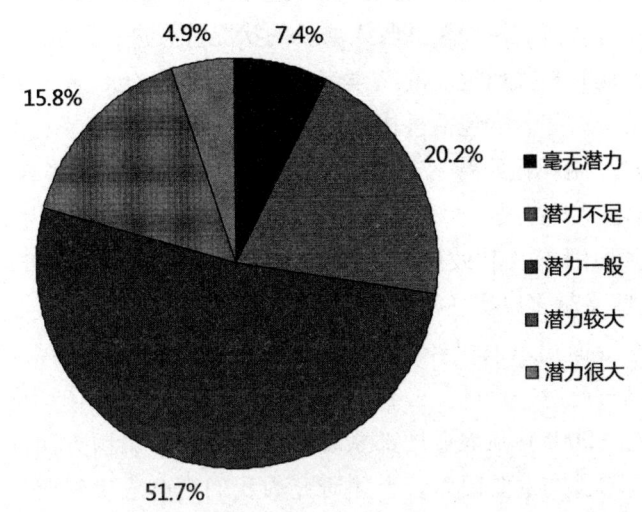

图 5-10　受访户对家庭经营性收入未来增长潜力的主观预期

资料来源：根据问卷调查数据计算。

第二节　农民人均经营性收入成长性的影响因素及其作用

本节先尝试构建一个解释农民人均经营性收入成长性的理论框架，用以揭示影响农民人均经营性收入成长性的主要因素及其作用机理；然后，运用该框架分析我国农民人均经营性收入历史增长的成因，并研判未来我国农民人均经营性收入的增长趋势与潜力。

一、解释农民人均经营性收入成长性的理论框架

（一）对现有相关研究的述评

在农民经营性收入增长的动因与影响因素方面，国内外学者已作了一些研究。刘易斯（1954）以及费景汉和拉尼斯（1961）的二元经济结构模型、

---

① 以所在地级市农民经营性收入年均增速为参照，当受访户回忆的经营性收入年均增速高于参照水平时，就认为其经营性收入的历史成长性良好。

119

李斯特（1961）的农业残缺状态理论、舒尔茨（1964）的收入流理论、阿玛蒂亚·森（2001）的制度约束论等，从不同角度为农民经营性收入增长提供了理论解释。我国学者对农民经营性收入增长内在规律的纯理论研究相对较少，主要是结合我国农民经营性收入增长的状况特点进行成因分析。

综观国内现有相关研究，有些学者关注于某个特定因素对农民经营性收入增长的作用，这些因素包括科技进步（范金等，2010）、农村劳动力老龄化（高龙，2013）、组织化经营（刘志强，2013）、产业融合（张红军、刘玛璠，2018）、城镇化（罗富民，2019）等；还有的学者同时考察了影响农民经营性收入增长的多种因素及其效应（陈艳等，2005；仲伟来，2012；张红军等，2018），但这些文献多以实证检验为主，在理论分析上有所不足；仅有少数学者探索从理论层面揭示农民经营性收入成长的动因规律，如张继久（2004）提出了"市场—政府—社区"三位一体的农民经营性收入持续增长作用力分析框架，陈艳（2005）从农业内部系统和农业外部环境两方面论述了影响农民经营性收入增长的主要因素。上述研究为我们理解农民经营性收入增长的原因带来了有益启示。不过，目前对农民经营性收入成长性机理的研究仍不够系统深入，较为缺乏整体性视角的考察。

（二）理论框架的构建与阐释

本书在吸收前人成果的基础上，立足中国"三农"发展现实情况，尝试从宏观层面构建一个以农村产业经济增长的需求侧与供给侧为核心，结合考虑农村产业经营主体结构变动、农民生计方式变化的理论框架（图5-11），用以解释我国农民人均经营性收入成长性的内在逻辑。

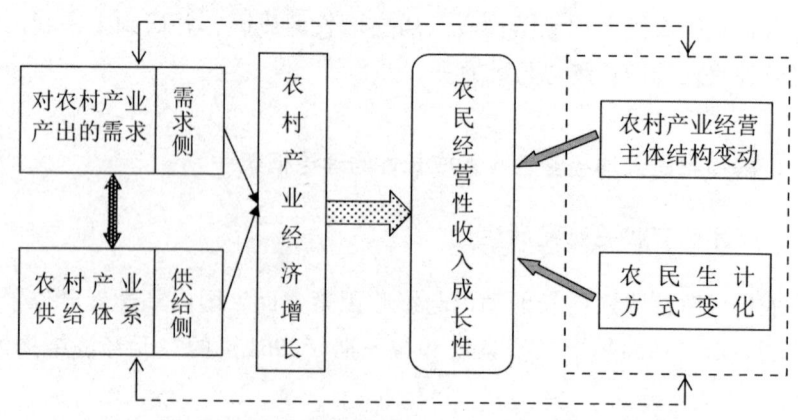

图5-11 农民人均经营性收入成长性的理论分析框架

1. 农村产业经济增长对农民经营性收入成长的作用

农民的经营性收入来源于农村产业经济的发展，农村产业经济增长是农民经营性收入成长的源泉。农村产业经济增长同时取决于需求侧与供给侧两方面的因素，需求侧偏重于增长的短期因素，而供给侧偏重于增长的长期因素。

在城乡产业合理分工的条件下，农民及其他主体从事农村各种产业的生产经营活动，主要旨在满足全社会对农业及相关产业的产品与服务需求。对这些产品与服务的市场需求，构成了驱动农村产业经济增长的需求侧，需求侧的变化是影响农民经营性收入成长性的重要因素。根据需求的性质，对农村产业产出的市场需求可以分为最终（消费）需求和中间（投入）需求两大类。其中，最终需求主要是对农产品及其加工制成品、农业休闲观光、乡村旅游等方面的需求，而中间需求主要是对农业生产资料、农业生产性服务、农村商品流通等方面的需求。对上述产品和服务的需求增长越快，越有利于促进农村产业经济增长，进而提升农民经营性收入的成长性。

驱动农村产业经济增长的供给侧指的是农村产业供给体系，该体系的状况既表现为投入产业的各种生产要素的数量与质量，也表现为通过要素配置所形成的供给结构（包括产业结构与产品服务结构），供给侧决定了农村产业的生产可能性边界与生产效率高低，是影响农民经营性收入成长性可达边界的根本因素。增加稀缺生产要素的供给、提高生产要素的质量水平、促进产业和产品服务结构的多元化，均有助于增强农村产业供给能力，由此推动农村产业经济增长与农民经营性收入成长。

驱动农村产业经济增长的供给侧与需求侧之间是彼此关联、相互作用的。先从关联性看，供给与需求的总量平衡和结构匹配会影响农村产业经济增长。促进供需总量高水平均衡与供需结构更趋协调，能提高农村产业经济的增长质量与农民经营性收入的成长性。再从相互作用看，需求侧在需求总量、质量与结构上的变化，将引导供给侧作出适应性的调整优化；而供给侧创新引发的产出变革，也会起到激发市场新需求的作用；两者皆能给农村产业经济增长和农民经营性收入成长注入新动力。农村产业经济增长正是在供给侧与需求侧的互动过程中实现的，这是理解农民经营性收入成长性的关键所在。

2. 农村产业经营主体结构变动、农民生计方式变化对农民经营性收入成长的作用

除了农村产业经济增长外，农民经营性收入成长性还受到农村产业经营主体结构变动、农民生计方式变化这两大因素的影响。先分析农村产业经营

主体结构变动与农民经营性收入成长性的关系。尽管农村产业经济增长是农民经营性收入成长的源泉，但两者间不能简单画等号，主要原因之一在于农村产业经营主体的多元化。在农村从事产业生产经营活动的主体，除了农村家庭外还有农村集体经济组织、农村合作经济组织、农业企业、下乡工商企业等。在上述经济组织与企业作为经营主体的情况下，虽然农民依然可以通过为这些经营主体打工、向这些经营主体出让土地使用权等途径获得经济收益，但这些收益属于工资性收入和财产性收入而非经营性收入。所以，整个农村产业经营体系中经营主体结构的变动状况，将决定经营收益直接归属于分配结构的变化，这也是影响农民经营性收入成长性的一个重要因素。

接着分析农民生计方式变化与农民经营性收入成长性间的关系。观察中国农业农村转型发展与城乡结构转变趋势不难发现，农村家庭生计方式变化是我国"三农"领域发生的一个重要现象，这种现象对农民经营性收入成长性也具有不可忽视的影响。生计方式实际上是农民以何种途径获取经济来源特别是市场化收入的问题，这些途径主要包括家庭经营、受雇务工、资产使用权出让等。在绝大多数的农村家庭，财产性收入占比较低，并非主要经济来源；因此，农民生计方式主要取决于家庭经营与受雇务工间的主次关系。家庭经营与受雇务工间相对地位的变化，直接影响到农民经营性收入与工资性收入间的相对成长性。另外，就家庭生产经营活动内部来看，经营结构的选择与调整，也是构成农民生计方式的重要内容。家庭经营结构的变动，会影响农民不同产业（行业）经营性收入间的相对成长性。

3. 农村产业经营主体结构变动、农民生计方式变化与农村产业经济增长间关系

农村产业经营主体结构变动、农民生计方式变化会对农村产业经济增长的需求侧与供给侧产生直接或间接的作用。例如，农业龙头企业、工商资本进入农村地区参与农业农村现代化发展，将引发农业及相关产业供给侧的深刻变革。再如，大量农村青壮年劳动力转移到城镇务工，可能会对农业发展中的劳动力供给数量与质量带来一些负面影响；与此同时，还会对农产品和农村非农产品服务需求增长产生正面影响（唐萍萍，2012）。而反过来，农村产业经济增长的需求侧与供给侧方面发生的变化，在一定情况下也将以某种方式影响到农村产业经营主体结构变动、农民生计方式变化。例如，近年来城乡居民对乡村生态产品需求的持续增长，就吸引了一批工商资本和返乡农民工投资农村生态产业，带动了相关产业发展与农民经营增收。所以，对农村产业经济增长的分析需要与农村产业经营主体结构变动、农民生计方式变

化结合在一起加以考察，这样才能更好理解我国农民经营性收入成长性的内在逻辑。

二、农民人均经营性收入历史增长特点的成因解析

运用前文构建的理论分析框架，我们接下来对我国农民人均经营性收入历史增长过程所呈现出的一些主要特点进行成因分析，由此说明我国农民人均经营性收入历史成长性背后的现实动因。

（一）农民经营性收入相对其他来源收入增长较为缓慢的原因

与其他来源收入（主要是工资性收入）相比，农民的经营性收入增长相对较为缓慢这一现象的形成，其主要原因在于以下几方面的因素：

一是大量农民从生产经营转向务工。进入21世纪后，随着城镇化和工业化进程加快推进以及服务经济快速发展，农民的非农就业机会明显增加。许多农户不同程度地从家庭经营转向务工，部分放弃了原先所从事的经营活动特别是农业生产活动；还有不少农民在农闲时节打工，兼业务工户的比例趋于上升。在交通条件较为便利、与城市经济联系较密切的农村地区，这种现象尤为普遍。从务农转向务工的家庭生计方式变化，对农民的收入增长与收入结构产生了深刻影响，其结果表现为工资性收入增速相对较高、经营性收入增速相对较低，进而使经营性收入比重趋于下降。

二是第一产业经营性收入受诸多因素制约增长较慢。首先从需求侧看，普通农产品的需求收入弹性较低，导致农业销售收入增长落后于城乡居民收入增长，这是农产品的基本特点所决定的。然后从供给侧看，我国第一产业的供给质量总体不高，供给结构调整滞后于需求结构变化，低端农产品供给过剩与高品质农产品供给不足并存现象比较突出，阻碍了第一产业经营性收入的增长。另外，在成本"地板"持续抬升、价格"天花板"不断下压的双重挤压下，我国许多农产品的单位净收益趋于下降，部分农户在农业生产经营中还遭遇了亏损，显著制约了农民第一产业经营性收入的增长。

三是农民的经营结构偏重于第一产业经营。长期以来，农民家庭经营主要集中在第一产业领域，经营性收入来源于第一产业的比例较高。尽管近年来通过经营结构的调整优化，第一产业经营性收入占比有所降低，但目前仍高于60%。在这种结构下，经营性收入增速最主要取决于第一产业经营性收入的增速，在第一产业经营性收入增长较为缓慢的情况下，经营性收入自然难以实现快速增长。虽然最近几年第二和第三产业经营性收入增长较快，但因其收入占比较低，拉动经营性收入增长的作用有限。

（二）农民三大产业经营性收入增长出现分化的原因

近年来我国农民不同产业经营性收入增长的分化，主要表现为第一产业经营性收入在年均增速上落后于第二和第三产业经营性收入。我国农民第一产业经营性收入增长乏力的原因已在前文作了阐释，下面重点分析2013年以来我国农民第二和第三产业尤其是第三产业经营性收入实现快速增长的原因。

首先，这是城乡居民消费结构优化升级带来的结果。随着居民收入与生活水平的提高，人们愈发重视与追求生活品质，旅游、文化、娱乐和健康消费持续增长，享受型与发展型消费占比明显上升。而农村地区在自然资源、文化资源和生态环境等方面拥有城市所不具备或不可比拟的独特优势，能为居民提供多样化的旅游、观光、休闲、度假和康养等服务，恰好契合了居民消费结构升级的客观需要。

其次，这是农村第二和第三产业快速发展的产物。农村第二和第三产业的快速成长，为农民更多从事非农经营业务、获得非农经营性收入提供了机会。以乡村休闲旅游为例，从2015年到2019年，全国乡村休闲旅游业年接待游客人次从22亿增长到32亿，营业收入从4400亿元增加到8500亿元[①]。近年来，各地乡镇因地制宜地发展特色手工业、特色食品加工、特色旅游等产业，越来越多的农民作为经营主体直接参与同农业相关的加工制造、流通服务、技术服务、休闲旅游等各种经营活动。互联网、人工智能、新一代通信等新技术在农村生产生活中的普及与推广运用，更是催生了大量新产业与新业态，成为农民经营性收入增长的新动力。例如，截至2020年末全国农村网商已达1520.5万家，全国农村网络零售额由2016年的0.89万亿元增长到2020年的1.79万亿元[②]，吸引了一大批农民创业。

再次，国家政策支持也是农村第二和第三产业快速发展与农民第二和第三产业经营性收入持续增长的重要成因。2015年中央一号文件首次明确提出"开发农村二三产业增收空间、推进农村一二三产业融合发展"，2018年发布的《中共中央、国务院关于实施乡村振兴战略的意见》进一步提出"构建农村一二三产业融合发展体系"。近年来，中央和地方均出台了一系列支持农村

---

① 《2020年中国休闲农业与乡村旅游行业现状研究分析与发展趋势预测报告》，产业调研网内部研究报告。

② "前三季度农村网络零售额同比增长16.3%"，中国政府网，2021-12-10，http://www.gov.cn/xinwen/2021-12/10/content_5659693.htm。

产业融合发展的政策，对促进农村产业兴旺和农民第二和第三产业经营性收入增长发挥了积极作用。

（三）部分地区农民经营性收入增长发生明显阶段性变化的原因

第一节的分析显示，京沪两市和东北三省的农民经营性收入增长出现了明显的阶段性变化，这是地区层面农民经营性收入增长的一个重要特点，有必要对这种现象的形成原因做一些探讨。

京沪农民经营性收入在2000~2012年间出现负增长，同当地农村产业经济快速转型、农民生计方式急剧变化及农业经营主体结构发生变动密切相关。进入21世纪后，京沪农村产业结构调整深入推进，第一产业比重进一步下降；同时，农村非农产业得到了快速发展，创造了大量就业机会，本地农民务农的机会成本不断上升、从事农业生产的动力趋于下降。由此，越来越多的京沪农民转向务工，而将承包地流转给农业龙头企业或专业合作社，获得土地租金收入，其中一些以农业工人身份到企业或合作社打工赚取工资。另有相当一部分农民将承包地租给外来农民，后者成为京沪郊区农业生产经营的重要力量[①]。随着第一产业比重降低及农业经营主体结构的上述变化，京沪农民第一产业经营性收入下滑明显。而在家庭第二和第三产业经营方面，京沪农民面临大量外来劳动力在农村从事非农经营的竞争，导致其第二和第三产业经营性收入增长缓慢。而京沪农民经营性收入在2013~2019年间转为正增长，与两市农业转型升级加快和农村新产业新业态迅速发展密切相关。尤其是在上海，郊区家庭农场的探索与实践取得了良好成效，农村一、二、三产业融合种类日益丰富、手段更多元化，为农民经营性收入增长注入了强劲动力。

与2000~2012年这段时期相比，东北三省农民经营性收入增长之所以在2013~2019年间大幅减速，主要源于当地农村产业供给体系方面的因素，其中，粮食种植净效益趋于下降是最重要的原因之一。受粮食生产成本快速上升、粮食托市政策改革[②]等因素影响，近年来我国农民种粮效益下降明显。东北三省作为我国粮食主产区，种粮收入占农民经营性收入比重较高，种粮效益下降自然对经营性收入增长产生较大的拖累效应。尽管第三产业经营性收

---

① 北京市流管办信息平台统计数据显示，2012年来京务农流动人口数量约为12万人，占全市第一产业从业人员的21%，上海的这一比例更高。
② 粮食托市政策改革主要包括下调稻谷、小麦最低收购价和取消玉米临储政策等，这些政策的实施带动了粮价下行。

入增长较快，但因其收入占比小，难以扭转农民经营性收入增速下滑趋势。以吉林省为例，该时期农民的农业经营净收入接近零增长，虽然服务业经营净收入年均增速高达15.2%，但由于其占经营净收入比重还不到10%，对经营净收入增长的拉动作用有限；在此情况下，农民经营净收入年均增速跌落至0.64%。

三、农民人均经营性收入未来增长趋势与潜力研判

从影响农民人均经营性收入成长性的主要因素出发，通过分析这些因素的基本变化趋势及其对农民经营性收入可能带来的有利与不利效应，可以对未来农民人均经营性收入的增长趋势与潜力作出初步研判。

（一）农民经营性收入成长性主要影响因素的变化趋势及其效应

1. 农村产业经济增长需求侧和供给侧的变化趋势及其效应

农村产业经济增长需求侧的变化趋势可以分别从最终需求和中间需求两个层面考察。在最终需求方面，消费变化及其影响将呈现出如下几个趋势特点：第一，食物消费在保持总量缓慢增长的同时，结构调整和优化将持续推进。基于膳食均衡和营养健康目标，食物消费往绿色化、健康化方向发展，蛋、奶、水产品等动物性食物消费还有很大的增长潜力（尹业兴等，2020）。因此，今后食物领域的经营性收入依然有一定增长空间。第二，尽管市场对普通大众化农产品及其加工制成品的需求总体上趋于饱和，但高品质特色农产品及其加工制成品的收入需求弹性依然较大。如能适时调整供给结构，农产品及其加工制成品的经营性收入仍有望实现较快增长。第三，随着人民生活水平的不断提高，城乡居民对农村休闲观光、文化旅游、生态康养等方面的新消费将持续快速增长，这也是未来经营性收入的重要增长点。而从中间需求方面看，全面建成小康社会后农业农村现代化步入新阶段，经营主体对现代化农业生产资料、农业生产性服务的需求总体上稳步扩张，这将为相关行业的经营性收入增长注入动力。不过，也存在一些阻碍中间需求扩张的因素，如一些小农户对社会化服务的支付意愿不强、支付能力不足等，这有可能制约农业生产性服务业经营性收入的增长。

展望未来，农村产业经济增长的供给侧（即农村产业供给体系）也将发生多方面变化，并对农民经营性收入的增长潜力带来深刻影响。一方面是要素供给数量与质量上的变化。从影响农民经营性收入增长的角度看，在要素供给上需要重点关注以下方面的变化及其效应：第一，耕地的质量。由于长

期高强度利用等原因，我国耕地质量曾出现过阶段性、区域性的下降现象。但近年来通过开展轮作休耕、综合治理退化耕地、加强土壤污染防治等举措，全国耕地质量总体上已有所改善。今后耕地质量保护和提升行动将继续扎实推进，耕地质量有望实现稳中有升，这有利于夯实种植业经营性收入增长的基础。第二，农户的融资。我国农户长期面临融资难、融资贵问题，这一阻碍农户经营的难题不太可能在短期内完全解决。不过，随着农村金融制度与普惠金融技术的创新发展，将在一定程度上缓解上述困境，为农户开展适度规模经营提供更好的外部资金支持，由此促进农民经营性收入增长。第三，农民的人力资本。受益于农村教育体系的持续完善和公共教育均等化水平的不断提升，农民平均受教育程度将进一步提高；特别是在国家大力发展职业院校政策引导下，会有更大规模农村学生接受中高等职业教育。这有助于增强农村劳动力的经营能力，通过释放人力资本红利效应推动经营性收入增长。但是，由于城乡发展差距较难在短期内明显缩小，农村高素质劳动力净流向城市的趋势仍将延续，这会导致对农村和农民教育投入的效益部分转移到城市，使人力资本带动农民经营性收入增长的作用被削弱。第四，数据生产要素在农业农村领域的推广运用。不同于土地、资本和劳动力等传统要素，数据凭借其共享性、零边际成本等特征，能快速促进产品和服务的增值，给农村生产经营带来革命性变革，为农民经营性收入增长提供新能动。另一方面是供给结构上的变化。农村不同产业在盈利性与成长性上的差异，将引导包括农民在内的各类农村产业经营主体优化调整其生产经营结构，由此提高资源要素配置效率、促进经营性收入持续增长。随着农业多种功能、乡村多元价值的不断发掘，乡村新产业新业态将获得快速发展，乡村经济业态将越来越丰富，使农民经营性收入增长空间得到拓展。此外，农业生产"三品一标"等质量兴农行动的深入实施，有助于提升生产经营产出中优质产品服务的比重，这也是带动农民经营性收入持续增长的有利因素。不过，如第三章第四节所述，调整生产经营结构并不是一帆风顺的，农民在农村产业供给侧结构性改革过程中难免会遇到各种困难，这对农民经营性收入增长将产生阶段性、局部性的制约作用。

2. 农村产业经营主体结构的变动趋势及其效应

研判农村产业经营主体结构变动趋势涉及对两个关键问题的认识：一是如何认识现代农业生产经营主体的变化趋势，其中的核心问题是农村家庭在现代农业经营体系中的地位和作用。农业生产的特殊性决定了农业以家庭为单位经营较为适宜，实践也证明，家庭经营在农业领域表现出广泛的适应性与旺盛的生命力，其优势并未随着市场经济发展和农业现代化进程而削弱。即使在美国这样规模经营程度很高的农业大国，家庭也仍然是农业生产主力军①。基于我国大国小农的现实国情，尽管发展新型农业经营主体是大势所趋，但这脱离不了家庭经营这个基础②。今后，以农户为主的家庭经营依然是我国农业经营的主要形式与基本面；农业企业、合作社的农业雇工虽可能有一定程度增长，但不会取代家庭内部用工成为农业劳动力的主要来源。据此展望未来，农业增长的经济利益将有相当一部分直接转化为农民的农业经营性收入。

二是如何认识农村非农产业经营主体的变化趋势。大多数农村非农产业将延续业已初步形成的多元主体经营格局，但就经营主体中农民所占比例的变化走向来讲，需要针对不同产业、地区进行具体分析，难以一概而论地从总体上作出判断。例如，当前农业生产性服务主要由合作社、企业、非营利机构等主体提供，尽管也有一些农户对外提供生产性服务，但其市场份额相对较小。如果今后在政策上给予对外提供服务的农户有效支持，有望使更多农户参与农业生产性服务的提供并增强其供给能力，进而促进该行业农民经营性收入的增长。

3. 农民生计方式的变化趋势及其效应

我国农村剩余劳动力总量早已越过峰值逐年减少（徐晓华等，2018；赵卫军等，2018），今后这一趋势性变化仍将延续下去。在这种情况下，尽管随着城镇化的进一步推进，还会有一定数量的农村劳动力从农业及相关产业经营转为在本地或外出务工，但在城镇化减速与剩余劳动力存量下降的共同作用下，上述这种劳动力转移就业的速度相比 21 世纪头 20 年将有所放缓。这可能使今后农民经营性收入增速与工资性收入增速的差距趋于缩小。另外，在乡村振兴全面推进的背景下，"十四五"期间乃至更长一段时期，农业的多种功能与乡村的多元价值将愈加凸显，这对农民生产经营结构变化将带来重要影响。通过对这些功能和价值的持续深入发掘，农村各种新产业新业态新商业模式有望步入高速成长期，由此吸引一批农民在这些领域开展经营活动，从而为农民经营性收入提供新的增长点。

---

① 据美国人口普查局统计，2010 年美国收入超过 100 万美元的农场有 88%属于家庭农场，这些家庭农场生产的农产品占全美农产品生产量的 79%。
② 新型农业经营主体中的家庭农场和专业大户，也是建立在家庭经营基础上的。

（二）对农民经营性收入增长潜力的趋势性展望和研判

前文分析表明，影响农民经营性收入增长潜力的细分因素众多且这些因素多存在不确定性，再加上其中不少因素难以量化，较难对未来农民经营性收入增速进行准确的定量预测。不过，基于前文关于收入增长潜力主要影响因素的发展趋势及其效应的分析，我们仍尝试对今后一段时期农民经营性收入增长的总体前景作出一些基本判断与展望。

第一，农民经营性收入将在中速区间保持较为稳定的增长。虽然今后农民经营性收入增长会受到宏观经济增长减速、普通农产品低需求弹性等因素的制约，但农民的经营活动及经营性收入在基本面上依然向好；并且我国农业将长期以家庭经营为主，企业等经济组织经营不会成为农业生产经营的主要方式，这奠定了农民农业经营性收入持续稳定增长的基础。无论是需求侧还是供给侧，均存在能支撑农村产业经济和农民经营性收入实现中速增长的积极因素。需求侧的支撑力量包括动物性食物消费进一步增加、高品质农产品及其加工制成品需求扩大、乡村休闲旅游消费快速增长、农业生产性服务潜在需求较大并趋于扩张等；至于供给侧的支撑因素，既包括耕地质量提升、农村普惠金融发展、农村人力资本红利释放、新技术在涉农领域广泛运用等生产要素方面的变革，也包括乡村经济业态越来越丰富、优质产出比重提升等结构层面的优化升级。在需求侧与供给侧两方面积极因素的良性互动作用下，"十四五"时期我国农民经营性收入增速有望持平或略高于"十三五"时期。

第二，农民经营性收入与工资性收入的增速差距将趋于缩小。以农村劳动力大规模地从农业经营转向非农务工为基本特点的农民生计方式转变进程，当前已经进入了后半段，劳动力转移就业增速明显放缓。与此同时，农业多功能的发掘利用和农村新产业新业态的快速发展，为农民家庭经营范围的拓展提供了较广阔的空间。这些新变化，将促使农民经营性收入增长相对加快、工资性收入增长相对减缓，经营性收入和工资性收入的增长差距会逐步缩小[1]。另外，随着城乡发展不平衡的缓解以及城乡劳动力双向流动机制趋于完善，劳动力从城市向农村的流动会增多，农民工返乡创业有望进一步发展，这也是今后助推农民经营性收入增长的重要因素，将起到缩小农民经营性收入和工资性收入增速差距的作用。

---

[1] 事实上，这种变化趋势近年来已经初步显现出来。

第三，农民经营性收入增长的产业结构和区域结构将出现一些新变化。从产业角度观察：在消费需求转型升级、农业产业链延长、农村产业融合深化等中长期积极因素的共同作用下，只要没有重大负面冲击（特别是疫情得到有效控制），农民非农产业尤其是第三产业的经营性收入有望保持中高速增长态势。农业供给侧结构性改革是一个长期过程，难以在短期内一蹴而就，解决农产品低水平过剩问题需要一定时间，今后几年的农民第一产业经营性收入仍有可能处于中低速增长状态。但从长远看，随着农业供给侧结构性改革效应充分显现、优质农产品供给能力显著增强，农民第一产业经营性收入增速有望得到一定程度的提升。从区域角度观察：各地农民经营性收入增速与农民家庭经营结构、农村产业融合水平、农业提质增效进展密切相关，农民非农产业特别是服务业经营占比重高、乡村一二三产业融合发展快、农业供给侧结构性改革成效明显、农业适度规模经营快速推进的地区，更有可能实现较高水平的农民经营性收入增长。

第三节 农民经营性收入成长性家庭间分化的主要原因

第一节的分析表明，农民经营性收入的成长性呈现出一定程度的家庭间分化，本书综合运用了访谈调查法、归纳分析法等方法，对该现象的形成原因进行了剖析，这既有助于认识某些农民经营性收入具有高成长性的驱动因素，也有利于找到部分农民经营性收入成长性明显不足的关键成因。

一、使用的研究方法简述

综观现有研究，探讨农民收入增长和农民收入差距影响因素的文献较多，但分析农民个体间收入增长差异性影响因素的文献较少，更鲜见专门研究不同农民经营性收入增长差异性影响因素的成果。在关于农民收入增长和农民收入差距影响因素的文献中，基于家庭微观数据的计量分析方法得到了较多运用，但该方法易受指标可量化测度性、数据可获得性等方面的限制，且实证结果准确性水平高度依赖于原始数据的质量。农民经营性收入成长性出现家庭间分化的成因较为复杂，涉及的影响因素众多，既有可量化因素也有不可量化因素，既有经济因素也有社会文化等非经济因素。就现有的家庭微观数据库来看，因缺乏某些相关指标或数据缺失与质量不高等原因，难以很好满足对农民经营性收入成长性家庭间分化成因开展实证研究的数据需求。如果使用问卷调查一手数据，考虑到依靠农民回忆获得的部分跨年度量化指标数据不够精确，计量检验结果的可信度可能会受到较大影响。

本书选择采用以文献资料法为基础、访谈调查法为主体、归纳分析法为支撑、统计描述法为辅助的研究方法，对农民经营性收入成长性家庭间分化的主要成因进行分析。研究的基本思路为：首先，根据已有文献资料、结合相关理论初步研判可能导致农民经营性收入成长性家庭间分化的主要因素，这为开展有针对性的访谈调查提供了指引；然后，采用访谈调查法，通过结构化与非结构化问答、记录农户口述经营史等方式，一方面详细了解现实中对农民家庭经营性收入历史增长产生重要影响的事件与因素，另一方面深入把握农民对家庭经营性收入增长潜力与前景作出特定判断的基本依据和关键原因；接着，对利用访谈调查法获得的资料进行整理、归纳与统计分析，特别是将受访户口述的涉及成因的关键词经归类后作词频分析，总结得出农民经营性收入成长性家庭间分化的主要原因。采用上述研究方法具有两大突出优点：一是能够获得更多的相关信息。除了采集到可量化指标数据外，运用访谈调查法还可得到难以量化的有用信息，这有利于更全面地把握影响农民家庭经营性收入成长性的因素。二是促进透过现象认识本质。通过与受访农户进行深度访谈、记录受访农户口述的家庭经营史，能深入认识在特定环境中农民家庭经营性收入成长性变化的现实原因，洞察农民生产经营行为及其演变背后的深层次动因。

在开展访谈调查及进行后续资料分析过程中，我们重点关注以下两大类受访农户：第一类是家庭经营性收入历史成长性较差的农户，这指的是近十年内家庭经营性收入出现负增长或基本处于停滞状态的受访户；第二类是家庭经营性收入历史成长性表现优秀的农户，这是指自我回忆近十年内家庭经营性收入年均增速[①]高于15%的受访户。之所以重点关注位于收入成长性"两端"的受访户，一方面是因为低成长性与高成长性"两端"是分化的突出体现，另一方面是因为成长性处于中间位置（靠近平均水平）农户的收入增长成因缺乏辨识度，聚焦"两端"更有利于发现引致收入成长性家庭间分化的关键原因。

[①] 这里的增速指的是名义增速（因为农民回忆的历史收入数据是名义收入）；另外，对于由非经营户转为经营户的，以第一个整年经营年份作为起始年份来回忆大致的收入增速。

二、研究得到的主要结论

(一) 家庭生计方式变化是部分农户经营性收入明显下降的基本原因

在调查中发现,部分受访户的家庭经营性收入水平在过去十年内出现了明显下滑,这是农民经营性收入家庭间分化的重要特征之一。此类受访农户在东部发达地区和中西部欠发达地区的样本村庄中均有分布。剔除风险事件冲击带来的影响,仅仅用市场需求变化、经营能力强弱等因素是很难充分解释这种剧烈变化的。

在城镇化深入推进与产业结构快速变化的背景下,我国农民的家庭生计方式随之作出了较大调整,这对农民经营性收入增长产生了重要影响。尽管近年来在国家相关政策推动下,越来越多的农民工选择返乡创业,但到目前为止,农民生计方式变化的基本趋势仍以从家庭经营转向受雇务工为主,从经营转向务工依然是近年来占主导地位的农民生计方式转变方向[①]。通过访谈了解到,家庭经营性收入水平明显下降的农户,绝大多数经历了劳动力从家庭经营转向受雇务工的变化,这种生计方式转变在现实中又包括两种常见情况:一是家庭主要劳动力从原先在家经营转为常年外出务工,因留守的劳动力不足,不得不大幅缩小原先的经营规模甚至停止经营。就农业经营来看,一般是将土地转包出去或(部分)撂荒,只留下少数土地继续耕作甚至完全放弃耕作;就非农经营来看,大部分家庭在青壮年劳动力外出后就无法再维系经营,这在餐饮、修理修配、交通运输等行业表现得尤为明显。二是家庭主要劳动力虽未选择常年外出务工,但将家庭(农业)经营作为兼业活动,而把更多时间用于在本地打工或阶段性外出务工。由于家庭(农业)经营方面的时间投入减少,农户就采取了相应措施缩小经营规模或进行粗放经营,这自然导致了家庭经营性收入的明显下降。

(二) 经营规模扩张和范围扩大是一些农户经营性收入快速增长的直接原因

归纳整理受访农户的口述经营史了解到,近十年来经营性收入实现快速增长的农户,大多数经历了经营规模明显扩张或经营范围显著扩大的过程。经营规模扩张在不同的行业领域有不同的具体形式。首先,种植业主要表现

[①] 这在调查中也获得了一定程度的验证,近几年有家庭成员返乡创业的受访户较少。

为通过土地流转扩大土地经营规模,尤其是土地密集型的大宗作物,种植户的持续增收主要靠的就是耕种土地面积的扩大。在吉林、河南等地调查时就有粮农表示"种粮食亩均净收入不多,粮食价格很难提高、降低成本也不容易,要增加净收入就得多流转些土地"。其次,养殖业的规模扩张突出表现为投入资金的不断增长,这与养殖业的资本密集型特点有关。例如,据四川泸州L村某肉牛养殖受访户陈述,自己很早就有扩大养殖规模的想法但苦于资金不足,前几年有幸获得了农贷通的贷款支持后,大幅追加了对牛舍、牛犊与饲料的投资,还雇用了临时性帮工,牛年出栏量从原先不到30头增加至目前60头左右,净收入翻了一番还多。再次,生产性服务业、生活服务业的规模扩张,集中体现在服务对象数量和业务量的增加上。如湖南岳阳Y村因受益于附近一处乡村旅游景点的开发,游客数量持续增长带动当地经营餐饮、零售的农户较快增收。在乡村产业多元化发展的背景下,也有一些受访农户通过拓宽经营范围实现了经营性收入的快速增长。值得关注的是,这些农户拓宽经营范围的方向选择,呈现出一定的区域差异化特征。在经济较发达、区位条件较好的村庄,受访户延伸经营范围的一个显著特点是发展新产业和新业态,如休闲观光农业、乡村旅游等,产业融合导向相对突出;而在传统农区,受访户更多是在农业内部扩大经营范围,常见的做法是调整和增加种养的品种,一二三产业融合经营相对较为少见。

(三)生计资本和经营方式差异是村庄内部家庭经营性收入成长性分化的主因

通过调查发现,在同一个村庄内部,不同家庭的经营性收入成长性状况有较明显的差异性。位于同一村庄的家庭,其面临的自然环境、地理区位、基础设施、公共服务、村域产业体系等外部发展条件①是基本相同的,村内家庭之间经营性收入成长性出现分化,自然要从家庭内部因素的异质性来寻求答案。除了前文已述的家庭生计方式外,引起村域内部家庭经营性收入分化的还有两个重要因素,分别是家庭生计资本和生产经营方式。

农民拥有的生计资本是开展生产经营活动的基础,农民正是通过各种生计资本的运用来创造经营性收入的,生计资本是农民经营性收入增长的源泉。

---

① 这里的外部发展条件是指家庭内部因素之外的影响家庭生产经营的所有因素之总和。

在五种生计资本①中，自然资本、物质资本与金融资本属于有形资本，而人力资本和社会资本属于无形资本。近十年来经营性收入增长较快的受访户，大多经历了有形资本较快增长的过程，这主要表现为转入土地承包经营权、追加固定资产投资、获得外部融资等；而在经营性收入增长缓慢甚至停滞的受访户，则很少出现有形资本明显扩张的情况。有形资本有存量与流量之分，对经营性收入成长性起关键作用的是资本的流量而非存量。在调查中发现，有些生产规模较大的农户尽管长期拥有较高的有形资本存量，可近年来新流入的有形资本增量很少，其经营性收入增长反而不及同村一些经营规模并不大但发展较快的农户；反观这些经营规模相对较小的农户，虽然原先的有形资本存量不高，但在外部帮扶和自我努力下获得了较多的有形资本增量流入，由此实现了较快的经营规模扩张与经营性收入增长②。农民拥有的无形资本状况，对其经营性收入成长性也有重要影响。就人力资本而言，文化程度较高、学习能力较强的农户，能更好地使用现代生产要素、运用现代经营方式促进经营增收。问卷调查结果显示：在预期未来经营性收入增长潜力很大与较大的受访户中，户主文化程度初中以上、现代信息技术使用能力良好以上的比例分别为61%和42%；而在预期未来经营性收入毫无增长潜力与增长潜力不足的受访户中，这两项比例分别仅为46%和33%。至于社会资本，能为农民获取潜在的机会、资源和信息提供外部支持，进而影响到农民的经营性收入成长性③。近年来生产经营增收较快的不少受访户，均认为丰富的社会关系对促进其收入增长功不可没。

农民采用的生产经营方式，反映在农民根据其自身条件选择的生产经营技术、要素投入模式、经营权力结构与经营组织形式等方面。从传统经营方式向现代经营方式转变的速度和成效，直接关系到家庭经营性收入的成长性。通过访谈调查发现，村域内部家庭经营性收入成长性差距明显的受访户，在生产经营方式的多个维度上呈现出不同特点：第一个维度是家庭经营的市场化程度。市场化程度显示出农户在参与各种经营活动中与市场联系的紧密程

---

① 根据生计资本理论，生计资本一般分为自然资本、物质资本、金融资本、人力资本、社会资本五种类型。
② 在调查中遇到的这方面典型例子之一，是河南驻马店H村某农户从2015年起陆续流转了30余亩土地从事山药种植，期间还累计申请到了15万元左右的贷款，并添置了新的山药打沟机，其2019年的经营性收入相比2015年翻了一番还多。
③ 有家从事非农经营的受访户就明确表示"做生意办手续、申请贷款、多拿订单、争取政策优惠，哪一个不需要靠点人脉关系，人脉广生意就容易做大做好"。

度（曹阳、王春超，2009）。经营性收入成长性强的农户大多表现出较高的市场化程度，善于利用各种市场资源发展生产经营；反观生产自给程度较高的农户，特别是农业生产以满足生活消费需要为主的老年农户，增收的动力和能力相对较弱。问卷调查结果显示，受访老年农户[①]中认为经营性收入增长潜力不足与毫无潜力的合计比例达到58%，远高于平均水平。第二个维度是生产要素投入结构。在生产经营中更多使用新技术、新设备、数据信息等现代生产要素的农户，更容易实现较高的经营性收入成长性。第三个维度是与新型经营主体的关系。从总体上看，家庭农场、专业大户的经营性收入成长性优于普通农户，这是所调查村庄中较普遍存在的现象。而在普通农户中，与合作社或龙头企业等新型经营主体建立较密切关系、接受新型经营主体服务与帮扶较多者，其经营性收入成长性状况也相对更好。第四个维度是经营创新意识与行为。拥有较强的创新意识，是经营性收入高速增长受访户的一个鲜明特征。他们的创新行为表现为相比同村其他人较先采用新技术、尝试新项目或探索新模式，这是其家庭经营实现跨越式发展的重要动力。另外我们还发现，经营创新意识越强的受访户，其对经营性收入未来成长性的预期也越乐观（表5-4）。

表5-4 不同经营创新意识受访户的经营性收入增长潜力预期结构　　单位：%

增收潜力预期 创新意识自评	潜力很大	潜力较大	潜力一般	潜力不足	毫无潜力
强	8.3	20.6	51.3	16.7	3.1
一般	5.8	17.1	52.1	18.2	6.8
弱	4.4	14.9	50.6	21.6	8.5

资料来源：根据问卷调查数据计算。

注：表中的数值为人数比例。

（四）村域乡域发展条件差异是村庄间家庭经营性收入成长性分化的重要成因

农民生产经营总是在一定区域内进行的，区域发展条件无疑会对其经营性收入成长性带来影响。区域范围从大到小分为省域、市域、县域、乡域和

[①] 家庭中从事生产经营劳动力年龄均在60岁以上的受访农户。

村域几个层次,农村经济发展与社会治理的基本单元是乡镇与村(包括行政村与自然村),因此,与农民家庭经营活动最密切相关的是村域乡域层面的区域发展条件。村域乡域发展条件对当地农民生产经营的影响往往具有普遍性特点,其有利变化引起的经营增收效应会惠及村域乡域范围内的大部分甚至全体居民。所以,从村域乡域发展条件差异入手有助于认识村庄间农民经营性收入成长性分化的成因和规律。

基于对16个样本村农户的访谈调查,作者发现对农民经营性收入村庄间分化产生重要影响的村域乡域发展条件因素,主要包括生产性基础设施、产业体系、国家政策扶持等。首先,村域乡域生产性基础设施水平及其改进成效,对欠发达地区村庄农民的经营性收入成长性有较大影响[①]。有多个位于中西部地区的样本村近年来在农田水利、交通、通信等基础设施上有了较明显改善,缓解了基础设施方面制约生产经营的一些瓶颈问题,当地受访户普遍肯定基础设施改善对其经营增收带来的促进作用。但也有个别样本村未能有效解决农民生产经营中基础设施领域面临的老大难问题,由于基础设施落后的拖累,当地农民经营性收入增长乏力,对未来经营增收预期不太乐观。如河北张家口X村受访户普遍反映本村灌溉设施老化年久失修,严重影响收成与收入。其次,村域乡域产业体系发展分化与村庄间农民经营性收入成长性分化的关联度较高。由于历史传统和自然禀赋等原因,同一村庄内农民生产经营的主业往往有一定相似性,农业生产尤其如此。近年来,各地均在积极推进"一村一品、一乡一业"建设,但发展水平参差不齐、成效差距较大。村域乡域产业特色鲜明、市场化与组织化程度高的村庄,村内从事相关产业农民的经营性收入成长性也普遍较高,这在2个入选省级"一村一品"示范村的样本村中有充分体现;反之,在那些村域乡域产业整体较弱、家庭经营多靠单打独斗的村庄,农民经营性收入成长性表现大多不佳。再次,各村庄获得国家政策扶持力度不同,也是引发农民经营性收入成长性村庄间分化的重要因素。在脱贫攻坚期,扶贫政策向贫困村高度倾斜,而贫困边缘村得到的帮扶较少。贫困边缘村与贫困村之间较大的政策落差,造成一些贫困边缘村的发展速度还不如周边的贫困村,进而拖累了贫困边缘村农户的经营性收入增长。所调查的河北张家口X村(贫困边缘村)就是一个有代表性的例子,在访谈中问及该村农业基础设施长期未有明显改善、农民农业经营增收缓慢

---

① 发达地区村庄基础设施原本就较为完善,由基础设施改善带来的增收效应较小,当地受访户也较少提到基础设施对其经营性收入增长的促进作用。

的原因时，村委会某干部表示"扶贫资源大多给了周边贫困村，我们村没拿到多少，想改变但是缺钱缺政策、有心无力"。

三、进一步的思考与探讨

由前文分析可见，我国农民经营性收入成长性的家庭间分化，是农民家庭内外部因素共同作用的结果，其中很多影响因素同农村经济社会变迁紧密关联。因此，农民家庭经营性收入成长性的分化，很大程度上是农村经济社会发展变革引发的结果。近十年来部分农户经营性收入大幅下滑，主要源于家庭生计方式从生产经营转向受雇务工。然而，农业农村劳动力向外转移的速度已有放缓趋势，今后农民工返乡创业数量也将进一步增加，自我经营与受雇务工间的双向转变会成为未来农民家庭生计方式变化的基本方向。受此影响，因经营转向务工导致经营性收入大幅下滑的农户数量将趋于减少；与此同时，有返乡创业人员农户的家庭收入结构也将发生显著变化，即工资性收入大幅下降而经营性收入大幅上升。尽管农民经营增收有外延式增长与内涵式增长两种方式①，但就目前而言，经营性收入增长较快的农户大多数还是采用了外延式增长办法。这种选择既包含了现实合理因素，也反映出提高增加值率的潜力尚未充分发掘出来。农民生产经营的产品服务的增加值率提升不快，同产业链条短、产出质量不高、品牌化水平低有密切关系。家庭经营性收入村庄内部分化与村庄间分化成因的研究结果具有重要的政策含义：就农户自身因素来看，增强农民经营性成长性的关键是提升生计资本和优化经营方式；而在外部因素方面，通过完善生产性基础设施、发展现代乡村产业体系、加强政策扶持等措施改善村域乡域发展条件，有助于从总体上增强当地农民经营性收入的成长性。

第四节　制约农民经营性收入成长性的关键因素

现阶段我国农民经营性收入成长同时受到一些内外部因素的制约：从内部因素看，农民生产经营中使用的要素质量不高，对经营性收入成长的支撑力较弱；从外部因素看，工商资本下乡对农民生产经营活动产生一定挤出效应，挤占了农民经营性收入成长空间。规模扩张与产业融合是促进农民生产

---

① 外延式增长依靠规模扩张和范围扩大，内涵式增长依靠增加值率或利润率提高。

经营增收的两条重要途径。但是，农民扩张生产经营规模仍面临不少瓶颈障碍，对经营性收入成长形成制约；由于农村产业融合发展水平较低、产业融合利益联结不完善等原因，产业融合带动农民经营性收入成长的潜力也未得到充分释放。另外需要引起注意的是，在脱贫攻坚时期设立的部分扶贫产业项目，在后续运行中暴露出持续发展能力不足的问题，对脱贫户经营性收入稳定增长带来了不利影响。

一、经营性收入成长缺乏高质量要素的有力支撑

拥有高质量的生产要素是农民实现经营性收入高成长的重要保障。农民加快经营增收不仅有赖于土地、劳动力等传统要素，也需要依靠现代装备、科学技术、人力资本、数据信息等现代要素。将各种要素作为一个整体来看，其质量高低首先通过要素结构反映出来，较高的现代要素占比是要素高质量的重要标志。目前，在经济发展较落后的农村地区，农民生产经营活动对传统要素的依赖度仍然偏高，现代要素对农民经营增收的贡献度相对较小；即便是在经济较发达的农村地区，很多普通小农户使用的现代要素也比较有限，其要素投入结构的现代化水平相比发达国家农民也有一定差距。发挥新型经营主体对小农户的带动作用，是将现代要素导入小农户生产经营活动的主要途径之一。但是，小农户交易零碎性使得单次交易的相对交易成本很高而收益甚微，新型经营主体被对接小农户的高交易成本所阻止，找不到行之有效的方法为小农户提供服务，成为现代要素进入小农户的"障碍"（芦千文、石霞，2018）。

再从各种具体要素来看，无论是传统要素还是现代要素，均在不同程度上存在质量方面的短板，制约了农民经营性收入的持续较快增长。一方面，农民投入生产经营的土地、劳动力等传统要素面临质量不高的问题。全国耕地质量平均等级只有 4.76 等，质量优良的一等到三等耕地仅占 31.24%[1]，耕地占补平衡中占优补劣现象较多。随着大量青壮年劳动力外出务工，在农村从事农业生产的劳动力呈现出老龄化趋势，对农业的可持续发展与增收带来一定负面影响。另一方面，就农民生产经营中使用的现代要素来看，其结构性短缺与质量偏低问题较突出。近年来我国农业机械化水平持续提高，但高端农机仍高度依赖进口，不少农机装备的稳定性与可靠性也有待加强。农业农村科技成果转化率虽有所提高但依然偏低，一些新技术同农民生产经营的

---

[1] 出自农业农村部："2019年全国耕地质量等级情况公报"。

实际需求相脱节，技术推广应用的"最后一公里"存在堵点，相当一部分新技术未能有效转化为促进农民增收的现实生产力。我国数字农业与数字乡村建设取得初步进展，但目前总体上还处于起步阶段；涉农数据采集方法不一与录入不规范导致数据质量参差不齐，难以符合多样化的市场使用需求（钟真、刘育权，2021）。比照生产经营现代化对高素质农民的要求，当前农村劳动力的人力资本依然处于偏低水平。以受教育程度衡量，根据第三次全国农业普查公报数据，我国农业生产经营人员中受教育程度在高中及以上的比例仅为8.3%；规模农业经营户的该比例稍微高一些，但也只有10.4%。另外，问卷调查结果显示，从事非农生产经营的劳动力，其受教育程度也仅略高于务农劳动力。

不同生产要素之间是具有一定互补性的，某种要素功能的发挥受到其他要素数量与质量的影响。就农民生产经营活动来讲，物质装备、科学技术、数据信息等要素能在多大程度上发挥促进产出与收入增长的作用，还取决于使用上述要素的经营者的人力资本状况。在现实中，农民人力资本适应不了其他现代要素的情况时有发生。例如，部分农户由于知识技能水平不高，无法熟练操作使用现代化农机设备；再如，传统农户因受教育程度与数字运用能力偏低，在一定程度上限制了数字化技术的普及运用（张世贵，2020）。当农民人力资本发展相对滞后时，就会导致投入生产经营的要素组合出现"木桶效应"，进而阻碍其他现代要素功能的充分发挥。

二、经营性收入成长空间受到下乡工商资本的挤占

近年来，城市工商资本纷纷下乡参与乡村振兴建设，在乡村产业发展中发挥着越来越重要的作用，成为推动农村产业兴旺的生力军。但是，由于资本逐利性、竞争不平等、制度不规范等多种原因，工商资本下乡对农民家庭生产经营带来了一些负面影响，在某些方面挤占了农民特别是小农户的经营性收入成长空间。这主要表现为在土地流转中挤出农民、在市场竞争中挤压农民两种形式。

不少工商资本下乡后从农民或村集体组织手中租用土地，直接投资进行规模化的种植养殖活动。有些地区的基层政府甚至违背农民意愿，借农业产业化或规模化生产之名，与工商资本联合在一起强制推动土地流转。企业取代农民成了农业经营主体，农业经营主体结构因此发生较大变化，转出土地的农民失去了通过家庭经营获得农业经营性收入的机会。工商资本租用土地经营农业及相关产业，确实会雇用一些当地农民从事生产工作，受雇农民的工资性收入会增加。但是，工商资本为了实现利润最大化目标，倾向于采用资本密集型的机械化生产，雇工需求量是有限的，并不能充分吸纳失地农民。据统计，工商企业直接经营农地，原先的承包户只有20%左右能进入企业工作。没有获得受雇机会的农民，从企业那里只能得到有限的土地出租收入。在调研中，有多个将土地转让给企业后未能受雇的农民表示，工商资本下乡租地后他们失去了务农收入，暂时又找不到其他合适工作，感觉反而吃亏了。

工商资本进入农村开展产业化经营，会与在同领域经营的当地农民形成竞争关系。下乡工商资本凭借在资金、技术、信息、购销渠道等方面的有利条件，相比普通农户具有明显的市场竞争优势，在同台竞争中会将农民逐步挤出市场，挤压农民经营性收入的增长空间。在四川等地调研时曾了解到，近年来一些工商资本进入当地农村投资养殖业，依靠综合优势持续扩张规模、不断挤占散养户的市场份额，许多散养户因难以维系经营而不得不退出市场。虽然上述这种挤出效应是市场竞争优胜劣汰的结果，适当提高市场集中度也有利于促进资源优化配置；但是乡村产业发展要兼顾效率和公平，如果工商资本下乡带来的结果是富了老板、忘了老乡甚至是穷了老乡，其合理性就应受到质疑。另外值得关注的是，有的地方政府引导下乡工商资本的政策选择不当，也加剧了工商资本对小农户的挤出效应。例如，某些地方政府简单采用景区建设模式发展乡村旅游，将绝大部分开发事宜交给工商资本负责运作，而所在地的农民基本上被排斥在外，导致企业一家独大经营，挤压了当地农户自主经营的休闲农庄、民宿、饭店的发展空间。此类资本偏向型政策引发的对农民的挤出效应，更是偏离了竞争公平原则，损害了农民的经济权利。

三、规模扩张存在瓶颈对经营性收入成长形成制约

持续扩大生产经营规模是农民实现经营性收入快速增长的主要途径之一，然而，由于土地流转不完善、正规融资困难、经营管理能力不足等方面的原因，一些农户在扩张生产经营规模过程中面临瓶颈，制约了其经营性收入的外延式增长。

第一，农户开展土地规模经营面临土地流转方面的困境。近年来，越来越多的工商资本进入到农村流转土地。一些地方政府为了加快土地流转进度，在未充分尊重农民意愿的情况下，主导推动农户将土地流转给工商资本主体。这在一定程度上破坏了农村自发流转土地的社会基础，导致有意向扩大农业经营规模的农民从周边农户获得土地的难度加大。随着农业现代化的推进，家庭农场、种养大户对土地流转服务的要求越来越高。但目前很多地区土地

流转中介组织提供的服务仅限于信息发布和促成交易，难以满足流转主体的政策咨询、技术指导、纠纷调解等较高层次的服务需求，这也对土地规模经营产生了制约作用。另外，当前各地规模农户流转土地的期限普遍较短，考虑到今后续约的不确定性，相当一部分农户不愿在农业基础设施、土壤改良、农产品品质提升等长期投资领域花费较多资金与精力，他们更多考虑的是怎样实现短期收益最大化，这导致未来增收潜力无法得到充分发掘。

第二，农户正规融资较困难阻碍了生产经营规模扩张。农户自有资金积累相对较慢，想在短期内扩大生产经营规模就需要依靠外部资金，但当前有外部融资需求的农户不同程度地存在获得正规融资较困难的问题。农户正规融资难的主要症结有以下几点：一是农村金融资源外流较严重。金融机构出于增加盈利、控制风险等因素的考虑，把在农村地区吸收到的大量存款发放给收益率高的城市地区，减少了可供农村经济主体使用的信贷总量，导致农村存贷比偏低。二是农户缺乏有效的贷款抵押物。普通农户很少拥有满足银行要求的抵押物，尽管近年来各地开始探索农地经营权抵押贷款，但在实践操作中仍面临抵押物价值评估难、不易处置变现等困境。三是银行信贷供给与农户融资需求不够匹配。例如，家庭农场等规模农户有较多的中长期借款需求，但银行提供给农户的信贷大多期限较短，期限不匹配造成规模农户的中长期融资需求难以得到充分满足。

第三，农户经营管理能力不足制约了经营规模持续扩张。随着经营规模不断扩大，农民所使用生产要素的数量与种类增多，合理化组织与配置要素变得越来越重要，这直接关系到资源配置效率高低。然而，一些农村家庭在从传统小农户向规模化新型经营主体发展过程中，受文化知识与既有经验的限制，暴露出组织生产要素能力上的明显短板。这导致不少农民在经营规模扩张阶段过早出现规模不经济现象，阻碍了进一步的成长与发展。随着农业农村市场化水平的持续提高，农民发现与利用市场机会的能力对其经营规模扩张的影响日益凸显。当前，我国农民的信息来源渠道相比城镇居民偏窄，欠发达地区农民和中老年农民获取信息的途径更是显得较为单一，造成不少市场机会从身边溜走。另外，由于存在风险厌恶倾向以及缺乏较强自我判断力，农民即使发现了潜在的市场机会，也未必能充分利用这些机会推动经营规模扩张。

四、产业融合发展带动经营性收入成长的作用偏弱

农村产业的融合发展对农民经营性收入成长有重要影响。农村产业融合打破了原有农村一二三产业孤立发展的格局，催生了新产业、新业态、新模式，改变了农村产业原有的组织形态，为促进农民增收提供了多种路径（李乾等，2018）。就经营性收入而言，产业融合通过农业产业链延伸、农业多功能拓展和新技术渗透，可以起到促进农民生产经营增收的作用（郭军等，2019）。近年来，我国农村一二三产业融合步伐加快，给农民经营增收带来了新的红利[①]。但从调研结果看，当前从产业融合中获得明显经营增收红利的经营户比例并不高。在实践中，产业融合促进农民经营增收面临不少难点与瓶颈，产业融合带动农民经营性收入增长的作用总体而言还比较弱。对此可从产业融合发展水平、产业融合促进增收机制两方面来认识。

近年来在农村产业融合发展过程中，产业链条偏短、新功能新价值发掘不深等问题较为普遍。一方面，农业产业链向前向后延伸不足，农业产前产后服务、农产品精深加工等较为薄弱，产业链创造的附加值不高；另一方面，农业多种功能、乡村多元价值挖掘不够，地方特色不鲜明、同质化程度较高。这导致产业融合发展的层次依然较低，从源头上制约了产业融合带动农民经营增收的功能。农村产业融合的现有发展水平不高，同融合主体不强、要素供给不足、行政体制障碍等因素密切相关。从融合主体来看，除了一些实力较雄厚的农业龙头企业与农民合作社外，目前大多数新型经营主体发展融合产业的能力偏弱，无法有力推动产业融合深度发展。在要素供给方面，开展产业融合经营面临土地、资金、人才等生产要素的供给瓶颈。例如，由于农村土地用途的限制性规定，一些产业融合发展的用地申请难以获批，造成产业融合项目未能落地实施。另外，产业融合通常涉及多个政府职能部门，融合主体需要与不同部门打交道，部门间职责不清甚至扯皮推诿引发了高昂的交易成本，这也会阻碍产业融合的顺利推进。

实现农民经营性收入增长与产业融合发展的联动通常有两条途径：一是农民自己直接作为产业融合的经营主体延伸产业链或横向拓展功能，二是农民通过与新型经营主体建立利益联结机制间接参与产业融合。在实践中，除了一些家庭农场主、个人独资企业投资人外，大多数农户自己并没有开展产业融合经营，因此无法从产业融合中直接实现经营增收。数量众多的小农户以及部分规模农户主要是通过利益联结方式间接参与并分享产业融合利益的。常见的利益联结机制包括劳动就业型、土地出租型、合同订单型、要素入股

---

① 2020年全国农业相关产业增加值为85503亿元，是农林牧渔业增加值的1.05倍，这在一定程度上反映出产业融合为农民经营性收入提供了较大的成长空间。

型等多种形式，其中能带动农户经营性收入增长的只有合同订单型，而其他联结类型影响的是工资性收入或财产性收入。那么，以合同订单方式参与产业融合的农户，是否就一定能实现较快的经营增收呢？事实上也不尽如此。虽然从理论上讲，发展订单农业有利于使小农户更好分享农业全产业链增值收益；但在现实中，部分龙头企业凭借自己的强势地位，强迫与其合作的小农户购买高价生产资料，随意压低从小农户那里收购农产品的价格，从购销两头挤压了小农户的经营性收入增长空间。此外，龙头企业向合作农户提供服务较少或服务不合需求的现象也较多见，这同样在一定程度上削弱了订单农业带动农户经营增收的作用。

五、部分扶贫产业项目持续发展乏力影响脱贫户经营增收

产业扶贫是开发式扶贫的重要组成部分，也是我国全面实现精准脱贫的最主要手段之一。在脱贫攻坚期，数量众多扶贫产业项目的落地实施，有效改变了贫困地区产业薄弱状况、促进了贫困农户经营性收入的增长，在贫困县和贫困村摘帽、贫困户脱贫过程中发挥了非常显著的作用。但是，某些地区的部分扶贫产业项目在运行一段时间后，其经营效益出现了滑坡现象，继续带动脱贫户增收的效应趋于减弱，在效果的可持续性上存在一些隐忧。因此，参与这些项目的农户有可能因产业发展不可持续而导致收入减少，甚至存在引发返贫的风险，脱贫户经营性收入保持稳定增长面临挑战。

一是以往产业扶贫存在急功近利倾向，过于追求项目的短期效益，导致有些项目长期发展能力不足，难以为农户提供稳定的增收。在脱贫任务压力下，当时不少地区希望通过产业扶贫资金的投入达到立竿见影的效果，因而更偏好"短平快"的项目，不太愿意投资回报周期长、技术密集型的项目，造成产业选择短期化、表面化现象。许多"短平快"项目虽然在短期内带来一定收益，但长期持续发展的潜力偏弱，随着投资效益趋于递减，这些项目带动农民经营性收入增长后继乏力。

二是大量项目低端且单一，同质化现象较突出，长期盈利能力不太乐观。脱贫攻坚期各地上马的扶贫产业项目，有许多处于产业价值链的低端，产业链短、产品附加值低的问题较普遍。一些村庄依然发展过于传统的种植养殖项目，产出的多是缺乏特色的"大路货"，竞争力不强。前几年不少地方在扶贫产业选择上盲目跟风，出现了大量同质化项目，如果今后没有差异化的品牌和经营策略，很容易因市场供过于求、价格下跌而使农户受损返贫。

三是有相当一部分扶贫产品质量不高、缺乏竞争力，市场创收能力有明

显短板。在脱贫攻坚时期，许多扶贫产品都是通过帮扶单位定点采购来实现销售的，生产出来的产品无论好坏都不愁卖。但在实现全面脱贫目标后，不可能一直采用这种"照顾性"的消费扶贫方式。对于产品质量较低、市场化销路不畅的那些扶贫产业项目而言，一旦离开帮扶单位的帮助，就会面临产品难卖、经营难维系的问题。

四是产业扶贫的配套支持政策不够精准和完善，使项目后续经营、农户后续增收面临风险与困难。有些扶贫产业项目的回报周期较长，但获得的银行贷款期限却过短，贷款期限和产业周期不匹配，使部分流动性不足的项目经营者面临一定的偿债风险。各地近几年开展的产业扶贫分贷统还项目，随着分贷统还的到期，参与项目的农户收入将不同程度减少。此外，还有部分农户在扩大产业规模、升级产业技术时遇到融资难的问题，既阻碍了高质量脱贫，也影响了可持续增收。

第六章　农民经营性收入的外部性及其影响因素

农民经营性收入的外部性反映了农民在获取经营性收入的生产经营过程中给他人与社会福祉带来的非市场化影响，引入外部性使我们评价农民经营性收入质量的视阈超越了农民自身而延伸至整个社会层面。本章在简要考察我国农民经营性收入外部性的主要表现与现阶段突出问题的基础上，重点聚焦于分析外部性中的农业环境外部性[①]。为此，测算了我国农业面源污染和碳排放水平的变化并揭示其来源结构，构建与测度了农民农业经营性收入环境负外部性指数，并深入研究了对农业环境外部性有重要影响的农民农业环境行为及其成因。另外，还探讨了治理农民生产经营中的农业环境负外部性、耕地利用非粮化这两大经营性收入负外部性问题所面临的困境与障碍。

第一节　农民经营性收入外部性的主要表现和现有问题

农民经营性收入的外部性有多种形式，本节结合我国现实农情考察了生态环境外部性、社会外部性、经济外部性这三种外部性的主要表现，着重剖析了对社会整体福利带来较大不利影响的若干负外部性问题，以此呼吁社会各界关注农民经营活动产生的各种外部效应尤其是负外部效应。

---

① 农业环境外部性指农业生产经营对环境带来的外部效应。

一、农民经营性收入的生态环境外部性及现有问题

农民在开展生产经营活动以获取经营性收入的过程中，会经由自然资源利用、生产要素投入、生产技术采用、生产废弃物处置等多种途径对生态环境产生影响。改革开放以来，随着我国农业现代化与农村市场化进程的加快，农民生产经营活动所利用生态资源的范围不断扩大、强度持续提高；现代农业的机械化和化学化，使农业系统形成了"高投入、高耗能、高废物"的生产模式；此外，受经济利益的驱动，农民在生产经营中更多考虑的是怎样提高产量与增加收入，而不太关心生产经营行为对生态环境造成的影响。这使得乡村产业快速发展、农民收入较快增长的同时，农业农村的生态环境恶化现象变得严峻起来，其中较突出的问题主要是农业面源污染、农业碳排放和自然生态资源减少退化。

由于农民在农业生产中大量使用农用化学品以及农业废弃物处置不当，我国农业面源污染水平总体较高。第二次全国污染源普查公报显示：2017年通过农业水体面源污染排放的化学需氧量1067.13万吨、总氮141.49万吨、总磷21.2万吨，分别占全国水污染物排放总量的49.8%、46.5%和68.5%，农业已超过工业成为最大的面源污染产业。

全面辩证地看，农民生产经营对生态环境的影响具有双重性，既有负面效应也有正面效应，所以，农民经营性收入的生态环境正外部性与生态环境负外部性是同时并存的。农民经营性收入的生态环境正外部性主要表现在农业领域，具体包括改良土壤、涵养水源、净化大气、调节气候、维持生物多样性等方面，这实际上也是农业生产生态价值的体现。据初步测算，我国在农业生产中形成的现实生态价值量逐年增加，2015年农业生态价值的现实值达到当年农业经济价值的11.2倍（刘二阳等，2020）。近年来，我国越来越重视农业的生态功能与价值，通过引导农民调整种养业结构、开展耕地质量保护、实行耕地轮作休耕、推进新一轮退耕还林还草等措施，多措并举加快生态农业建设。但是，由于农业生态环境正外部性内部化的机制尚不健全，农民在农业生产中创造的生态效益难以转化为其自身的经济收益，导致农业生态产品和服务的供给依然不足，农业生态价值仍有进一步发掘的较大潜力。另外，从广义上看，农民在生产经营中通过采取特定措施减少对生态环境的负面影响，也可视为经营性收入生态环境正外部性的表现。近年来，在农业可持续发展与绿色农业政策的引导下，我国农民农业生产中的生态环保意识逐步增强，以往一些不利于环境保护与生态平衡的行为得到了一定程度的矫

正。成效较显著的包括减量使用化肥农药、对农业废弃物进行无害化处理与资源化利用、长江流域重点水域渔民退捕等。以化肥农药减量使用为例，2015年以来我国化肥和农药施用量逐年减少，截至2020年末分别累计减少了771.9万吨和47万吨，降幅分别达到12.8%和26.3%[①]，这对缓解农业面源污染起到了积极作用。

二、农民经营性收入的社会外部性及现有问题

我国农民经营性收入的社会外部性，主要体现在农民生产经营活动对社会保障、农村秩序、社会就业和国家粮食安全等方面产生的影响。在很长一段时期，由于农村社会保障制度的缺失，我国农民的养老和医疗基本上完全依靠家庭自我保障。经营性收入作为农民实现自我保障的主要经济来源之一，在农村养老和医疗保障上发挥了重要作用，维系了农村社会的基本稳定。进入21世纪后，随着农村社会保障体系的逐步完善，农民家庭自我保障的地位趋于下降。

伴随着农村青壮年劳动力的外流，许多农村家庭形成了以代际分工为基础的半工半农型生计模式，留守老人和妇女成为家庭农业生产的主力。留守成员务农的收入水平大多不高，相当一部分人在改善经营效益方面动力不足，更缺乏持续增收的潜力，但不能因此就断定其农业经营性收入质量很低。从社会外部性角度看，经营"留守农业"（陶自祥，2016）在创造经济收入的同时，也发挥着丰富的社会功能。例如，留守群体务农将整个村庄社区搅动起来，使村庄社区保持生产性和社会性，保证了农村形态的完整性与可持续性（袁明宝，2016）；再如，尽管留守农业无法给家庭带来很多收入，但因为土地经营权留在自家手中，且耕地长期保持着利用状态而未荒芜，这无疑为进城失败家庭成员提供了返乡退路和生计保障，发挥着社会就业"缓冲池"的作用，减少了城市失业带来的社会矛盾。由上可见，农村留守人员的农业经营性收入具有良好的社会外部性，评价留守群体务农收入质量不能仅仅以经营户自身经济利益为尺度。

粮食事关国计民生，粮食安全是国家安全的重要基础。习近平总书记多次强调"解决好吃饭问题，始终是治国理政的头等大事""中国人的饭碗任何

[①] 根据《中国农村统计年鉴（2021）》相关数据计算。

时候都要牢牢端在自己手上"①。近年来，受生产成本"地板"抬升和价格"天花板"下压的双重影响，我国粮食生产的平均净收益率下滑，农民种植粮食的经营性收入增长较慢，农民种粮积极性有所下降。面对上述形势对粮食安全带来的挑战，我国通过严格的耕地保护制度与有力的粮食生产支持政策，实现了粮食生产稳定发展、粮食连年丰收，为实现经济社会稳定发挥了"压舱石"作用。因此，尽管从效益和成长性角度看，农民种粮的经营性收入质量并不高，但稳定粮食生产对保障国家粮食安全的贡献是不可估量的；就此意义而言，粮食生产经营性收入无疑体现出显著的社会正外部性。不过，市场经济条件下农民在生产经营项目选择上拥有较大自主权，随着粮食与非粮农产品之间以及农业与非农产业之间的经营效益差距趋于扩大，不少农户受经济利益驱动由种植粮食作物改为种植经济作物或林木，有少数农户甚至将耕地转为非农经营之用。一些基层政府由于片面理解农业结构调整或出于增加农民收入等方面的考虑，未有效采取措施整治耕地非粮化、非农化行为。自2016年以来，我国的耕地非粮化现象相比以往更加显著，非粮化类型多为蔬菜瓜果（孟菲等，2022）。单个农户根据自身情况调整生产结构、由种粮改为经营其他项目固然有利于其提高收入效益、促进经营增收，但大量农民纷纷作出这种选择就会导致"公地悲剧"，客观上造成了耕地非粮化、非农化过度蔓延的结果。有学者以甘肃为例测算发现，该省耕地非粮化产生的粮食安全负外部效益巨大，达到了215亿元（宋戈等，2018）。所以，对于耕地非粮化、非农化现象，在看到其给农民经营性收入带来有利影响的同时，也必须清醒地认识到由此产生的威胁粮食安全等社会负外部性。

三、农民经营性收入的经济外部性及现有问题

农民经营性收入的经济外部性，是指农民在通过从事生产经营活动获取收入的过程中，给其他人（主要是其他农民）的经济利益带来的非市场化影响，这种经济外部性既有正面的也有负面的。就我国现实情况来看，农民经营性收入经济正外部性的一个典型表现，就是作为新型农业经营主体的专业大户、家庭农场对小农户增收的带动作用。专业大户、家庭农场都是在小农户不断成长基础上发展起来的，大户与农场主基本上来源于本土的自然人，地缘血缘关系较强的，原本就有带动周边农户一起发展的主观意愿。近年来

---

① 中共中央党史和文献研究院：《习近平关于"三农"工作论述摘编》，中央文献出版社，2019年，第67、70页。

在国家政策引导和鼓励下，越来越多的专业大户和家庭农场在加快自身发展与增收的同时，积极通过多种途径带动小农户融入农业现代化发展大格局，帮助小农户实现了脱贫致富。

从实践看，专业大户、家庭农场主要是通过先行示范、共享购销渠道、技术溢出等途径发挥对小农户带动作用的。在此过程中，他们并未或很少从所带动的小农户那里获得直接经济补偿，因此具有显著的经济正外部性。首先，在新技术、新品种推广中，往往先由专业大户、家庭农场进行试点示范，让小农户看到实际效果，消除他们的顾虑，进而激发他们采用新技术新品种的动力，使小农户从新技术新品种中获得更多经济利益。其次，专业大户、家庭农场有时会为周边小农户顺带采购生产资料或者代其销售产品，这样小农户就能获得规模化采购与销售带来的利益；此外，当专业大户和家庭农场有自己品牌时，小农户借用其销售渠道还能分享到品牌溢价收入。再次，由于自己具有生产实践经验再加上与周边小农户人际关系熟悉，不少专业大户、家庭农场乐意将个人经验同他人分享，并免费指导与帮助小农户解决一些技术性问题，这种技术外溢效应也起到了促进小农户增收的作用。

但是，现实中也出现了部分农民在生产经营中损害其他农民经济利益的现象，导致形成了经营性收入的经济负外部性。在这方面较为突出的一个问题就是规模农户对小农户的挤出效应。尽管挤出效应的产生与规模农户竞争力强于小农户有关，但政策不公平因素也是加剧挤出效应的重要原因。一些地方政府在农业农村现代化进程中片面理解了发展新型经营主体和规模经济的要求，将扶持政策过度向规模农户倾斜，出现了人为排挤小农户的倾向，这种行为虽然使规模农户获得了更多的经营性收入，但却侵害了小农户的正当经济利益。

第二节 农业环境负外部性与农业经营性收入环境负外部性指数

农民从事农业生产经营对环境造成的负外部性，最主要体现在农业面源污染和农业碳排放两方面。本节拟在测算农业面源污染与碳排放总量的基础上，从污染源（排放源）角度分析面源污染与碳排放变化的结构成因，由此反映农业环境负外部性状况及特征；另外，基于农业面源污染与碳排放总量，构建并测度农民农业经营性收入环境负外部性指数，以此从环境负外部性角度量化考察农民农业经营性收入的质量水平。

一、农业面源污染的测算与分析

综观现有相关研究，定量测算农业面源污染的方法主要有数学模型法、平均浓度法、综合调查法、单元调查法、替代指标法等。本书采用由清华大学环境科学与工程系一些学者（赖斯芸等，2004；陈敏鹏等，2006）最先提出的单元调查法。该方法的特点是保证了调查单元的全面性、典型性和代表性，同时充分考虑了调查统计数据的可获得性、可比性和显著性（马军旗、乐章，2021），尤其适用于衡量大尺度空间范围的污染排放量，在当前全国和区域层面的农业面源污染评估中得到了较广泛的应用。此外，通过使用该方法还可以得到来自不同污染源的污染排放量，这便于分析农业面源污染的污染源来源结构（下文简称"污染源结构"）。

下面运用单元调查法，对2010年以来我国农业面源污染的排放总量及其污染源结构进行测算和分析。纳入核算范围的污染物是化学需氧量（COD）、总氮（TN）、总磷（TP），污染源主要包括农田化肥、农田固体废弃物、畜禽养殖、水产养殖四大类[①]。将四类污染源分解为产污单元[②]，使用清单分析法列出各产污单元对应的调查指标、计量单位、污染物排放清单（表6-1），在此基础上建立产污单元、污染产生量和污染排放量间的关系，得到测算农业面源污染排放总量的公式（6-1）如下：

$$E_j = \sum_i EU_i \rho_{ij}(1-\eta_i) C_{ij}(EU_{ij}, S) = \sum_i PE_{ij}(1-\eta_i) C_{ij}(EU_{ij}, S)$$

(6-1)

式中，E_j是污染物j的排放量，EU_i是i产污单元的指标统计数（也称为"污染物产生基数"），ρ_{ij}是i产污单元污染物j的产污强度系数。EU_i与ρ_{ij}之积PE_{ij}表示忽略资源综合利用与管理因素时的潜在污染产生量。η_i是相关资源利用效率系数；C_{ij}是i产污单元污染物j的排放系数，它由产污单元EU_{ij}与空间特征S决定，表征区域环境因素、管理因素对污染排放的综合影响。相关系数参阅了全国污染源普查领导小组编撰的《农业污染源肥料流失系数手册》《畜禽养殖业源产排污

[①] 农田固体废弃物包括秸秆、残株、杂草、藤蔓、落叶等；畜禽养殖造成的面源污染主要来自于畜禽粪污；水产养殖造成的面源污染来源于排泄物、饵料、鱼药、生物尸体等；由于农药和农膜对化学需氧量、总氮、总磷排放的贡献度都很低，故未列入污染源。

[②] 产污单元是指产生污染物的可以合理计量并对污染有一定贡献率的独立单位。

系数手册》《水产养殖业污染源产排污系数手册》等文献资料。通过公式(6-1)，就能计算出我国历年农业面源污染中化学需氧量、总氮、总磷的排放总量，并获得不同污染源对各种污染物排放的贡献度。

表 6-1 农业面源污染产污单元清单列表

污染源	产污单元	调查指标	计量单位	污染物排放清单
农田化肥	氮肥、磷肥、复合肥	施用量（折纯）	万吨	TN、TP
农田固体废弃物	稻谷、小麦、玉米、豆类、薯类、油料、蔬菜	总产量	万吨	COD、TN、TP
畜禽养殖	猪、牛、羊、家禽	当年出栏量（猪、家禽）/年末存栏量（牛、羊）	万头（猪、牛、羊）/万只（家禽）	COD、TN、TP
水产养殖	淡水产品、海水产品	养殖面积	公顷	COD、TN、TP

测算结果显示（图6-1）：自2010年以来，我国农业面源污染的三种污染物排放总量，均呈现出先升后降的倒U型变化趋势。以2015年为拐点，化学需氧量、总氮、总磷的排放量在此之前持续增加，之后开始下降①。与2015年峰值相比，2020年化学需氧量、总氮、总磷的排放量分别减少了6.4%、5.9%

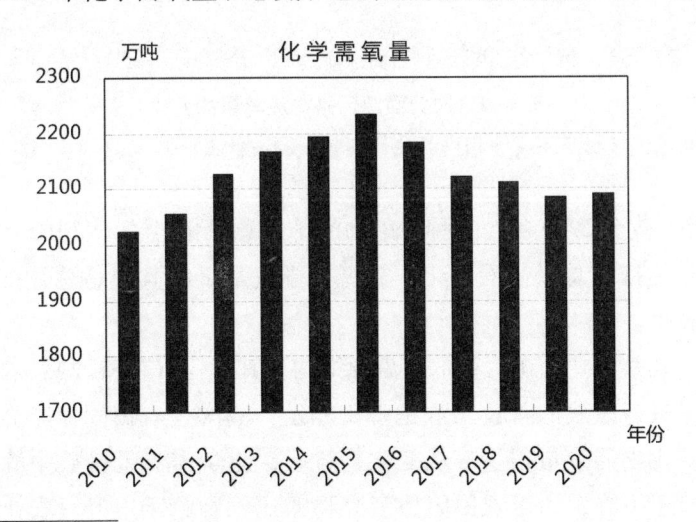

---

① 2015年后，总氮排放量逐年持续下降，化学需氧量、总磷排放量在连续4年下降后于2020年略有上升。

图 6-1　农业面源污染排放总量的变化

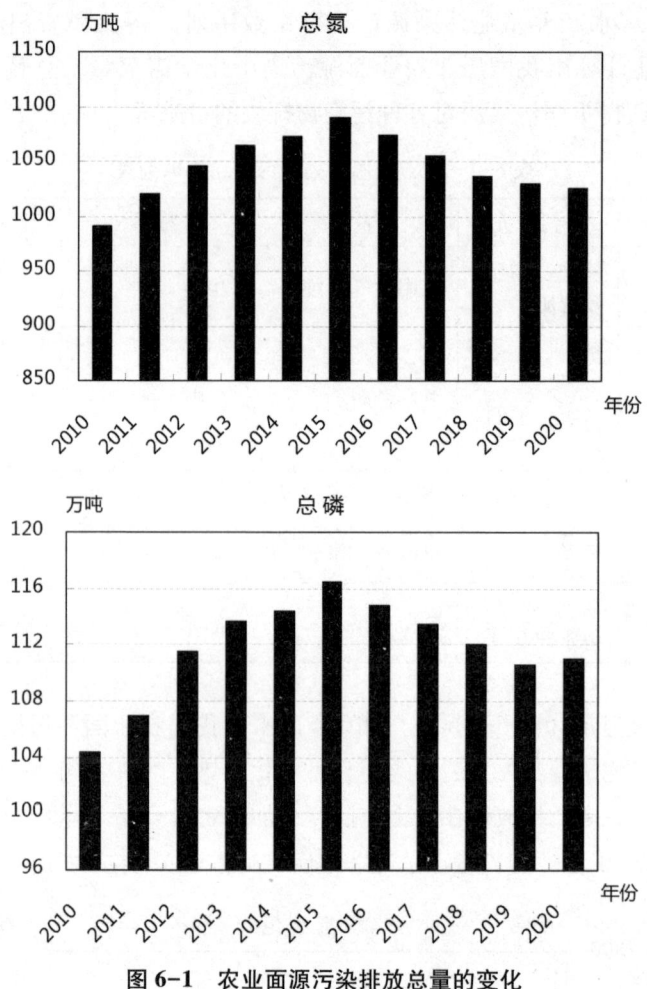

资料来源：根据历年《中国农村统计年鉴》相关数据计算。

和 4.7%。但截至 2020 年，三种污染物的排放总量依然高于 2010 年水平。从不同污染物的排放总量来看，化学需氧量排放最多，其次是总氮排放，总磷排放相对较少。

接着，观察农业面源污染的污染源结构及其变化（图 6-2）：农业面源污染中化学需氧量排放的首要来源是畜禽养殖，其次是农田固体废弃物，水产养殖产生的化学需氧量很少。从变化趋势看，化学需氧量排放中源于畜禽养殖的比例趋于下降，源于农田固体废弃物的比例则趋于上升。农业面源污染中的总氮排放，其源于农田固体废弃物的占比最高且呈递增趋势，农田化肥产生的总氮排放略高于畜禽养殖。由畜禽养殖产生的总磷排放，长期占农业面源污染中总磷排放总量的一半以上；从 2010 年到 2020 年，总磷排放中源于农田化肥的比例下降了约 1.7 个百分点，而源于农田固体废弃物的比例提高了约 4.2 个百分点。综上可以看出，畜禽养殖是农业面源污染的最大污染源，农田固体废弃物形成的面源污染仅次于畜禽养殖，农田化肥所产生的面源污染远低于农田固体废弃物。另外，2015 年以来农业面源污染排放总量的下降，主要源于畜禽养殖和农田化肥方面的污染减排，水产养殖对减少农业面源污染的贡献相对较小（表 6-2）。

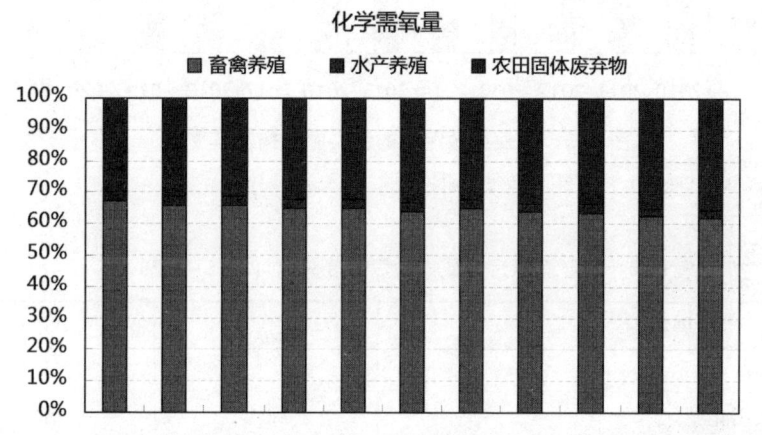

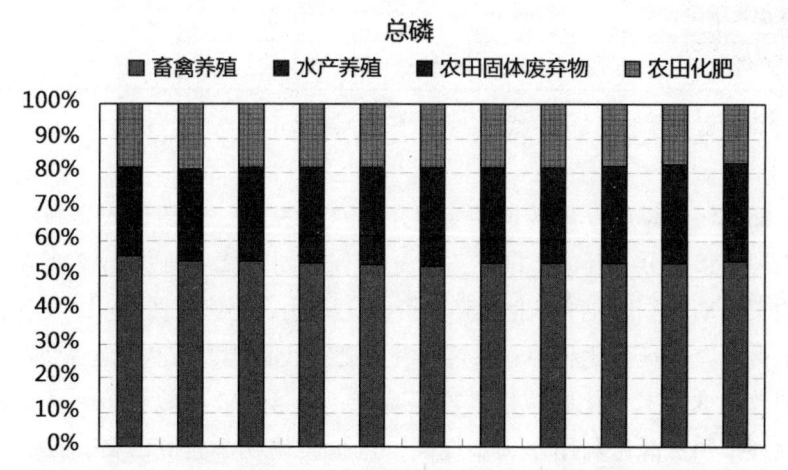

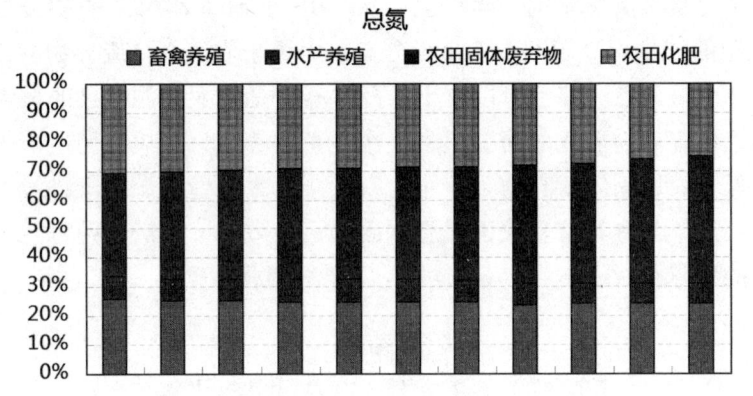

图 6-2　农业面源污染的污染源结构及其变化

资料来源：根据历年《中国农村统计年鉴》相关数据计算。

表 6-2　农业面源污染减排的贡献度分解（2015~2020年）　　单位：%

污染源 \ 污染物	化学需氧量	总氮	总磷
农田化肥	-	82.2	45.9
农田固体废弃物	-5.5	-39.1	-1.3
畜禽养殖	98.0	34.6	26.6
水产养殖	7.5	22.3	28.8

资料来源：根据历年《中国农村统计年鉴》相关数据计算。

农业面源污染排放发生转折性变化，与"十三五"时期深入实施农业面源污染治理政策是分不开的。国家"十三五"规划纲要明确提出"实施化肥农药零增长行动""推动种养业废弃物资源化利用、无害化处理"，农业农村部开展了畜禽粪污资源化利用、果菜茶有机肥替代化肥等五大绿色发展行动。在一系列政策推动下，化肥施用量连年减少、减量增效成效显著，畜禽粪污无害化处理率和资源化利用率逐步提高，这是实现农业面源污染减排的重要成因。但是我们也要看到，当前我国农业面源污染排放总量仍处于较高水平，某些领域的污染减排效果尚未显现，面源污染治理任务依然艰巨。特别需要注意的是，近年来推动污染排放下降的部分原因属于短期性因素，并不具有可持续性。例如，"十三五"期间受动物疫病、价格过度波动、环保政策收紧等因素影响,养殖业产量尤其是生猪产量下降,使得养殖业产污量有所减少;而从长期看,随着以上短期性因素减弱或消失,养殖业产能恢复增长将带来粪污排泄量回升,这势必加大农业面源污染减排的压力。

二、农业碳排放的测算与分析

本书中农业生产所形成的碳排放,指的是温室气体排放,来自农业生产的温室气体主要是二氧化碳(CO_2)、甲烷(CH_4)、氧化亚氮(N_2O)三种。测算温室气体排放量的方法包括实测值法、质量平衡法、排放系数法(排放因子法)、模型法等。排放系数法相比其他方法具有数据易获取、估算较方便、实用性强的优点,已成为目前计算碳排放的主流方法,本书也选择采用该方法。参考现有相关文献,运用排放系数法估算我国农业碳排放总量的公式为(6-2)。

$$E = \sum E_i = \sum (C_i \cdot \delta_i) \tag{6-2}$$

其中,E 表示农业碳排放总量(以万吨标准碳为单位),E_i 表示第 i 种农业碳排放源的碳排放量,C_i 表示第 i 种农业碳排放源的活动水平,δ_i 表示第 i 种农业碳排放源的碳排放系数。农业生产中的主要碳排放源及对应的碳排放系数归纳在表6-3中。农业碳排放源活动水平的相关数据从《中国农村统计年鉴》《中国能源统计年鉴》等年鉴资料中获得。利用公式(6-2),就能估算出我国历年农业碳排放的总量,并测度不同排放源对碳排放总量的贡献度。

表6-3 农业碳排放的来源及排放系数

排放源类别	排放源名称	排放气体种类	排放系数	系数参考来源
种养自然源	水稻种植	CH_4	3.136g C/($m^2 \cdot d$)	Wang, etc (1990)、Matthews, etc (1991)、Cao, etc (1995)
	肠道发酵	CH_4	猪 7.6kg C/(head·a) 奶牛 465.4kg C/(head·a) 水牛 419.6kg C/(head·a) 其他牛 358.6kg C/(head·a) 山羊 38.1kg C/(head·a) 绵羊 38.1kg C/(head·a)	IPCC(联合国政府间气候变化专门委员会)

续表

排放源类别	排放源名称	排放气体种类	排放系数	系数参考来源
农用化学品	化肥	CO_2	氮肥 1.74kg C/kg 磷肥 0.17kg C/kg 钾肥 0.12kg C/kg 复合肥 0.68kg C/kg	中国科学院生态环境研究中心城市与区域生态国家重点实验室，West & Marland（2002）
		N_2O	氮肥 1.05kg C/kg 复合肥 0.35kg C/kg	中国科学院生态环境研究中心城市与区域生态国家重点实验室
	农药	CO_2	4.9341kg C/kg	美国橡树岭国家实验室
	农膜	CO_2	5.18 kg C/kg	南京农业大学农业资源与生态环境研究所
能源使用	柴油	CO_2	0.862kg C/kg	IPCC（联合国政府间气候变化专门委员会），国家发展和改革委员会能源研究所
	汽油	CO_2	0.820kg C/kg	
	煤炭	CO_2	0.548kg C/kg	
	电力	CO_2	0.218kg C/kW·h	
废弃物处置	粪便管理	CH_4	猪 30.5kg C/（head·a） 奶牛 137.3kg C/（head·a） 水牛 15.3kg C/（head·a） 其他牛 7.6kg C/（head·a） 山羊 1.3kg C/（head·a） 绵羊 1.1kg C/（head·a） 家禽 0.15kg C/（head·a）	IPCC（联合国政府间气候变化专门委员会）
	秸秆焚烧	N_2O	猪 38.3kg C/（head·a） 奶牛 72.2kg C/（head·a） 水牛 96.8kg C/（head·a） 其他牛 100.4kg C/（head·a） 山羊 23.8kg C/（head·a） 绵羊 23.8kg C/（head·a） 家禽 1.44kg C/（head·a）	IPCC（联合国政府间气候变化专门委员会）
		CO_2	1.247tC/t	王革华（1994）

续表

排放源类别	排放源名称	排放气体种类	排放系数	系数参考来源
土地耕作	翻耕	N_2O	312.6kg C/km²	中国农业大学农学与生物技术学院

注：①参考来源提供的部分排放系数为 CO_2、CH_4 和 N_2O 的排放系数而不是标准碳 C 的排放系数，需要通过全球变暖潜值（GWP）与 CO_2 含碳量进行换算。首先，将 CH_4 和 N_2O 的排放系数乘以相应的 GWP 转化为 CO_2 当量排放系数，根据 IPCC 第五次评估报告，CH_4 和 N_2O 的 GWP 分别为 28 和 265；接着，将 C_2O（或 C_2O 当量）的排放系数除以 3.67 转化为标准碳 C 的排放系数；②家禽肠道发酵产生的碳排放量很少，故忽略不计；③农业生产消耗的焦炭、原油、煤油、燃料油、天然气等能源数量很少，故不纳入碳排放计算。

测算结果表明（图6-3），2010年以来我国农业碳排放总量，以2015年为拐点呈现出先升后降的变化趋势。与2015年相比，2020年我国农业碳排放总量减少了3421.4万吨，降幅达到7.4%。在此期间，不同碳排放源对碳减排的贡献度存在较大差异（表6-4）。2015年以来，我国全面开展化肥农药施用量零增长行为，科学施肥用药理念深入人心，化肥农药使用量显著减少，两者年均降幅分别达到2.7%和5.9%，农用化学品减量使用对农业碳减排的贡献度超过了一半。"十三五"时期，我国生猪、奶牛、山羊等牲畜的饲养量受疫病等因素影响趋于减少，使得相应的肠道发酵与粪便管理碳排放量降低，这是推动种养自然源、废弃物处置碳排放量下降的重要原因。不过，部分牲

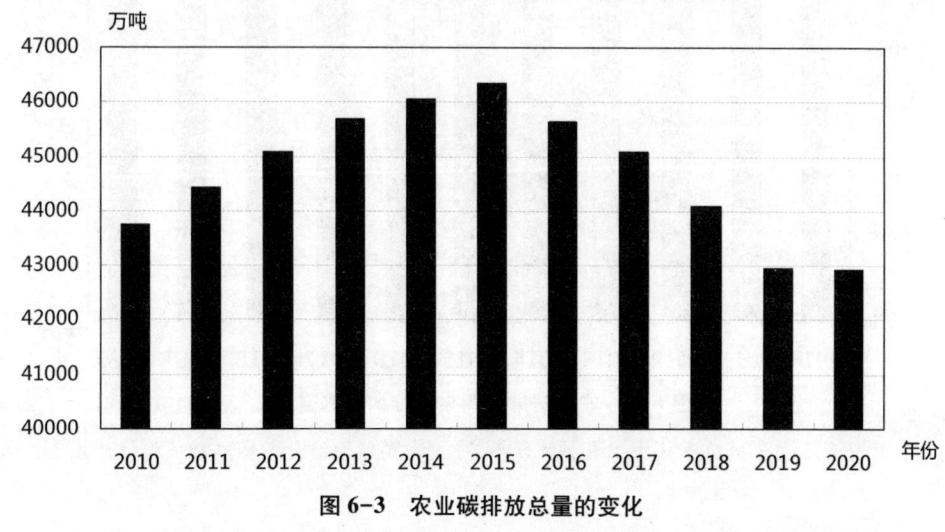

图6-3 农业碳排放总量的变化

资料来源：根据历年《中国农村统计年鉴》《中国能源统计年鉴》相关数据计算。

畜种类饲养量减少属于短期波动因素,由此带来的碳减排贡献并不具有长期持续性。近年来,随着农业机械化水平的持续提高,我国农业生产中的能源消费量增长较快;在此情况下,能源消耗形成的碳排放量也趋于上升,能源使用成为唯一一个对碳减排贡献度为负的排放源。

表6-4 农业碳减排的贡献度分解(2015~2020年) 单位:%

种养自然源	农用化学品	能源使用	废弃物处置
26.5	51.2	−13.1	35.4

资料来源:根据历年《中国农村统计年鉴》《中国能源统计年鉴》相关数据计算。

注:土地耕作对碳减排的贡献度接近为零,故未列入表中。

农业碳排放的来源结构总体上较为稳定、变化幅度不大,排放源按排放量比重从高到低排列依次是种养自然源、废弃物处置、农用化学品、能源使用、土地耕作(图6-4)。来源于种养自然源的碳排放量占到约40%,来自土地耕作的碳排放占比不足1%。农用化学品的碳排放比重有所下降,十年间降低了2.3个百分点[①];而能源使用的碳排放比重则不断提高,十年间上升了2.9

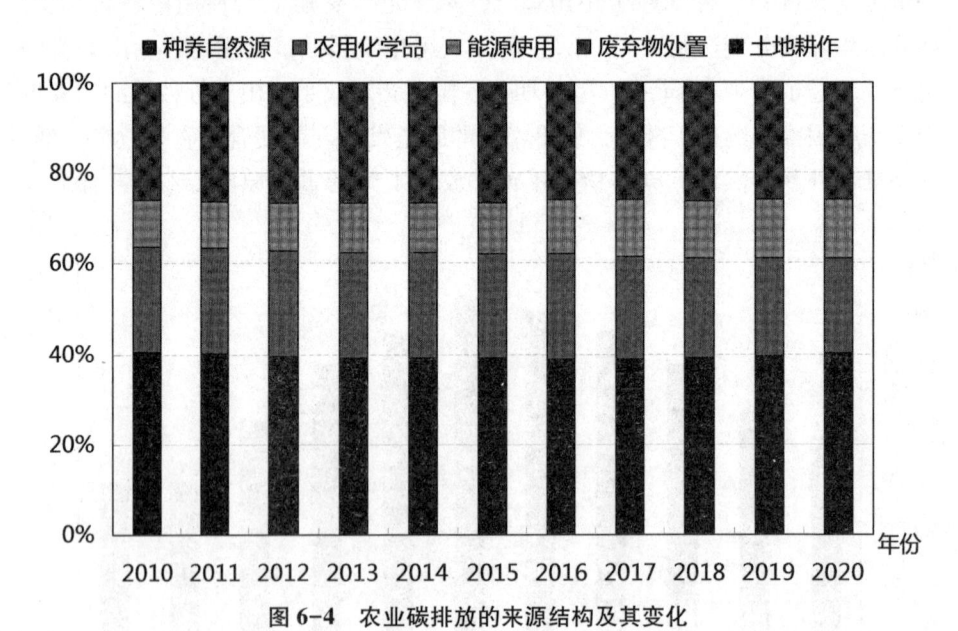

图6-4 农业碳排放的来源结构及其变化

资料来源:根据历年《中国农村统计年鉴》《中国能源统计年鉴》相关数据计算。

---

① 2010~2015年基本保持不变,2016年起逐年下降。

个百分点。再分行业来看，种植业产生的碳排放量是养殖业的 3 倍左右[①]，说明种植业是农业碳排放的主要行业来源。

三、农民农业经营性收入环境负外部性指数构建与测算

有学者曾用单位农业产值的污染排放量来测度农业面源污染强度（吴义根等，2017），与之类似，也有学者用农业碳排放总量与农业增加值（或产值）之比来衡量农业碳排放的强度（张广胜、王珊珊，2014；夏四友等，2020）。我们借鉴他们的做法并结合本课题研究内容来构建农民农业经营性收入环境负外部性指数，该指数的目的是从环境负外部性角度量化反映农民农业经营性收入的质量水平。

由于面源污染和碳排放的数值不宜直接加总[②]，所以针对面源污染、碳排放分别构造农民农业经营性收入环境负外部性指数。针对农业面源污染的农民农业经营性收入环境负外部性指数Ⅰ，定义为农业面源污染排放总量与农民农业经营性收入合计值的比例，它刻画了创造单位农业经营性收入所产生的面源污染排放量；针对农业碳排放的农民农业经营性收入环境负外部性指数Ⅱ，定义为农业碳排放总量与农民农业经营性收入合计值的比例，它刻画了创造单位农业经营性收入所产生的碳排放量[③]。农民农业经营性收入环境负外部性指数值越小，说明农民农业生产带来的环境负外部性水平越低，意味着从环境视角评价的农民经营性收入质量也就越高。

经计算发现（图6-5）：同农业面源污染与碳排放总量的变化趋势大体一致，以 2015 年为拐点，农民农业经营性收入环境负外部性指数也呈现出先升后降的变化态势。降幅从大到小依次为环境负外部性指数Ⅱ、环境负外部性指数Ⅰ（COD）、环境负外部性指数Ⅰ（TN）、环境负外部性指数Ⅰ（TP）。

---

① 种植业碳排放源包括水稻种植、农用化学品、秸秆焚烧，养殖业碳排放源包括肠道发酵、粪便管理。能源使用的碳排放量未在种植业和养殖业间进行划分（因为缺乏划分所需相关数据），但这对结果影响不大。

② 面源污染排放量是按各类污染物排放吨数计量的，而碳排放量是按标准碳排放吨数计量的，不能直接将两者吨数相加。

③ 由于农业生产者既有农民也有农业企业等主体，因此更准确的测度方法是将农民从事农业生产形成的面源污染（和碳排放）量作为分子。但由于缺乏相关数据，无法将全部面源污染（和碳排放）量中归属于农民生产的部分分离出来，因此只能使用总的农业面源污染（和碳排放）量数据作为分子，这样做会在一定程度上高估农民农业经营性收入环境负外部性指数值。不过，由于我们关注的是指数值的变化而非大小，只要农民农业面源污染（和碳排放）量占农业面源污染（和碳排放）总量的比例较为稳定，就不会对分析结果带来非常大的影响。

可见，近年来我国农业环境负外部性状况总体上正趋于改善，农民农业经营性收入的绿色成色越来越足。

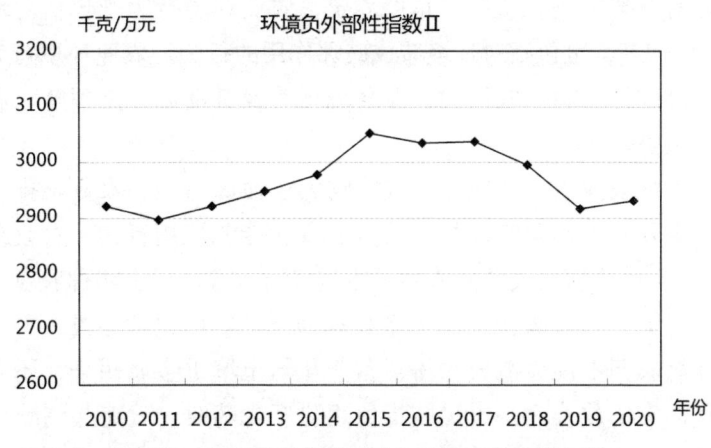

图 6-5 农民农业经营性收入环境负外部性指数

资料来源：根据历年《中国农村统计年鉴》相关数据计算。

注：为保持可比性，历年经营性收入均以 2010 年的不变价计算。

第三节 影响农业环境外部性的农民农业环境行为及其成因

农业生产对环境带来的外部效应受到诸多因素的影响，其中，农民的农业环境行为是关键因素之一。理解农民农业环境行为对农业环境外部性的作用、厘清农民农业环境行为的主要影响因素，有助于我们深刻认识农业环境污染的成因、更好把握开展农业环境治理的着力点。

一、农民农业环境行为对农业环境外部性的影响

（一）农民农业环境行为类型及其与农业面源污染和碳排放的关系

农民是农业生产的基本经济主体，农民的各类农业生产活动与农业环境外部性之间存在着密切关系，农业环境问题的形成很大程度上源于农民的农业生产行为（Shiferaw & Holden，1998）。在农民从事农业生产的全过程中，有不少活动会经由化学或物理等方面的变化而作用于自然环境，进而对大气、水、土壤产生各种各样的影响，这一系列活动可称为农民在农业生产中的环境行为（简称为"农业环境行为"），它们对农业面源污染和农业碳排放的

形成与变化有重要影响。从广义角度界定，农业环境行为既包括对环境带来积极效应的行为[①]，也包括对环境造成破坏作用的行为。农业环境行为通常具有较明显的外部性，洞察农民的农业环境行为及其动因，是理解农业环境外部性成因的微观基础。

结合农民的农业生产实践，直接影响农业面源污染和农业碳排放的农业环境行为，主要有农用化学品投入行为、农业能源使用行为、农业废弃物处置行为、（与环境密切相关的）农业技术选择行为等。以上四种农业环境行为与农业面源污染、农业碳排放的关系表现为：在农用化学品投入方面，农民过量施用化肥农药不仅会造成水体富营养化与土壤重金属污染，还会增加隐含的或直接的碳排放；而当农民减量使用化肥农药时，就能起到减少面源污染与碳排放的作用。在农业能源使用方面，能源利用结构（指非清洁能源与清洁能源间的比例）直接关系到能源使用引致的温室气体与有害气体排放量；如果农民在农业生产中用清洁能源替代传统的非清洁能源，这种亲环境的能源使用行为将有利于减少对环境的负面效应。在农业废弃物处置方面，当农民对畜禽粪污、农田固体废弃物未作处理或处理不当时，会产生较多的面源污染物与温室气体排放；反之，对畜禽粪污、农田固体废弃物进行无害化处理与加以资源化利用，可有效减少源于废弃物处置的面源污染和碳排放。除此之外，一些农业技术的选择也会对环境产生重要影响，这些技术中有不少与农用化学品投入、农业能源使用、农业废弃物处置是直接关联的。例如，农民选择采用测土配方施肥技术、病虫害绿色防控技术、免耕栽培技术、太阳能沼气技术等亲环境技术，就能起到减少农用化学品和非清洁能源使用、降低农业废弃物污染的作用，由此改善农业环境外部性。

（二）农民作为"经济人""社会人"的农业环境行为选择及其影响

根据理性经济人的行为假设，农民作为理性经济人从事生产经营活动，会以自身经济利益最大化为目标作出生产经营决策。就农业生产活动而言，经济利益最大化具体表现为农业经营利润最大化。在这种目标取向下，当农民面临特定的农业环境行为选择集合时，会在权衡私人成本与收益的基础上，采取最有利于实现经营利润最大化的方案。农业环境行为一般有较强的外部性，私人成本（收益）与社会成本（收益）并不一致。而农民是按私人边际成本等于私人边际收益作出环境行为决策的，并不考虑外部成本和外部收益

[①] 对环境带来积极效应的行为，学界称之为"亲环境行为"或"环境友好行为"。

因素，这会导致其行为结果偏离社会资源配置的帕累托最优状态，引发市场失灵。当环境行为具有负外部性时，私人边际成本小于社会边际成本，实际行为水平将高于最优水平；反之，当环境行为具有正外部性时，私人边际收益小于社会边际收益，实际行为水平将低于最优水平（图6-6）。这表明农民在农业生产中做出的亲环境行为过少，而有损环境的行为却过多。另外，囿于文化水平不高、视野较狭窄等原因，很多农民在作出生产决策时较为短视——只考虑短期成本收益而看不到长远成本收益；在此情况下，决定农业环境行为的私人边际成本与收益只是短期的私人边际成本与收益。谋求私人短期经营利润最大化的短视性环境行为决策，在产生环境损害外部成本、降低其他人福祉的同时，也不利于增进农民自身的长远经济利益[①]。

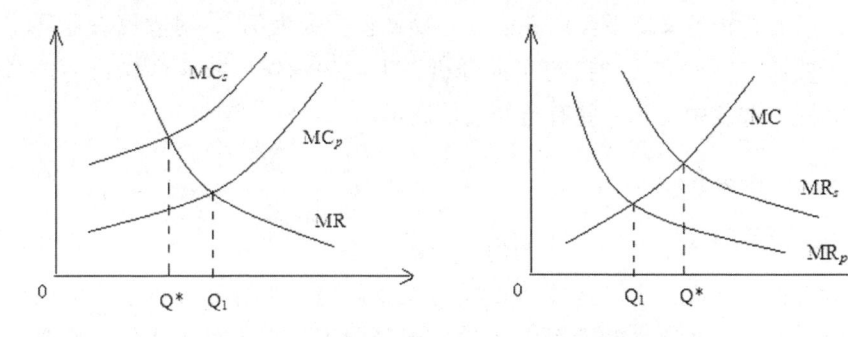

图6-6 农民农业环境行为外部性引起的市场失灵

对于农民的理性经济人行为假设，有不少学者提出了质疑，认为农民的经济行为并非基于经济理性因素而形成（Boeke，1953；Perry & Scott，1976；韦伯，1987）。事实上，现实生活中的农民通常兼具经济理性与社会理性。尽管农民从事农业生产以谋求经营利润最大化为重要目标，但这并不意味着经济利益是农民生产决策的唯一驱动因素。我国农村地缘特征明显，注重乡土人情的农村社会中由规范、文化、惯例等构成的非经济理性因素对农户具有较大影响（朱长宁、王树进，2015）。农民在农业生产中选择采取什么样的环境行为，不仅仅是考虑与之相关的私人成本和收益，生态观念意识、环保社会责任感、周边其他人的环境行为、国家环境政策导向、环境方面的村规民约等非经济因素均会对农民的环境行为选择产生影响。所以，现实中更常见的情况是农民同时作为"经济人"与"社会人"作出农业环境行为的决策，

---

① 在现实中这类情况颇为常见，例如，有的农民为了短期增产增收过量施用化肥，但化肥过量使用导致了土壤的污染与退化，从长远看不利于农民持续增产增收。

这会对追求农业经营利润最大化的行为结果产生修正作用，有可能带来亲环境行为增多、环境损害行为减少的积极效果。此时，农民农业环境行为外部性引起的市场失灵，就有望在一定程度上获得矫正，这有利于减轻农民农业生产给环境带来的负面效应、减少农民经营性收入的环境负外部性。

二、农民农业环境行为的主要影响因素及政策启示

农民的农业环境行为是农民农业生产中各种内部因素和外部因素、客观因素与主观因素、经济因素和非经济因素共同作用的结果。认识农民农业环境行为的影响因素及其作用效应，有助于深入认识农民作出特定农业环境行为选择的原因，这对找准农业环境治理困境症结、采取有效措施鼓励农业亲环境生产具有积极意义。下面以农业废弃物处置行为为例[①]，对农民农业环境行为的主要影响因素进行理论与实证分析，由此揭示农民农业环境行为选择背后的动因，并从中得到一些有益的政策启示。

（一）理论分析

1. 影响农业废弃物处置行为的内部因素

作为理性经济人，农民选择什么样的农业环境行为首先取决于行为决策带来的经济利益。在追求利润最大化的目标导向下，农民对经济效益的关注会高于对环境效应的关注（Popkin，1980），如何处置农业废弃物也遵循这种道理。尽管生态化处置农业废弃物有利于保护环境，但如果农民从中难以获得经济效益甚至还要倒贴钱，他们就不会积极主动地参与农业废弃物的无害化处理与资源化利用。

在农业生产中，农民的环境意识对其环境行为有重要影响，拥有良好的环境意识有助于农民主动地采取亲环境生产行为。环境意识主要通过环境知识、环境态度表现出来（Dunlap etc，2000）。农民在农业废弃物处置方面的环境知识与态度，直接关系到其选择何种方式来处置废弃物。相关环境知识越丰富、环境态度越积极，农民采取生态化处置行为的可能性越高。

农民文化素质对其处置农业废弃物方式的选择，也会产生不可忽视的影响。文化水平较高的农户，通常具有更多的环保知识与更强的环保意识，对

[①] 在直接影响农业面源污染与碳排放的各种农业环境行为中，本书限于篇幅原因仅分析了农业废弃物处置行为。之所以选择农业废弃物处置行为，主要是因为当前农业废弃物处置对农业面源污染与碳排放带来的不利影响甚于农用化学品投入、农业能源使用，更需要引起我们的重视。

环境友好型农业生产技术的把握和适应能力也较强；此外，良好的文化素质还有助于农户从农业亲环境生产中找到并发掘降本增效、促进增收的潜在机会。由此可推断，随着文化素质的提高，农民参与农业废弃物生态化处置的积极性也会相应提高。

农民对农业废弃物处置方式的选择，还可能受到其生计方式的影响。一般而言，兼业化程度越低的农户对农业生态系统认知越深刻（叶孙红等，2019），因此更有可能对农业废弃物进行无害化处理与资源化利用；另外，农业环境保护往往需要投入较多人力，农民非农择业行为易造成用于农业环保行为的劳动力不足（梁流涛，2019），兼业程度较低的农户会有更多时间精力投入农业废弃物的生态化处置中。

年龄与从业年限的差异，可以在一定程度上解释环境行为动机的多样性，但这两种因素影响农民农业废弃物处置行为的机制较为复杂——对于年龄大、务农时间长的农户而言，一方面，思维定式与行为惯性会导致其固守传统生产方式，不太接受较新的生态生产模式；但另一方面，长期生产实践观察也会使其更深切地认识到农业环境污染对农业可持续发展带来的危害，由此增强选择生态生产模式的意愿。

2. 影响农业废弃物处置行为的外部因素

教育培训手段在农业环境治理中具有重要功能。教育培训是改变农民在农业生产中决策风格与行为方式的有效途径之一。农民采取什么样的农业环境行为，与其所具备的环境知识、所持的环境态度、掌握的生态技术等因素有密切关系；为农民提供农业绿色生产与环境保护方面的教育培训，既能产生促进农民增加环境知识、端正环境态度的效果，也能起到帮助农民掌握生态生产技术要领的作用。因此，农民接受绿色农业相关的教育培训的状况，应当会对其生态化处置农业废弃物的意愿和能力带来影响。

组织行为学理论认为外部约束会深刻影响经济社会主体的行为过程。环境监管作为治理农业环境污染的主要手段之一，形成了农民环境行为决策的外部约束，能够以强制性方式对农民环境行为施加控制，迫使其消除或减少对环境有害的农业生产行为。一般来说，基层政府或村委会等组织加大农业环境监管的力度，能增强对农业环境污染行为的制约作用，进而有利于促使农民在农业生产中采取生态化的废弃物处置方式。

环境治理的配套设施条件也是影响农民农业环境行为的外部因素之一。农民开展亲环境生产离不开必要的环境治理基础设施，完善的配套设施有利于降低农民实施亲环境行为的成本，并使农民从事绿色生产更加便利。正因为如此，农业环境基础设施越完善的区域，当地农户参与环境友好型农业的意愿通常也更强烈（邓正华，2013）。农业废弃物生态化处置需要固体废弃物回收站点、畜禽粪污集中处理设施等，因此，这些配套设施的供给状况必然影响到农民对农业废弃物处置方式的选择。

个体的环境行为具有从众性特点，在环境行动中会自觉或不自觉地以多数人的态度与做法为准则，在行为上表现出与周围大多数人相同的现象，进而在一定范围内形成环境行为的群体效应。在中国乡土社会中，从众心理与随大流在村民参与社会事务时表现得十分明显，环境行为群体效应的影响不容小觑。就农业废弃物处置来说，如果当地大多数农户都选择随意丢弃或排放，农户个体基于从众免责心理往往会跟着这样做；反之，当生态化处置成为本地农户普遍做法时，农户个体迫于群体压力将会更加顾及废弃物处置的环境影响。

(二) 实证检验

1. 模型选择

我国农民对农业废弃物处置的生态化程度有高有低，尽管难以用连续变量加以衡量，但也不宜简单分为生态化处置与非生态化处置这两种极端情况。本书将农业废弃物处置行为按生态化处置程度从低到高设置为4个等级，依次是：完全或基本没有生态化处置、非生态化处置为主、生态化处置为主、完全或基本生态化处置。当被解释变量是离散型变量时，常使用Logistic模型进行回归分析。根据离散被解释变量的个数，Logistic回归模型分为二元选择模型与多元选择模型。如果多个选择存在一定的顺序，就需要采用多元排序Logistic回归模型。由于农业废弃物处置行为这一离散被解释变量的4个等级是有顺序的，故使用多元排序Logistic模型对其影响因素进行实证分析，模型的具体形式为：

$$\ln\left[\frac{p(y\leqslant j)}{1-p(y\leqslant j)}\right] = \alpha + \sum_i \beta_i x_i + \varepsilon \qquad (6-3)$$

其中，$p(y\leqslant j)/[1-p(y\leqslant j)]$称为几率比，$j=1,2,3,4$表示生态化处置程度的4个等级；$\alpha$为截距项，$x_i$是解释变量（表示影响农业废弃物处置行为的第$i$个因素），$\beta_i$为各解释变量对应的回归系数，$\varepsilon$是随机误差项。

2. 变量选取和数据来源

被解释变量与解释变量的设置情况见表6-5。根据前文关于农业废弃物处置行为影响因素的理论分析，共选取了11个解释变量，分为人口特征变量、环境意识变量、生产特征变量、外部条件变量四大类。所使用的数据均来源于自行开展的问卷调查。

表 6-5 变量的定义和取值说明

变量分类	变量名称	变量取值说明
1. 被解释变量	废弃物生态化处置程度（disp）	完全或基本没有生态化处置=1，非生态化处置为主=2、生态化处置为主=3、完全或基本生态化处置=4
2. 解释变量		
2.1 人口特征变量	受教育程度（edu）	小学及以下=1，初中=2，高中=3，大学及以上=4
	年龄（age）	连续变量
2.2 环境意识变量	对废弃物生态化处置知识的了解程度（know）	不了解=1，有些了解=2，了解较多=3
	对废弃物处置环境影响的重视程度（imp）	基本不考虑环境影响=1，对环境影响有些考虑但不多=2，对环境影响比较重视=3
2.3 生产特征变量	废弃物生态化处置经济利益（ben）	倒贴钱=1，不赔钱但也没收益=2，能带来一定经济效益=3
	是否兼业（par）	否=0，是=1
	务农年限（farm）	连续变量
2.4 外部条件变量	是否参加过绿色生态生产培训（tra）	否=0，是=1
	基层对废弃物处置的监管力度（sup）	较松=1，一般=2，较严=3
	废弃物回收处理设施状况（equ）	较差=1，一般=2，较好=3
	本村居民处置废弃物的主流方式（main）	非生态化处置为主=1，生态化处置为主=2

3. 估计结果

利用 stata15 软件对（6-3）式进行多元排序 logit 估计，回归结果见表 6-6。从基准回归（方程1）的估计结果看，参数符号都符合理论分析的预期结果，对废弃物生态化处置知识的了解程度、对废弃物处置环境影响的重视程度、废弃物生态化处置经济利益、基层对废弃物处置的监管力度、废弃物回收处理设施状况这 5 个变量通过了统计显著性检验，证实了这些因素对农民处置农业废弃物的行为选择有显著影响。在基准回归基础上，先后控制住受教育程度、年龄这两个人口特征变量后再次回归，以进行模型的稳健性检验。由方程 2 和方程 3 的估计结果可见，前述 5 个核心变量始终保持了统计显著性，表明通过了稳健性检验。

表 6-6 多元排序 Logistic 模型回归估计结果

	方程 1	方程 2	方程 3
edu	0.2500 (0.2161)	0.3325* (0.2060)	
age	−0.0376 (0.0274)		−0.0460* (0.0262)
know	0.4372** (0.2183)	0.4236** (0.2171)	0.4853* (0.2128)
imp	0.5296*** (0.2157)	0.5418*** (0.2139)	0.5215*** (0.2156)
ben	0.5074*** (0.1756)	0.5170*** (0.1761)	0.5304*** (0.1753)
par	−0.3802 (0.2642)	−0.3844 (0.2619)	−0.4160 (0.2590)
farm	0.0209 (0.0224)	−0.0039 (0.0119)	0.0188 (0.0224)
tra	0.3586 (0.2168)	0.3358 (0.2153)	0.3377 (0.2172)
sup	0.3148* (0.1883)	0.2682* (0.1853)	0.3336* (0.1891)
equ	0.3028* (0.1884)	0.2936* (0.1891)	0.3256* (0.1871)

续表

	方程1	方程2	方程3
main	0.3455 (0.2443)	0.3437 (0.2416)	0.3688 (0.2419)
LR chi2（11）	99.26	96.91	97.66
Prob>chi2	0.000	0.000	0.000
Log likelihood	−380.41	−381.59	−381.21

注：上标＊＊＊、＊＊、＊分别表示在0.01、0.05和0.10水平上显著，括号内数字为稳健标准误。

4. 政策启示

前文的实证检验结果对鼓励和引导农民生态化处置农业废弃物、开展农业亲环境生产带来了有益启示：第一，要增强农民在农业生产中的环境意识。通过提高农民对废弃物生态化处置知识的了解程度、对废弃物处置环境影响的重视程度，将有利于促进农民采取生态化的废弃物处置方式。并且，强化环境责任观念比掌握环境知识更显重要①。第二，建立健全农业绿色生产的经济激励机制。经济效益对农民处置农业废弃物的方式选择有显著影响，为了提高农民对废弃物进行无害化处理与资源化利用的主观能动性，使亲环境生产成为农民自觉自愿的行动，有必要通过公共政策支持、绿色技术创新和生产模式转变"多管齐下"提高生态化处置废弃物的经济效益。第三，继续加强对农民农业生产的环境监管。考虑到当前大多数农民环境意识偏弱、农业绿色生产经济激励机制尚不健全的实际情况，仍有必要加大农业农村环境监管力度，对农民农业环境行为形成有力的外部约束。第四，加快环境治理的配套设施建设。配套设施完备状况对农民开展亲环境生产有不可忽视的作用，弥补设施方面的短板有助于推动农民采用生态化方式处置农业废弃物、减少农业环境污染。第五，提高农业绿色生态生产培训的有效性。目前参加此类培训与否对农民处置农业废弃物行为选择的影响并不显著，这很可能与培训缺乏针对性和实用性有关，今后要在这方面加以改进。

---

① 这是因为从回归结果看，*imp* 的统计显著性与经济显著性均高于 *know*。

第四节 治理农民经营性收入外部性的困境与障碍

农民经营性收入外部性具有多种表现形式，就当前来看，农民生产经营中的农业环境负外部性与耕地利用非粮化带来的负面影响较为突出。因此，本节将聚焦这两大问题探讨治理农民经营性收入外部性面临的困境与障碍。

一、治理农业环境外部性的困境与障碍：基于农民农业环境行为视角

随着我国现代农业的不断发展，农业化学化与机械化水平较快上升，再加上养殖业规模化水平与生产总量趋于提高，农业环境治理任务愈发艰巨。但是，农业生态环境问题并不应只归咎于现代农业，而应思考为什么农民没有同时实施环境友好型的管理技术（饶静、纪晓婷，2011）。将农民在农业生产中的环境行为作为切入点进行考察，有助于发现当前我国农业环境治理面临的主要困境与障碍。

(一) 农民农业生产环境意识存在一定偏失

与农业绿色发展要求相对照，我国农民在农业生产中的环境知识、环境态度均存在一定程度的偏失，导致损害环境的农业生产行为难以得到有效的矫正。

从环境知识方面看，当前农民对农业生产环境效应的认知并不深入。问卷调查结果表明：大部分农民已经认识到过量使用农用化学品、随意丢弃农业废弃物等行为会对环境带来负面影响；但是，对于这些行为究竟会给环境造成哪些危害，能详细完整说清楚具体内容的农户比例较低[①]。例如，对于化肥使用过量的环境危害，受访种植户中有80%以上知道会造成土壤板结，但只有1/3左右明确认识到还会引起水体污染；再如，除少数几家外，绝大多数受访户没有意识到农用化学品与畜禽粪污还会造成温室气体排放。另外，农民对常见的亲环境农业生产技术虽有所了解，但充分掌握技术要领并能熟练运用到生产中的并不多。

[①] 为了避免结构化的选择题可能造成的随意勾选现象，在调查时采用了非结构化提问的方法，请受访户直接回答相关环境行为对环境造成不利影响的具体内容，然后根据回答内容进行汇总整理分析。

从环境态度方面看，农民的环境忧患意识总体上较弱，且在农业生产中对环保因素缺乏足够重视。问卷调查结果显示：对于"环境恶化会严重影响自己生产生活"这种说法，表示完全赞同和基本赞同的合计比例为44%，表示说不准的占36%，表示不太赞同、很不赞同的分别占16%和4%。可见，农民对环境恶化危害性的意识并不强烈。调查结果还显示，仅有13%的受访户在农业生产中较多考虑了环境因素，而偶尔考虑、几乎不考虑的受访户比重分别高达57%和30%，表明大部分农民并未将环境影响作为农业生产决策的重要考量因素。以选购化肥农药为例，大多数受访户表示选择何种类型主要考虑价格、效果、补贴、习惯等因素，不太关注产品的环保程度。

(二) 农民采取亲环境行为的内在经济激励不足

农民在农业生产中是否选择亲环境行为，很大程度上取决于亲环境生产对其自身经济利益带来的影响。通常而言，某种亲环境行为带来的私人经济利益越多，农民采取该行为的积极性就越高。但在农业生产实践中，很多亲环境行为面临成本较高和收益较低的问题，采取亲环境行为无益于增加经营性收入，导致农民开展绿色生态生产的内生动力不足。

先从成本角度看，转向亲环境生产往往要求使用新农资、新技术和新品种，由此带来的要素投入结构转变很可能推动成本上升。以农作物秸秆粉碎还田为例，采用这种保护性耕作方式需要使用秸秆还田机，无论农户选择自购还是租赁均会额外增加成本。因此，在政府补贴较少甚至没有补贴的地区，农民实施秸秆还田的意愿普遍不高。畜禽粪污无害化处理也存在类似问题。对养殖户进行调查时了解到，有关部门近年来积极推广能使畜禽粪污降解转化的"发酵床养殖"技术，但由于使用该技术会导致土地和人工成本明显增加[1]，很多养殖户特别是规模养殖户采用该项技术的意愿并不强。

再从收益角度看，开展亲环境生产并不一定能给农民个人带来更多收益[2]，即使能产生更高私人收益，收益与成本也有可能出现期限上的不匹配。仍以秸秆还田为例，尽管秸秆还田能改善土地肥力，进而促进化肥减量使用和农作物质量提升，但这些效果要在若干年后才能显现出来。从短期看，农民采用秸秆还田耕作方式确实有可能发生贴钱现象，这也是很多注重短期利

---

[1] 发酵床养殖的密度低于一般养殖方式，这势必要求扩大养殖场占地面积，使土地成本上升；此外，维护发酵床要投入大量劳动时间，这无疑又会增加人工成本。

[2] 虽然这有利于增进社会整体福利。

益的农户不愿采用秸秆还田技术的重要原因之一。亲环境生产难以为农民带来明显收益的另一症结在于绿色农产品的价值实现机制不够健全。亲环境农业生产有助于产出绿色农产品，但受绿色农产品信息不对称与市场化程度偏低、消费者生态支付意愿不强等因素的制约，绿色农产品未能充分实现优价；此外，当前绿色农产品产业链条较短，初级产品和初加工产品多而精深加工产品少造成附加值偏低，生产绿色农产品的农户受益不多。

（三）农民进行绿色生产的部分条件不够成熟

农民开展农业绿色生产需要亲环境农业技术[①]的支撑，但在实践中，亲环境农业技术不够完善、适用性不足、推广不到位的问题较为常见，阻碍了有意愿从事绿色生产的农民采取亲环境生产行为。首先，一些亲环境技术还不够完善。有的绿色生态技术刚从研发阶段转向应用阶段，农民担心效果不佳不稳定而不敢轻易选用；有的亲环境技术虽然已推广使用较长时间，但仍有一些明显弱点未克服，降低了部分农民的选用意愿，如苏云金杆菌因药效缓慢等缺陷制约了其进一步的推广使用[②]。其次，农民在选择亲环境技术时经常面临类型较单一、适用性偏弱的问题。以秸秆还田机为例，目前市场上适用于经济作物、丘陵山地的还田机种类与数量较少，限制了秸秆还田技术在更大范围内推广使用。再次，亲环境技术在基层推广不到位的问题也比较突出。受制于经费不足、人员技术水平偏低等因素，很多基层农技站向农民提供生态技术服务的能力较弱。由于技术指导不足、培训针对性不强，农民难以熟练掌握相关技术的科学操作方法。

农业绿色生产的配套设施不健全，也是制约农民采用绿色生产方式的主要瓶颈障碍之一。从调研中了解到，在中西部地区一些偏远村庄，当地农民由于附近没有农田固体废弃物回收网点，只能选择就地掩埋或焚烧废弃物。畜禽粪污无害化处理也存在类似情况。近年来我国规模化养殖推进速度较快，但不少规模化养殖场的粪污处理配套设施未能相应跟上，导致无害化处理能力不足甚至无法进行无害化处理；另外，有些养殖集中度较高、养殖规模较大的乡镇内部未建设有机肥加工厂，运输距离较远影响了养殖户与外地有机肥生产企业合作处理畜禽粪污的积极性。

---

① 这里的亲环境技术包括使用了亲环境技术、作为亲环境技术载体的各类农资。
② 苏云金杆菌是我国于20世纪60年代研制的一种生物农药，在农业生产中的使用量较大；但它存在作用缓慢、对高龄幼虫不敏感、稳定性差等缺点。

(四) 政府对农民亲环境行为缺乏有效的政策激励

地方政府在治理农业环境问题过程中，长期以来较为依赖行政手段，习惯于使用管制型工具，这在经济发展较落后、市场化水平不高的农村地区尤为普遍。不可否认的是，行政管制确实能立竿见影地约束农民农业生产中的环境污染行为，但这种办法的执行与监督成本较高，且无法充分调动农民保护环境的积极性。以在各地广泛实施的秸秆禁烧为例，不少农户会根据管控形势松紧变化相机而行，导致管制效果难以巩固、稳定。为了克服过于偏重管控带来的弊端，近年来我国农业环境治理模式开始逐步向管制与激励并重转变，激励性的环境经济政策得到了越来越多的运用。但这些政策在鼓励农民采取亲环境行为方面还存在一些不足之处，推动农民形成绿色生产方式的作用效果还有待提升，究其症结主要有以下几点：

一是经济激励措施不够丰富。目前各地主要通过财政补贴鼓励农民开展绿色生态生产，而税收、绿色信贷、押金退还等其他环境经济政策没有得到充分运用，造成经济激励政策发挥作用的空间偏窄。二是财政补贴的激励效应未能完全发挥出来并落到实处。现行补贴项目大多存在补助标准偏低的问题，不足以引导农民采取亲环境行为；此外，由于补贴后监管不到位等原因，有部分农民在获得补贴后却不履行环保义务，导致补贴政策在执行中偏离目标。三是现有激励政策没有很好解决农民亲环境生产可能引发的风险问题。采取亲环境行为有可能对农产品产量、质量和市场销售带来一些不利影响，农民对此的顾虑会阻碍其开展亲环境生产；但地方政府在实施激励政策时往往未充分考虑这一点，难以帮助农民化解相关风险。四是普通小农户从激励政策中受益相对较少。一些地方政府为支持新型农业经营主体发展，将环保激励政策向龙头企业、种养大户、家庭农场过度倾斜，如有机肥补贴政策只针对种粮大户等（刘妙品等，2019）。在此情况下，很多小农户就享受不到激励政策带来的好处，弱化了他们从事绿色生态生产的积极性。

二、治理农民生产经营中耕地利用非粮化的困境与障碍

（一）农户生产粮食的经济激励不足

通常而言，农民如何利用耕地，首先考虑的因素是经济利益。将耕地用于种植粮食作物还是种植非粮作物，很大程度上取决于粮食作物与非粮作物的比较收益。近年来，种植粮食的生产成本上涨较快，而价格提高相对较为

缓慢，导致种粮的效益有所下滑。由图6-7可见，近年来粮食生产的净收益率水平明显低于糖类作物、水果和蔬菜，这既是引发农民耕地利用非粮化的直接原因，也是有效治理耕地非粮化现象的难点所在。耕地非粮化行为在规模农户与小农户中均有不同程度存在。对于流入土地的种植大户和家庭农场而言，其非粮化倾向同地租攀升有密切关系。随着土地租金的大幅上涨，规模农户种植粮食逐渐陷入"无利可图"的困境，其依托土地种植粮食的积极性锐减，进而倾向于种植比较收益高的经济作物（余晓洋等，2021）。至于小农户，尽管耕种自家承包地没有租金压力，但由于粮食的亩均经营净收入少，仅靠小规模土地种粮只能维持低收入水平，这使得相当一部分小农户也有较强动机种植效益更高的非粮作物以促进增收。

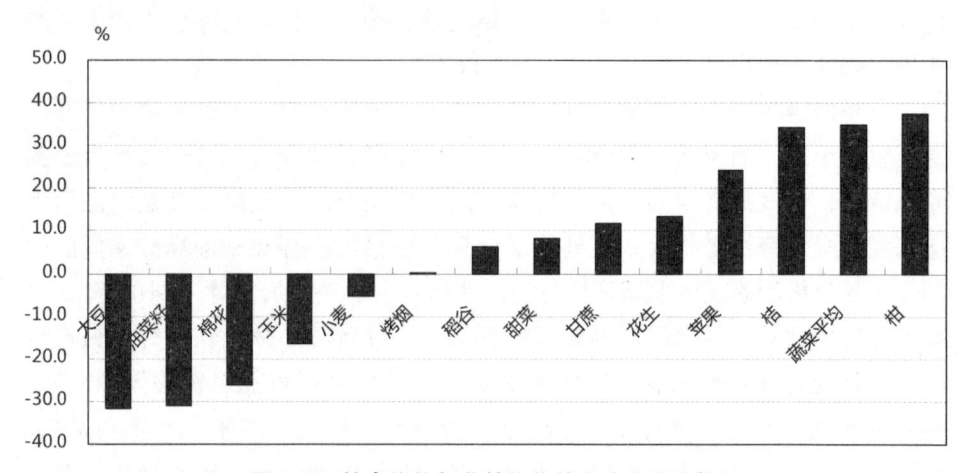

图6-7 粮食作物与非粮作物的净收益率比较

资料来源：根据历年《全国农产品成本收益资料汇编》相关数据计算。

注：净收益率为2016~2020年的均值。

当然，农民种植粮食的经济收益不完全来自市场化收入，国家对粮食生产的财政补贴也构成了农民种粮实际收入的一部分。但是，目前我国对农民种粮的补贴政策仍存在一些不完善之处，造成激励农民种粮的积极效应未能完全释放出来。在补贴发放环节，很多基层政府是将补贴资金直接划拨到耕地承包户账户上的。在此情况下，如果土地流转合约中未明确约定补贴的分配与归属，很可能导致补贴落到转出耕地的原承包户的口袋中，而租赁耕地的实际种粮户却未能真正享受到补贴。

（二）地方政府治理非粮化缺乏积极性

无论从外在约束还是内在动力来看，地方政府在治理耕地利用非粮化方面均面临积极性不高的问题。就外在约束而言，长期以来，我国地方政府的政绩考核偏重于经济发展特别是 GDP 增长。耕地利用非粮化程度对地方政府官员考核的影响较小，导致很多地方政府在重农抓粮时往往是"高高举起、轻轻放下"。就内在动力而言，尽管地方政府重视粮食生产对保障国家粮食安全具有重要意义，但从地方利益角度看，粮食生产对本地财政收入与经济增长的贡献度均较低。粮食主产区相比粮食主销区和产销平衡区，在经济发展、财政收入和居民收入等方面明显落后，存在着粮食生产越多越吃亏的矛盾（陈璐等，2017）。因此，地方政府通常倾向于发展更容易带动农民增收与经济增长的高效农业和特色农业。不少地方政府在发放种粮补贴的同时，也实施了针对非粮作物的补贴政策。并且，在加快农业结构调整、发展高效农业的导向下，一些地方政府对非粮作物的补贴水平明显高于粮食作物。这进一步拉大了生产粮食与非粮作物的相对收益差距，加剧了农民耕地利用的非粮化行为。

（三）简单一刀切治理非粮化并不合理

我国《农村土地承包法》明确规定"应尊重承包方的生产经营自主权，不得干涉承包方依法进行正常的生产经营活动"；此外，根据《基本农田保护条例》，农民被禁止的行为也仅限于"不得建窑、建房、建坟、挖砂、采石、采矿、取土、堆放固体废弃物或者进行其他破坏基本农田的活动，不得发展林果业和挖塘养鱼"，并没有禁止种植非粮作物的相关规定。如果简单强制要求农民在耕地上种植粮食，在某种程度上就与农民的生产经营自主权相违背。近年来，农民的维权意识变得越来越强，当治理非粮化与其市场化选择发生冲突时，他们就会以各种形式抵制非粮化治理工作，造成治理举措难以有效落地。

事实上，我国地域空间辽阔，不同地区耕地资源的禀赋状况与环境条件存在较大差异，有些地区的耕地更适合种植非粮作物而不是粮食作物，非要不顾各地实际强求一致，不仅农民不愿意，而且也不利于发挥各地农业比较优势。另外，在实践中粮食与非粮界限不明以及源于历史原因形成的非粮化，也是治理执行中经常遇到的困惑。由于国家对粮食作物与非粮作物并没有非常明确的区分标准，地方政府在操作中不好把握，导致同一种作物在不同地区待遇不同。至于属于历史遗留问题的非粮化，在重新改种粮食过程中会发生一些调整成本，但目前此类成本的分担机制尚不健全，这也在一定程度上阻碍了非粮化治理工作的顺利推进。

第七章　提升农民经营性收入质量的实践案例

进入 21 世纪后特别是党的十八大以来，我国"三农"改革发展持续推进，取得了历史性成就。通过长期探索，我国在提高农民经营性收入质量方面也积累了丰富的经验，涌现出了不少有典型意义的实践案例，呈现出政府主导自上而下推动实施与农民及其他涉农主体自发行动相结合的特点。本章围绕提高收入效益、降低收入风险、增强收入成长性、治理收入外部性四个方面，对提升农民经营性收入质量的若干代表性案例进行了剖析，在总结相关做法经验基础上说明了其实践启示，为今后进一步推进相关领域改革发展提供参考。

第一节　提高农民经营性收入效益的典型实践案例及启示

一、山东供销社率先探索土地托管，以服务规模化促进效益提升

在传统的以家庭为单位分散经营农业的条件下，由于小农户土地面积小，难以形成规模经济，导致其在农业经营中陷入成本高、效率低、资源闲置、增收难的困局。随着城镇化的加快推进，大量农村青壮年劳动力外出务工以增加收入，老年人和妇女渐成农业生产的主体，农业生产出现副业化、老年化趋势，土地粗放经营、有地没人种或种不好的现象比较突出，造成农业经营效益不佳。针对上述问题，山东省汶上县率先全国探索开展农田托管服务，以土地托管为切入点推进农业服务规模化，开辟了一条以服务规模化实现农业适度规模经营进而提高农业经营性收入效益的新路子。

（一）山东供销社探索土地托管的实践做法与成效

早在 2010 年春，汶上县供销社在农民自愿基础上，整合农资、农机等生产要素，联合村两委组建了农业专业服务组织，同有购买服务意愿的农户签订合同，探索开展耕、种、管、收、售等托管服务，使供销社成为农民可信赖的"田保姆"。2011 年 5 月，山东省供销社在汶上县召开了推进大田作物生产服务创新现场会，要求全省各级供销社学习借鉴汶上县的创新做法和经验，土地托管服务从汶上县向山东全省推广。山东供销社系统根据布局合理、规模适度、半径适宜、功能完备的基本要求，在各地设立为农服务中心，建立了平原丘陵地区 3 公里、山区 6 公里的托管服务圈[①]。随着实践的推进，土地托管服务显示出强劲发展势头与生命力，逐渐从大田作物走向经济作物，并进一步延伸至养殖业；与此同时，供销社提供服务的范围也在不断扩大。2013 年 6 月，山东省供销社再次于汶上县召开了推进现代农业服务规模化现场会，全面总结了汶上经验，正式确立了将土地托管为抓手推动农业服务规模化的工作思路。近年来，山东供销社不断深化土地托管服务改革，探索推出了"土地股份合作+全程托管服务"新模式，加大力度开展农田整合，促进土地成方集中连片，为专业化大面积种植提供更加便利的条件，推动在地块层面上形成良好的规模经济效应。

山东供销社系统在土地托管方面的创新实践，赢得了省内广大农民的普遍认可，也引起了中央的高度关注。2013 年 4 月 18 日，经过《人民日报》的报道后，"农民外出打工、供销社为农民打工"的口号从山东供销社系统传遍全国。同年 10 月，全国供销合作总社在山东召开会议对山东供销社开展土地托管的经验做法进行了总结。此后，土地托管从山东供销社逐步推广到全国供销社系统，各地供销社因地制宜开展了全托管、半托管等多种模式的托管服务。截至 2019 年底，全国供销社系统托管土地总面积已达 2 亿亩，土地托管服务成为供销社系统为农服务的一张新名片。

土地托管服务产生了良好的经济效益。从采购和销售环节看，承接托管业务后农业服务主体可进行大批量统一采购以降低成本，在市场上销售产品的议价能力也更强；从种养环节看，土地托管带来的服务规模化不仅能提高农资农机利用效率、降低物耗成本，还有助于节约劳动力的使用、减少人工成本。据有关调查统计，实施规模化农机作业，粮食作物亩产可增加 10% 到

---

① 至 2020 年已基本实现乡镇全覆盖。

20%；开展专业化统防统治飞防作业，可降低农药使用量20%左右，提高工效300至600倍；运用测土配方可使每亩减少化肥施用量15%到20%[1]。每亩玉米和小麦，可分别节省劳动力成本约120元、180元[2]。接受托管服务的农田，粮食作物增效400元至600元，而经济作物增效可达1000元以上[3]。随着单个服务主体服务对象的增多和服务土地面积的扩大，规模效益体现得越来越明显。可见，土地托管促进了农业生产规模经济效应的形成，有效降低了生产经营各环节成本，产生了增产节支提效作用，提高了农业经营的利润率。另外，通过公允的服务收费，服务规模化效益在服务提供方（供销社）和服务接受者（农户）间实现了合理分享，接受托管服务农民的农业经营性收入效益获得了提升。

（二）以土地托管和服务规模化实现农业规模经营的优势

综观世界发达国家的农业现代化、规模化发展历程，人少地多的国家大多选择土地规模化道路。我国农村人口多、人多地少的基本国情农情，决定了不可能单纯依靠土地流转来实现农业规模化经营，服务规模化是使我国众多小农户分享规模经济红利的重要途径。山东供销社系统在土地托管方面的探索与实践表明，在不流转土地的情况下，通过引入专业化、规模化的农业生产性服务，同样可以起到降低生产成本、提高产出效率、获得规模经济的作用，依托服务规模化实现农业适度规模经营目标完全具有现实可行性。

从实践结果来看，土地托管相比土地流转在实现农业规模经营方面具有几个显著优势：一是不改变农户对承包地的经营权，使不愿转出土地的农户也能分享农业规模经济效益，适应了部分农民在外出务工同时又想保留土地的实际需求；二是不产生土地流转租金，避免租金过高而对转入方形成农地非粮化、非农化的激励；三是由服务主体对农田实行统一管理、统一经营、统一服务，充分发挥了统分结合双层经营体制中"统"的功能。展望未来，随着城镇化的进一步推进与乡村非农产业的快速发展，将有更多农业劳动力转移到城镇与非农产业部门，农村家庭外包农业生产性服务的总需求将继续扩大，开展土地托管的前景广阔。今后，要持续深入发掘土地托管在推动农业服务规模化方面的潜力，更好发挥其促进农业生产降本增效与提升农民农

---

[1] 王晶："创新土地托管 搭建为农服务云平台——探寻山东省供销社推进农业供给侧改革实践"，《中国经济时报》2017年5月25日。
[2] 联办财经研究院课题组：《山东省张营供销社土地托管调研报告》，2017年2月。
[3] "山东供销社：土地托管服务规模化"，《经济日报》2014年6月3日。

业经营性收入效益的作用。

二、返乡创业试点区打好政策"组合拳"，着力降低创业投资成本

近年来，随着城乡融合发展的加快与国家"双创"战略的推进，全国各地出现了大批农民工返乡创业的热潮，返乡创业经营性收入正成为农民经营性收入的重要组成部分。返乡创业人员由于资源方面的限制，经营规模一般较小，对成本的承受能力普遍较弱。因此，降低返乡创业农民工的投资创业成本，对提高这一群体的经营性收入效益无疑具有重要意义。

2015年6月，国务院办公厅发布《关于支持农民工等人员返乡创业的意见》，提出了"降低创业成本""促进公共管理水平提升和交易成本下降"的要求；同年12月，国家发改委发布的《关于结合新型城镇化开展支持农民工等人员返乡创业试点工作的通知》再次强调要"降低创业成本"。从2016年起，国家发改委、工信部、财政部等10部门联合启动了结合新型城镇化开展支持农民工等人员返乡创业的试点工作，在全国范围内先后选择了三批地区共341个县/市/区进行试点，积极探索优化鼓励返乡创业的体制机制环境。从试点进展情况看，各试点地区结合本地实际，通过打好政策"组合拳"努力降低返乡创业人员的创业投资成本，对改善创业人员的经营性收入效益起到了积极作用。总体而言，试点地区降低创业投资成本的相关政策举措，主要包括降低可货币化计量的会计成本以及减少较难货币化计量的交易成本两方面内容：

在降低创业会计成本方面，试点地区的着力点放在税费减免、财政补贴、价格优惠等政策上。例如，安徽太湖县采用"税收减一点、规费免一点、财政补一点"的方式支持返乡农民工进驻返乡创业园区开展经营活动，具体举措包括：返乡创业人员创办的企业在企业所得税上享受与招商引资企业同等的优惠政策；入园3年内免缴物业管理费和卫生费、减半缴纳场地费、适当减免水电费；对返乡从事个体经济、种植业、养殖业、电商等符合条件的创业人员，发放不超过10万元的担保贷款并由财政部门给予贴息；对返乡人员创办的物流、健康、乡村旅游等服务项目给予财政补助等。再如，江苏金湖县推出了一系列资金减负政策，通过降低创业补贴申请门槛、扩大政策受益范围等方式，持续加大一次性创业补贴、场地租赁补贴、创业带动就业补贴等政策的力度，有效地减轻了返乡创业者的创业成本负担。

在减少创业交易成本方面，试点地区以"放管服"为抓手，聚焦公共服务不完善、证照办理环节多等突出问题深化改革，推出了不少富有含金量的创新举措来减少创业中的交易成本。例如，河南汝州对涉及农民工返乡创业的行政许可审批事项进行了全面清理，尽可能简化审批手续和流程，积极推行"互联网+"政务服务，促进了行政效能的明显提升；此外，汝州还建设了农民工返乡创业综合公共服务中心，为返乡创业的农民工开辟了绿色通道，提供注册登记、创业指导、政策咨询、优惠政策落实等"一站式"服务。再如，广西灵山县依托创业指导中心这一载体，为返乡创业农民工提供项目开发、创业培训、开业指导、创业贷款等方面的服务，并利用信息化技术和平台推出了"点对点、面对面、一对一"的自助式快捷服务模式，为创业投资人员提供了便利。

在试点过程中，有些地区在提高政策精准性上下功夫，出台了精细化的扶持政策。如四川仁寿县设立了电子商务发展专项基金，专门用于鼓励和支持返乡人员创业经营农村电子商务服务；仁寿县按照电商发展规律和不同类型，将电商企业分为初创型、规模型、示范型和服务型四大类，针对不同类型采用以税代租、项目奖励、税费减免等政策，并给予不同标准的扶持。

尽管国家结合新型城镇化开展支持农民工等人员返乡创业的试点工作已于2021年9月到期结束，但各试点地区所积累的经验做法仍具有学习借鉴和推广意义。就试点中积累的降低创业投资成本的经验而言，对今后继续探索和改革创新带来以下几点重要启示：一是要综合运用好财税、金融、土地、价格等经济政策工具，切实降低创业农民的初创成本及后续运营成本，为农民提高经营效益提供有力的政策支持；二是要强化政府的主动服务意识、健全服务体制机制，当好创业者的"店小二"，努力营造行政效率高、公共服务优、交易成本低的营商软环境，切实降低创业投资的交易成本；三是将普惠政策和特惠政策结合起来，针对不同创业群体需求制定差异化的降成本政策，着力提高政策的有效性和精准度。

三、各地积极探索农业品质化品牌化发展新路，让农产品卖出好价钱

针对低端农产品供给过剩、农户售卖农产品价格偏低的问题，不少地区近年来开始转变农业发展思路与模式，由增产导向逐步转向提质导向，从提高农产品质量和推进农业品牌建设入手，探索走农产品优质优价和品牌溢价的道路，促进农产品卖出好价钱，由此提高农民的农业经营性收入效益。

陕西安康市处于中国富硒地带，所产茶叶天然具备"富硒"优势。为了更好将自然优势转化为经济效益，安康积极探索走科技兴茶之路，通过与农业科研院所进行合作，研发新品种、开创性技术，不断提高本地茶产业科技水平；与此同时，建立健全茶产业技术推广体系，在茶农中广泛推广良种良法，定期围绕茶叶建园管理和茶叶加工生产开展培训，有效推动了茶产业提质增效。为了打好打响"富硒牌"，安康市统筹安排大力开展"安康富硒茶"区域公用品牌建设，充分利用电商与直播平台扩大品牌知名度和影响力，品牌综合评估价值已经达到 29.94 亿元。在品牌推动下，当地茶农采摘的鲜叶和茶企产品的售价都有了明显提升，最高等级的茶叶可卖到每斤 3000 元[①]。河南兰考地处黄河故道，土壤以弱碱性砂壤土为主，省农科院专家经调研认定特别适合蜜瓜种植。为此，省农科院自 2016 年起与兰考县共建设施蜜瓜种植示范基地，大力推广自主选育和引进的多种优质甜瓜新品种，依托"农科院+合作社+种植户"模式在合作社与瓜户中开展标准化、规模化生产。为了促进优质优价，县蜜瓜产业协会于 2017 年注册了"兰考蜜瓜"商标，同年，兰考蜜瓜还成为了兰考县首个国家农产品地理标志产品。品牌优势使优质兰考蜜瓜拥有了更强的竞争力，价格快速提高，从以前 1.3 元/斤攀升至 3.5 元/斤，使种植户获得了较高收益[②]。山西运城位于公认的苹果"黄金生产带"，全市苹果种植面积大、年产量高。但是，由于在很长一段时期缺乏区域公用品牌，当地苹果品牌呈现多、小、散的特点，品牌溢价能力较弱。针对这一问题，运城市按照"区域公用品牌+县域品牌+企业商标"模式，实行"母子品牌"运作，全市优质果品在对外推介、产品包装和广告宣传上统一使用"运城苹果"品牌，做到口径、商标、包装一致。在发布区域公用品牌的同时，运城市还公布了运城苹果的生产标准，按果业部门制定的标准精细化管理全市 2000 多个标准化果园，以过硬的果品质量支撑区域公用品牌。当地苹果种植户从中广泛受益，优质品牌苹果价格相比以往翻了好几番。陕西安康茶叶、河南兰考蜜瓜、山西运城苹果是打造高品质、优品牌农业的典型实践案例，其经验做法对促进农产品卖出好价钱颇有启示意义，那就是要以产品质量和品牌为依托，走农业品质化品牌化发展道路，强化新技术研发推广和标准化生产在提高农产品品质中的作用，大力推动农业区域公用品牌的共建共享，形成用高品质支撑品牌建设、以响亮品牌促进优质优价的良性循环。

  农民尤其是小农户依靠自身力量提高品质的能力有限，且囿于短视也不一定有足够的积极性去改善品质。为此，发挥新型农业经营主体的带动作用

[①] "不负青山得'安康'——陕西省安康市'因茶致富、因茶兴业'绿色发展纪实"，《农民日报》2021 年 4 月 22 日。

[②] "兰考蜜瓜凭啥贵了两倍多"，《河南日报》2021 年 5 月 11 日。

就非常必要。从20世纪90年代末以来，新疆玛纳斯县充分发挥自然资源优势和葡萄种植传统优势，大力发展酿酒葡萄种植业。但在发展初期，玛纳斯县的葡萄种植方式较为粗放，产量虽然较高但品质很一般，葡萄价格低廉。随着一批批知名酒企和酒庄入驻并与当地农户开展订单种植合作，种植开始逐步往精细化、标准化方向转变。例如，龙头酒企新疆中信国安要求与其合作的农户严格限制每亩种植株数，并采取了亩定株、株定蔓、蔓定枝、枝定穗等技术手段，确保产出的葡萄品质达到酿造原料的标准；此外，企业还制定了优质优价的收购条款，对优质葡萄以普通价乘以一定系数来确定更高的收购价，由此激励种植户增强品质意识、努力提升产品质量。安徽来安县在确保粮食安全基础上，近年来着力推动粮食生产从主要满足量的需求向注重满足质的需求转变。当地农业龙头企业金弘安米业与粮农建立了紧密的利益联结机制，为合作粮农提供全程生产服务，建立了"优粮优价"收购机制对优质稻米加价收购，引导粮农种植适应市场需求的优质粮食；与此同时，企业还打造了多个香米、粳米品牌，通过品牌形象运作大幅提升了大米附加值，并带动了收购价的上升，促进了粮农种植效益的提高。从上述两个案例可以看出，发挥农业龙头企业等新型农业经营主体在农业品质化品牌化发展中的带动作用具有重要意义。

四、17省区实行"粮改饲"，促进农民种养效益双提升

从2011年到2015年，我国玉米种植增长较快，种植面积从5.03亿亩增加至5.72亿亩，总产量从1.93亿吨增加至2.25亿吨。其中，食用玉米的供给扩张速度尤其快。受国内消费需求增长放缓、替代产品进口冲击等因素影响，食用玉米价格进入2015年下半年后明显下滑，导致玉米种植户效益大幅下降，出现了大范围的亏损。另一方面，在我国肉类消费需求快速增长的带动下，养殖业对优质饲草料的需求不断扩大。但食用玉米等粮食种植面积偏多挤压了饲草料的种植空间，造成国内饲草料供给较为短缺。2015年我国进口苜蓿草总计121.34万吨，总金额高达4.69亿美元，养殖户的饲料成本较高。

面对这种形势，2015年中央一号文件提出"支持青贮玉米和苜蓿等饲草料种植，开展粮改饲和种养结合模式试点，促进粮食、经济作物、饲草料三元种植结构协调发展"。当年，农业农村部会同财政部在山西、内蒙古、黑龙江、甘肃等10省区33个县试点粮改饲，引导种植户将食用玉米等粮食作物改种为青贮玉米、牧草等饲草料作物，收获加工后以饲草料产品形式就地转化，更好满足当地养殖户（企业）对优质饲草料的需求。为了推进试点工作，中央还给予了试点地区财政补助。之后几年，试点地区范围分批扩大，中央财政补助总额也相应增加。至2019年，粮改饲实施范围扩大到了17个省区629个县，完成面积达到1500万亩以上，中央财政用于粮改饲项目的资金从2015年的3亿元增加至2020年的23亿元。2020年，根据中央一号文件的新要求，粮改饲以北方农牧交错带为重点进一步扩大规模。

通过粮改饲项目的实施，试点区许多种植户积极调整种植结构，从原先种植食用玉米改为种植青贮玉米等饲草料作物；与此同时，不少养殖户也改变了饲料结构，从原先以黄贮饲料为主转向更多使用青贮饲料。经过几年试点，国内玉米供求逐步趋于平衡，饲草料短缺的问题也有所缓解。从试点地区农民的收入效益看，无论种植户还是养殖户，其经营效益均有较明显提升（表7-1）。首先，种植户由食用玉米改种饲草料后，因后者的市场价值更高，亩均净收益得以增加。其次，粮改饲后养殖户用本地饲草料代替进口或异地采购的饲草料，使牛羊养殖成本下降[①]。再次，养殖户使用优质饲草料喂养后，出栏牛羊的品质获得提升，相比以前能卖出更好价钱。据农业农村部统计，粮改饲使种植环节亩均增收300到400元，使养殖环节肉牛每头增收900元以上、羊每头40元以上。

表7-1 部分地区"粮改饲"后农户种养效益提高情况

地区	种植户效益提高情况	养殖户效益提高情况
河北	种植青贮玉米比种植籽粒玉米每亩增收150~200元，种植效益提高17%~23%	饲喂全株青贮玉米提高奶牛产奶量，公斤奶成本下降5.6%；全株青贮饲喂肉牛肉羊加快增重、提前出栏，降低肉牛饲喂成本16.7%、降低肉羊饲喂成本约40元

---

① 例如，在河北某地调研时，有家养殖大户反映，在粮改饲前他每年都要从国外进口大量苜蓿喂牛，成本高昂；粮改饲促进了当地饲草种植快速发展，目前他几乎都使用本地生产的优质饲草喂养，每年由此减少成本十多万。另外，据有关媒体报道，甘肃西和县石堡镇在"粮改饲"基地建成前，养殖户们只能到外地购买饲料，每吨饲料费高达650元左右，还要自付运费，造成肉牛养殖成本居高不下。粮改饲后，当地党委政府建成了"粮改饲"基地，由当地种植户自己生产饲料，有效解决了全镇肉牛饲料短缺问题，并将饲料成本降低到每吨300多元。

续表

地区		种植户效益提高情况	养殖户效益提高情况
广西		种植籽粒玉米每亩约1530元,种植青贮玉米每亩约1800元,每亩增收约270元	利用全株青贮玉米喂养300公斤肉牛,每天减少0.5公斤精饲料,节约1.2元左右,比原先减少6.6%
甘肃	甘州	种植籽粒玉米、饲用玉米的每亩净收入分别为385元、590元,每亩增收205元	—
	秦州	种植青贮玉米比种植籽粒玉米每亩效益提升300元到500元	—
	广河	—	全贮饲料的吸收率远高于普通玉米秸秆饲料的吸收率,由此可降低养牛饲料成本约50%
山西朔州		种植籽粒玉米亩均收益约1000元,改种全株青贮玉米后亩均收益1200~1500元,每亩收益增加200到500元	—
内蒙古通辽		—	全部改用青贮饲料,每头黄牛的喂养成本能减少约2000元

资料来源:根据网上相关报道与自行调研所得资料汇总整理。

17省区通过粮改饲促进农民种养效益提升的实践,对提高农民经营性收入效益带来以下几点重要启示:第一,以深化农业供给侧结构性改革为抓手促进农业经营效益提升。要积极引导农民根据市场需求变化及时调整家庭农业生产结构,减少产能过剩农产品的生产,增加结构性短缺农产品的供给。第二,在选择结构调整方向时,要立足本区域资源禀赋和农户生产经营能力,尽可能减少调整成本。虽然从理论上讲,玉米种植户也可选择改种利润率更高的蔬菜、药材等经济作物,但种植技术和管理经验难以适应;而由种植食用玉米转向种植青贮玉米或其他饲草料,调整成本相对较低,结构转换过程更加顺利。第三,发展种养结合模式,促进种养降本增效。要顺应农牧业发展新形势,重点在农牧交错带推进农牧结合、种养一体化,打通农牧业结合通道;引导养殖户(企业)、饲草料加工企业与当地种植户积极对接,建立紧密而完善的利益联结机制。

第二节 降低农民经营性收入风险的典型实践案例及启示

一、调控重心从短期转向长期，探索破解"猪周期"的长效机制

2006年以后，我国生猪价格波动加剧，生猪养殖户面临的经营性收入风险相比以往显著上升。为了平抑猪价过度波动，政府出台了一系列调控措施，涵盖了生猪生产、防疫、流通等多个环节，这些政策举措对短期内抑制价格波动起到了一定效果，促进了生猪市场价格的稳定。但是，由于调控政策偏重于临时干预，再加上政策时滞性和生产调整滞后性，十多年来我国猪价经历了多轮过山车式的大涨大跌，生猪市场始终未能走出大起大落的"怪圈"。

2021年年初开始，受到产能恢复、肥猪集中出栏、市场需求下降等多重因素叠加影响，生猪价格快速大幅下跌，不少养殖户遭遇了未预期到的严重经营亏损。在此情形下，国家有关部门对生猪市场开展了新一轮调控，于6月至9月连续出台了《完善政府猪肉储备调节机制做好猪肉市场保供稳价工作预案》《关于促进生猪产业持续健康发展的意见》和《生猪产能调控实施方案（暂行）》等文件，对本轮调控的经验做法加以机制化和制度化。同以往相比，本轮调控采取了一些比较重要的新政策举措，主要包括：第一，增加了监测预警指标。除了猪粮比价外，还引入了能繁母猪存栏量变化率指标，该指标是一个先导性指标，能对未来8~10个月生猪产能变化作出预警，从而增强风险预警的前瞻性。第二，新设定了预警区间。针对猪价过度下跌情形，将猪粮比价、能繁母猪存栏量变化率作为预警指标，设置了三级预警区间，并综合考虑生猪养殖成本变化及盈亏平衡点加以动态调整。第三，根据储备调节的不同功能分设常规储备和临时储备。前者用于满足市场调控与应急投放需要，而后者主要在猪价过度波动时实施以稳定市场价格。第四，推动建立生猪稳产保供长效机制。确保生猪生产长效性支持政策基本稳定，完善生猪信贷政策与政策性保险，持续优化环境管理服务，严格落实生猪稳产保供省负总责制。第五，建立生猪生产逆周期调控机制。以能繁母猪存栏量为核心调控指标，将其变动划分为绿色、黄色与红色三个区域，分别采取不启动调控措施、启动调控措施、强化调控措施三种应对方案，使能繁母猪存栏量保持在合理水平。

始于2021年初的又一轮生猪市场调控，在调控理念、思路和政策上发生了较大变化，在探索摆脱"猪周期"上取得了重要进展、积累了一定经验，对有效降低生猪养殖户经营性收入风险带来了有益启示：首先，本轮政策调控不急于求成，注重保持长效性支持政策的稳定性，避免如以往那样随意"翻烧饼"，这有利于稳定养殖户预期，防止生猪产能过度淘汰埋下今后价格过度上涨的隐患。其次，近几轮的波动表明，保持猪价稳定必须以稳固的基础产能为支撑，所以这次调控将能繁母猪存栏量作为核心指标，这就抓住了生猪市场供应的总开关。只要使能繁母猪存栏量变动保持在合理区间，生猪市场供应和猪价就能实现相对稳定。再次，临时储备是结合本轮调控实践，并参考借鉴其他重要商品储备建设经验提出的；通过运用临时储备，可使猪肉储备的总规模获得提升，由此增强对市场的调控能力。

二、各地探索农产品错季销售模式，降低集中上市引发的跌价风险

农产品在短期内集中上市导致供过于求、价格大幅下跌，是引发农民经营性收入风险的重要原因。为了尽可能减少集中上市带来的风险损失，各地积极探索通过错季销售，实现各时期均衡上市，由此促进产销平衡、价格稳定。在错季销售模式的形成过程中，既有农户自发的实践摸索，也有政府部门、农村集体组织、农民合作组织以及社会化服务机构的引导与支持。

培育错季品种是实现错季销售的一种有效办法。例如，河北赵县以生产雪花梨闻名，但以前赵县梨果的品种较少，九成以上都是传统品种，一到成熟季节大批量集中上市后，价格容易快速下滑。近年来，赵县农业部门顺应农业供给侧结构性改革要求，发展了秋月、袖珍香、奥红等新品种，实现了早中晚熟品种的合理搭配。通过多品种种植，拉长了梨果供应期，填补了雪花梨成熟前的市场空当，增强了梨农的抗市场风险能力[1]。再如，在湖南永州祁阳县观音滩镇西瓜种植基地，种植户们面对本地西瓜成熟后大量扎堆上市、收购价过低的问题，由一种植大户带领周边种植户一起进行了市场分析，决定错开西瓜大量上市的季节，推广种植晚熟西瓜，在5月份移栽定植瓜苗、8月中旬成熟上市。在取得初步成效基础上，种植户打算进一步运用新技术、引进新品种，争取一年四季都能生产西瓜[2]。

利用冷链仓储延缓农产品上市时间，也是促进错峰销售的一种较常见做

---

[1] 根据赵县生活圈网站上的相关文章资料整理。
[2] 根据祁阳新闻网上的相关报道整理。

法。例如，河南安阳内黄果蔬城积极打造现代冷链物流果蔬集散中心，分两期建设容量达55万平方米的冷库。适合冷链仓储的果蔬，可以通过冷冻保鲜实现延期销售，避免因集中上市出现价廉伤农现象。通过冷链储藏虽然能避开上市高峰销售、防范了集中售卖期的跌价风险，但也会增加仓储成本；如果未来农产品售价达不到预期水平，农民仍将面临一定的收入风险。而"保险+期货"的试点，为农民摆脱上述困境提供了较有效的政策工具，使农户可以放心进行错季销售。如据有关报道，甘肃"苹果之乡"静宁县有不少果农采用了冷藏错季销售的策略，但2020年受疫情影响，苹果价格持续下滑，导致错季销售不理想；不过，参加"保险+期货"项目的果农获得保险理赔后有效降低了损失，较好实现了收入的托底保障[①]。

除了引入错季品种、冷链仓储延期销售外，还有的地方通过划分片区的方式，合理指导农民错季种植、均衡上市。如甘肃榆中县农技中心蔬菜站为了引导全县蔬菜均衡上市，按气候、土壤、光热等条件，在全县划分了3个种植片区，不同片区作物的种植与成熟时间错开并有序衔接，较好促进了产销平衡[②]。

三、保险业通过拓展领域和跨界融合提升对农民经营的风险保障能力

（一）首创乡村旅游政策性保险，助旅游经营户分散经营风险

近年来，我国乡村旅游快速发展，逐渐成为农民经营性收入的新增长点。然而，经营乡村旅游的过程中也存在诸多风险，除了价格波动等一些共性风险外，还面临游客安全风险这一旅游业特有的行业性风险。在乡村旅游经营主体中，有相当一部分是以家庭为单位的个体经营户，他们投资规模小、抗风险能力较弱，一旦发生严重的游客食品安全、人身安全或财产安全事件，赔付款会给经营户带来较沉重的额外成本负担，使其面临较高的经营性收入风险。

针对上述问题，中国保险行业协会与北京市旅游委合作，组织保险公司和专业机构在调查研究基础上，于2017年推出了全国首个乡村旅游行业的政策性保险项目"京郊旅游保"。该保险的承保对象为星级民俗旅游经营户、乡村旅游特色业态经营户、京郊十区3A级以下等级旅游景区等民俗旅游经营单

---

① "创新金融服务化解'果贱伤农'"，《人民日报》2021年3月15日。
② "跟着市场种错开上市期"，《农民日报》2015年7月14日。

位（户），承保范围涵盖了人身死亡、伤残、食物中毒、意外医疗和财产损失等，最高赔付额度达到了30万元/人。保险费的80%由市级财政出资，剩余的20%由区级财政或经营户承担，经营户的保费负担较轻。

这一新型保险项目推出后，吸引了众多旅游经营户主动参保。据统计，2017~2019年项目总体覆盖率为68.77%，累计承保12420户，风险保障金额83.832亿元，投保经营户对"京郊旅游保"的满意率达到93.76%[①]。"京郊旅游保"项目的开展，为民俗旅游经营户提供了有效的风险保障，极大减轻了游客安全事件对经营性收入带来的冲击；此外，该项目的试行也推动了政策性保险从传统的农业领域向乡村旅游、观光休闲农业等领域的延伸拓展。"京郊旅游保"这一乡村旅游政策性保险项目的创新实践也表明，要积极探索政策性保险向农村新产业新业态延伸的可行性，使政策性保险在更大行业范围内发挥降低农民经营性收入风险的积极作用。

（二）"保险+期货"跨界融合创新，助农民化解市场价格风险

虽然保险具有化解农民经营性收入风险的作用，但在应对价格波动引发的收入风险方面，保险这一风险管理工具表现出较明显的局限性。这是因为市场价格风险属于系统性风险，保险公司缺乏分散风险的机制，容易发生较大亏损（程郁、叶兴庆，2017）。尽管从理论上讲农民可以利用期货市场对冲价格风险，但在现实中，由于资金实力、知识水平等方面的劣势，绝大多数农民是没有能力直接参与期货市场的。

在保险业和期货业各自探索化解农民收入风险的过程中，出现了相互合作与跨界融合的趋势，逐步形成了农产品"保险+期货"这种创新模式。该模式最早由大连商品交易所于2015年牵头并联合会员单位探索实施，在国内开了先河；次年的中央一号文件明确提出要"稳步扩大'保险+期货'试点"，此后，"保险+期货"连续7年写进了中央一号文件。在"保险+期货"实际操作中，保险公司根据期货市场上农产品期货价格，开发相应的农产品价格保险产品并提供给农户购买；与此同时，保险公司向期货公司买入看跌期权转移赔付风险，相当于实现了"再保险"。通过保险与期货的组合运用，使农产品价格风险最终转移到期货市场上，形成风险分散、多方共担的格局。"保险+期货"模式将保险行业的承保理赔作用与期货市场的风险规避功能有效地结合在一起，创新性地解决了农产品价格不可保、市场价格风险难规避的

[①] "政策性保险如何为乡村旅游保驾护航"，《农民日报》2021年7月12日。

难题。

近年来,"保险+期货"的试点地区持续扩大,覆盖的农产品种类不断丰富,参与项目的农户数量也越来越多[①],较好发挥了帮助农民降低农产品价格波动引发的经营性收入风险的作用。2019 年,中央深改委印发的《关于加快农业保险高质量发展的指导意见》进一步提出"鼓励探索开展'农业保险+'",农业保险与期货、期权、信贷、担保等金融工具联动发展的步伐开始加快,今后有望在管理农民经营性收入风险方面发挥出更强大的功能。

第三节 增强农民经营性收入成长性的典型实践案例及启示

一、支持农户开展适度规模经营,以规模化促增收

就家庭层面而言,扩大生产经营规模是促进经营性收入增长的重要途径之一。然而,人均耕地面积少是我国的基本农情,耕作小块土地极大限制了农民农业经营增收的空间。2013 年中央一号文件提出"引导农村土地承包经营权有序流转,鼓励和支持承包土地向专业大户、家庭农场、农民合作社流转,发展多种形式的适度规模经营"。在该政策方针的指引下,各地加快推进农村土地流转,一大批种田能手通过转入土地扩大了生产规模,由此实现了经营性收入的快速增长。

福建沙县开展土地信托流转就是这方面的一个典型案例。沙县全县有 6 万余人外出经营沙县小吃,由于本地劳动力缺乏,大量的土地因此被撂荒,而同时又有一批农户想要流转土地搞规模生产,这使得民间自发流转土地逐步兴起。然而,土地自发流转存在较多无序现象,为此,沙县及时成立了县乡村三级土地流转服务机构,发挥土地流转的中介桥梁作用;设立了土地承包经营权信托公司,用以解决土地流转中的资金和受益问题;此外,还针对土地流转开发出多种类型的信贷融资产品。由此,沙县土地流转从小面积自发交易向规模化、组织化方向转变。截至 2017 年 10 月,沙县已流转土地 14

---

① 据初步统计,截至 2021 年 6 月,累计开展"保险+期货"项目 930 多个,涉及 27 个省 459 个县,品种达到 14 个,现货量接近 1400 万吨,服务农户 141 万户,实现赔付超过 13 亿元。

万亩，土地流转率达到 72.3%。依托土地流转，全县的种养大户增加至 1000 多户，发展出家庭农场 300 余家①。由于沙县流转土地成效显著，福建省专门下发文件，推广沙县开展的土地信托流转模式。

湖南江永县建立在土地流转集聚基础上的"家庭农场+贫困户"扶贫模式也有一定代表性和启示意义。该县在脱贫攻坚中发现，由于当地耕地面积小且分布散，很多贫困户局限于一亩三分地耕作难以脱贫致富，一些经营能力较强的农户也因为土地规模难扩大而制约了持续增收。于是，江永县成立了土地流转中心，鼓励并支持土地承包经营权向家庭农场、种植大户以及有发展意愿和潜力的普通农户流转，这些农户的生产规模由此得以不断扩大，土地流转起到了有效促进农业经营增收的作用。与此同时，江永县还探索实行"家庭农场+贫困户"扶贫模式，帮助贫困户以土地入股、到农场务工等方式与家庭农场结合为利益共同体，由家庭农场带动贫困户增收。通过这种模式的实施，较好实现了规模农户与贫困户的互利共赢。

二、积极探索产业融合发展新路，拓展农民经营性收入增长空间

产业融合是驱动农民经营性收入成长的重要动力。2015 年中央一号文件首次正式提出"推进农村一二三产业融合发展"并明确了农村产业融合发展是促进农民增收的重要途径，2016 年中央一号文件进一步提出"推进农村产业融合，促进农民收入持续较快增长""推动产业融合发展成为农民增收的重要支撑"。

（一）四川达川：乌梅产业融合发展带动农民持续增收

近年来，我国不少地区从乡村产业多元化融合发展着手，积极发掘促进农民经营性收入增长的新空间，通过延伸农业产业链、开发农业多功能等多种途径，为农民在传统农业种养收入之外开辟了新的经营增收道路。四川达州市达川区依托乌梅这一特色农产品，逐步打造出完整的乌梅产业链，以乌梅产业精深融合发展为当地农民经营性收入增长注入了强劲动力，成为产业融合带动农民经营增收的典型样本。

在 20 世纪 90 年代中期以前，达川的乌梅产业结构单一，主要依赖于种植，种植户的收入增长较为缓慢。自 90 年代末起，当地农民尝试自己酿制乌梅酒，开始进入加工领域。步入 21 世纪后，达川大力发展乌梅产业，建设以

---

① "土地流转这些年，我县农业大变化"，公众号"沙溪之声 995"，2017-10-24。

百节镇、渡市镇为中心的两大乌梅产业基地，着力从前端种植向后端加工延伸。通过培育和引入新型农业经营主体，建立乌梅烘干、酿制等初深加工生产线，陆续开发了乌梅干、乌梅粉、乌梅丸、乌梅酒、乌梅露等20余个产品，并打造出了"茶园山""川来蜀往""冯山林"等多个知名品牌。达川采用了"公司+合作社+基地+农户""合作社+农户"以及产业联合体等多种利益联结机制，使乌梅种植户能合理分享加工与流通环节的增加值，促进经营性收入的增长。

在乌梅特色现代农业园区基础上，达川依托悠久的历史文化和优美的自然风光，积极探索走园区建设景区化的新路子，打造融文旅、农旅于一体的"乌梅文化体验+自然风光+养生度假+乡村休闲"的"乌梅文化+"系列主题文化旅游区。通过整合资源并植入文化元素，达川逐步形成了以百节滩、观景台、乌梅文化广场、乌梅文化展览馆为代表的十大景点；在一些重要节日，达川还会举办专题活动（如乌梅采摘、品乌梅酒等），有效带动了沿线农民创办微型农家乐、售卖鲜活农副产品。目前，乌梅山景区已成功创建4A级景区，年接待游客总量达到300万人次以上，创造旅游收入超过2亿元。由乌梅衍生出的产业链和产业融合网，已成为推动当地农民增收致富的大产业。

（二）福建寿宁下党乡：文旅融合助力农民经营增收

随着居民游乐需求的快速增长与美丽乡村建设的稳步推进，乡村旅游逐渐成为农民经营性收入的新增长点。当前，乡村旅游正从以往浅层次的观光式向深度的体验式转型升级，游客除了欣赏田园风光、品味农家饭菜外，还希望能获得丰富多彩的文化体验，旅游需求开始朝着品风情、求体验等更高层次迈进。我国有着厚重历史文化积淀的广袤农村，在文化资源上具有独特优势，为满足旅游体验需求提供了广阔空间。近年来，我国一些乡村旅游区和旅游经营主体敏锐地把握住旅游需求变化带来的机遇，从挖掘乡村文化上下功夫，通过积极开展民间艺术表演、民俗陈列、民族节庆、农耕展示、遗址参观等文旅创意活动，带给游客与众不同、印象深刻的文化体验，由此增强景区对旅游客源的吸引力，促进了当地农民旅游相关经营收入的较快增长。

福建省宁德市寿宁县下党乡依托"下乡的味道"这一知名扶贫定制品牌，专门规划建设了"下乡的味道"一条街，将非遗项目乌金紫砂陶制作工坊、廊桥技艺、提线木偶戏等一系列文化元素融入其中，使游客逛街时有进入文化大观园的感受；此外，下党乡还保护性修复与开发了明清古民居，推进传统村落的活化和发展，积极打造闽东乡愁的廊桥文化，众多游客从中体验到了真正的乡村风情。如今，入选首批"全国乡村旅游重点村"的下党乡旅游项目丰富、商铺云集、游人如织，文化旅游品牌持续升温。2018年接待游客15万人次，村民从中直接增收800多万元；2019年接待游客数增加到了18.3万人次，村民直接增收额上升至900多万元，人均增收约1300元[①]。通过做足"下乡的味道"来推动乡村旅游发展，是下党乡村旅游走出特色之路、有效带动农民增收的关键。下党乡的实践表明，要注重发掘乡村旅游的文化内涵，促进高质量文旅产品的供给，依靠文化旅游融合发展新优势的培育为乡村旅游收入增长注入新动能。

三、围绕高素质农民培养开发农村人力资本，提高农民经营增收能力

农民人力资本积累不足、人力资本水平偏低是制约农民经营性收入可持续增长的重要内在原因。为了破解农民人力资本和综合素质与农业农村现代化发展不够适应、不够匹配的问题，我国从2012年起开展了新型职业农民培育，以提高农民素质与农业技能为核心，对务农骨干农民开展教育培训。党的十九大后，我国在农村人力资本开发上有了新思路、新举措。2019年8月19日起施行的《中国共产党农村工作条例》首次提出"要培养一支有文化、懂技术、善经营、会管理的高素质农民队伍"，国家"十四五"规划纲要进一步明确提出"实施高素质农民培育计划"，2021年2月中办国办印发的《关于加快推进乡村人才振兴的意见》再次强调"培养高素质农民队伍"。党的二十大提出"扎实推进乡村人才振兴"，之后召开的2022年中央农村工作会议要求"全面提升农民素质素养，育好用好乡土人才"。培养高素质农民已成为当前农村人力资本开发的重点任务，也是高质量发展背景下提高农民可持续增收能力的重要抓手。

在中央层面，培养高素质农民的顶层设计体现为"农民教育培训提质增效三年行动计划""百万高素质农民学历提升行动计划"以及"高素质农民培育计划"三项各具特色又紧密衔接的行动计划。"农民教育培训提质增效三年行动计划"以办农民满意的教育培训为核心，强化基础条件能力支撑，通过深化供给侧结构性改革为农民提供高质量的教育培训，推动农民教育培训从关注数量向提升质量转变。"百万高素质农民学历提升行动计划"由农业农村部会同教育部实施，创造性地采取了"农学结合、弹性学制"教育模式，首次实现了务农农民能接受全日制高等职业教育，注重在更高层次上提升农

---

① 根据宁德网上的相关报道整理。

民的综合素质与职业能力。"高素质农民培育计划"由农业农村部与财政部联合组织实施，该计划瞄准乡村主导产业，按照经营管理型、专业生产型、技能服务型开展分层分类培育，并通过高素质农民示范带动广大农民增收致富。三项行动计划是一个有机整体，"农民教育培训提质增效三年行动计划"在总体上突出了农民教育培训的质量导向，"百万高素质农民学历提升行动计划"和"高素质农民培育计划"分别从职业教育、职业培训两方面推进高质量导向的高素质农民培养和农村人力资本开发，有助于全面提升农民的经营增收能力。

近年来，高素质农民培养工作在各地陆续启动并有序推进，在实践中涌现出了不少有代表性的培养模式和方法。从提升农民经营增收能力的角度看，综观高素质农民培养的地方典型实践案例，其主要创新特点和启示意义集中体现为：一是立足产业发展开展教育培训，使之直接服务于产业经营与农民增收。如河北石家庄在农民教育培训中坚持面向产业、融入产业、服务产业，深入推进"产业链条嵌入式"农村实用人才培养，配合全市乡村产业发展战略开办产业专题职业教育培训班，注重与科研院所、农民合作社、农业企业等多元主体合作进行人才培养和跟踪服务，有效提升了农民的综合素质、职业技能与生产经营能力。二是以需求为导向进行培养，提高实效性。例如，重庆在培训方式上从以往的政府"下单"转变为由农民"点单"选择自己所需的培训课程，使教育培训内容更贴近政策要求和农民诉求；再如，河南洛阳结合不同乡村的产业特色及发展需要，在农民田间学校课程设置上因地制宜地确定主干课程。三是树立全产业链培养理念，提升全产业链经营增收能力。江苏昆山积极探索经济发达地区高素质农民培养新路径，以农产品区域公用品牌"昆味到"建设引领高素质农民培养，引导教育培训从原先偏重生产环节转向生产与经营并重，推动农业从业者素质能力的全面发展。经过两年的培养，高素质农民农产品自产自销比例由12%上升至27%，"昆味到"牌农产品线上销售额实现连年翻番[①]。四是抓住重点人群，发挥能人作用。山东招远在这方面走在全国前列，其探索出的"能人带动"农民教育培训模式有较广泛的社会影响力。该模式的特点在于通过选能人、育能人、助能人、用能人四个环节，利用能人辐射带动作用大的优势，形成教育培训的扩散效应和放大效应，在教育培训资源有限情况下使人才培养成效惠及更多农民、产生更大增收效益。

---

① 翟超群："'品牌建设+教育培训'融合高质量发展"，《农民科技培训》2021年第6期。

第四节 治理农民经营性收入外部性的典型实践案例及启示

一、绿色技术支撑+激励约束机制：四川率先实现化肥农药使用"零增长"

2015年2月，农业农村部印发了《到2020年化肥农药使用量零增长行动方案》，全力推进化肥农药减量增效，严格控制农业面源污染，促进农业绿色生产方式加快形成。四川是全国各省区市中最早实现化肥农药"零增长"的省份，在引导和推动农户减量使用化肥农药方面积累了不少行之有效的经验做法。

（一）加强绿色技术支撑促进化肥农药减量使用

2015年以来，四川围绕"提、推、调、改、替、试"和"控、替、精、统"①，充分利用绿色生态技术手段，促进关键技术在农业生产中的运用，大力推进化肥减量增效与农药减量控害。

在化肥减量增效方面采取的主要措施包括：加快高标准农田建设，实施耕地质量保护与提升项目，促进耕地质量提升，确保减少化肥投入后农业稳产；扩大测土配方施肥的实施范围，推广科学施肥技术；结合园艺作物标准园建设和标准化生产，着力调整施肥结构，鼓励应用高效新型肥料；抓好水肥一体化技术示范，推进施肥方式转变；开展畜禽粪污综合利用，推动有机肥替代部分化肥；以南菜北运为抓手，推进化肥减量增效试点。

在农药减量方面采取的主要措施包括：充分利用生物、物理等绿色防控技术，控制病虫发生危害；推广使用生物农药、高效低毒低残留农药，用以替代高毒高残留农药；推行精准施药，对症适时适量使用农药，防止农民乱用药；开展专业化的病虫害统防统治，解决一家一户乱打药问题。

（二）依靠激励和约束机制推动减量化措施落地

四川的财政、农业农村等部门联合构建了以绿色生态为导向的化肥农药

---

① 李刚、贾坤、王宇明、颜文娟："四川省'六创新、六加强'践行农业绿色发展"，中国农村网。

减量增效补偿机制,各级财政加大支持力度,积极开展有机肥和低毒低残留及生物农药的财政补贴,采用生态补偿方式鼓励农民用有机肥替代化肥、用生物农药和高效低毒低残留农药替代高毒高残留农药。

四川还着力打好社会化服务牌,通过开展肥药社会化服务降低农户使用减量化技术与生产模式的成本,促进新技术、新生产方式的推广实施与落地。例如,针对有机肥生产中畜禽粪污分散转运成本高的问题,眉山丹棱县于2016年试点引入了PPP模式,引导社会资本与政府合作参与畜禽粪污资源化利用,由丹棱县兴农养殖服务合作社负责项目实施。该社通过集中转运处理和供需统一调配,大幅降低了粪污转运成本并有效提高了粪污利用率,使施用有机肥的农户享受到了资源整合带来的红利[①],提高了农户减量使用化肥农药的积极性。

在通过激励机制调动农民积极性的同时,四川还下功夫加强约束机制建设,确保化肥农药"零增长"行动在农户等农业生产主体层面得到贯彻。例如,自贡市将化肥农药减量使用纳入环保督察、水污染治理和土壤污染防治重点内容,开展专项指导、倒逼行动落实;另外,还对肥药减量增效技术推广进度实行月报表制度,及时发现问题并指导整改[②]。

(三) 四川经验做法的若干启示

绿色生态技术在四川推进化肥农药"零增长"过程中发挥了关键作用,无论是精准科学施肥用药还是绿色导向的肥药替代,都离不开新技术的支撑。四川围绕"提、推、调、改、替、试"和"控、替、精、统"采取的诸多行动举措,大多是偏技术层面的,推广运用农业绿色技术成为四川率先实现化肥农药"零增长"的重要支撑。近年来,农业生产技术进步越来越突出生态导向,今后要结合农民农业生产实际进一步强化技术支撑,不断完善促进农药化肥减量增效、农业绿色发展的技术体系。

要使绿色生态技术与生产方式为广大农民所接受,推动减量化措施真正落地生根取得实效,还需要依靠有效的制度安排。四川依托生态环境财政补偿、肥药社会化服务两大外部激励机制,较好激发了农民主动参与化肥农药"零增长"行动的积极性。这不仅减少了政策实施的阻力和成本,也增强了减

---

① 莫志超:"让生态田园淌金流彩——四川省推进化肥农药使用量'零增长'纪实",《农民日报》2017年9月15日。
② 四川省农业农村厅:"自贡市农业农村局建立三级指导机制确保化肥农药负增长行动落地落实",中国农业农村信息网。

量化行为的长期可持续性。在发挥激励作用的同时，四川还引入并严格实施约束机制，促成了"胡萝卜加大棒"制度的建立，有效确保了零增长目标的顺利实现。四川这种激励和约束并举的制度安排，对治理农业环境外部性有积极的启示借鉴意义。今后要更加注重制度设计，综合运用财税、金融、保险、规制等政策引导农民生产经营活动走上绿色生态发展轨道。

二、农业废弃物资源化利用"诸城模式"的经验做法

山东诸城是粮食生产大县和畜禽养殖大县，每年产出的作物秸秆多达115万吨、畜禽粪便高达200万吨[①]。在很长一段时期，如何处置这些农业废弃物曾一度困扰当地农民和政府。大量作物秸秆与畜禽粪便起初未得到有效回收利用，成为农村环境治理的一大难题。近年来，诸城以实现农业绿色发展为导向，加快推进农业废弃物的资源化利用，着力建立健全农作物秸秆与畜禽粪污资源化利用的长效机制，打造形成了"种养结合、资源化利用、生态循环"为特点的"诸城模式"，逐步实现了农业废弃物减量化、无害化、生态化与资源化目标。诸城经验推广到了山东全省乃至全国其他省区市，并入选2021年全国农业绿色发展典型案例。

（一）走种养结合生态循环之路，创新构建"三大循环"模式

秸秆禁烧令出台后，在有关部门的组织引导下，诸城当地农户开始参与秸秆综合利用试点，而秸秆饲料化利用是诸城开展秸秆综合利用的主要措施之一。将秸秆制作成喂养畜禽的饲料，既为废弃的秸秆找到了一条好的出路，从源头上遏制了露天焚烧引发的环境污染，也降低了养殖户的饲料喂养成本，并有利于提高肉的品质。对于畜禽养殖产生的粪便，诸城全域推进粪污收集处理利用，将粪污转化为有机肥料或制作农用沼气，促进了化肥的减量使用，同时还有益于绿色有机农产品的生产。通过上述这种农牧结合、种养对接的生产模式，诸城农业逐渐向"资源-产品-废弃物-再生资源"的生态循环模式转变，依托种养循环产业链条有效减少了源于农业废弃物的环境污染。

诸城还创造性地构建了畜禽粪污处理的"主体双向小循环""区域多向中循环""全域立体大循环"三大模式，形成了覆盖全域的种养循环系统[②]。其

[①] "山东省潍坊市诸城市：推行三级循环模式实现农业废弃物'四化'利用"，农业农村部网站。

[②] 侯文博、臧建金："畜禽粪污资源化利用的'诸城模式'"，《中国畜牧业》2021年第1期。

中，主体双向小循环通过在规模化养殖场建设粪污处理设施，实现养殖主体与消纳地之间的就近双向循环；区域多向中循环通过建设畜禽粪污集中处理中心，依托专业化公司重点处理中小规模养殖户产生的畜禽粪污；而全域立体大循环基于畜禽粪收储运信息采集平台及时调配资源，使畜禽粪污利用得到全域统筹。

（二）加强先进技术支撑作用，提高废弃物资源化利用水平

针对传统资源化利用技术效率不高、深度不足等问题，诸城依靠农业科研院所和农业科技企业，聚焦发酵、除臭、有机肥生产等关键技术和难点技术积极开展攻关。如诸城舜沃农业科技有限公司自主研发了塔式发酵一体机技术设备，该技术设备的突出优势在于发酵速度快、产出有机肥的肥力高，深受市场欢迎。对于短期内难以自主突破的部门技术，诸城也通过各种渠道积极引进。如从日本引进活性腐殖土和BM生物活性技术后，有效促进了养殖污水的循环利用与达标排放。

除此之外，诸城还不遗余力地在农户中广泛推广废弃物资源化利用先进技术。例如，诸城通过宣传培训、观摩演示、田间示范等多种途径推广秸秆还田保护性耕作新技术，对购买秸秆还田机、深耕深松机等保护性耕作机械的农户给予财政补贴，极大推动了秸秆还田保护性耕作新技术的快速推广，在较短时期内使该项新技术获得广大农民的广泛认可[①]。

（三）以专业化服务企业为主体开展废弃物资源化利用

为了破解废弃物资源化利用中面临的资金、技术、设备和人才瓶颈问题，诸城按照"政府扶持、企业主导、市场化运作"的基本思路，完善政府、企业、养殖户与种植户之间的利益联结机制，探索出了依托专业化服务企业的废弃物资源化利用运作方式，不断提高资源化利用的产业化水平。

从实践来看，主要有三种典型的经营模式[②]：一是政府扶持、企业运作经营，该模式的特点是政府利用财税等政策手段支持企业建设资源化利用项目。二是粪污托管、集中处理经营，该模式适用于规模较小的养殖户。三是设备租赁、产品偿还经营，该模式主要针对大中型养殖场。

---

① "诸城推广秸秆还田经济生态皆有效益"，《潍坊日报》2020年11月24日。
② "诸城：三种模式让畜禽粪污变肥料"，《农民日报》2019年3月18日。

三、农业生态产品和服务价值实现机制创新的"南平实践"

依赖于农业生态系统与农业自然资源所形成的农业生态产品和服务，对保持生态平衡、改善人居环境、促进生态文明建设具有积极作用。因此，2018年的中央一号文件提出要"增加农业生态产品和服务供给""将乡村生态优势转化为发展生态经济的优势，提供更多更好的绿色生态产品和服务"。农民是农业生态产品和服务的最重要生产主体，但是，由于对农业生态价值缺乏认识、生态产品和服务价值不易识别、生态价值难以转化为经济效益等诸多原因，农民供给农业生态产品和服务的积极性不高，导致农业生态产品和服务供给不足。中共中央、国务院发布的《关于建立健全城乡融合发展体制机制和政策体系的意见》进一步提出了"探索生态产品价值实现机制"的改革任务。之后，党的二十大报告再次明确要求"建立生态产品价值实现机制"。福建南平是全国首个获批自然资源领域生态产品价值实现机制试点的地级市，其自然环境优美、生态资源丰富，是我国东南部重要的生态屏障。近年来，南平坚持走绿色发展之路，探索出了一条政府主导、农民普遍参与、市场化运作的农业生态产品和服务价值实现路径，促进了当地优质农业生态产品和服务的供给。南平在农业生态产品和服务价值实现机制建设方面有不少创新做法与经验值得参考借鉴，这主要体现在以下三方面：

一是打造生态产业链，增强农业生态产品和服务供给能力。南平充分发掘茶叶、竹林、泉水等生态资源优势，着力推动生态与产业深度融合，积极构建生态产业链支撑体系，持续做大做强茶、竹、水、文旅、康养等生态产业，走出了生态产业化、产业生态化绿色发展的新路子。多元化生态产业链协调共生发展，带动南平农民依托绿水青山实现了较快增收。二是建立健全农业生态产品和服务价值核算体系，夯实生态价值向经济效益转化的基础。近年来，南平推进生态产品和服务价值核算机制建设，围绕"山水林田湖草"产品供给、生态调节服务、文化服务三个方面，先行先试探索建立了体现山区生态系统特征的生态产品和服务价值核算指标体系，逐步形成了"一套数+一张图+一个系统"的生态产品和服务价值核算平台[1]，为农业生态产品和服务的计量、抵押、交易和变现提供了关键支撑。三是开辟农业生态产品和服务价值的实现通道，调动农民提供生态产品和服务的积极性。南平在全国首创"生态银行"，借鉴商业银行分散输入、集中输出的模式，将分散的生态资

---

[1] "探索生态产品价值实现的'南平路径'"，《闽北日报》2022年3月4日。

源加以整合与运作,转化为优质高效的资产包,实现生态产品和服务价值"零存整取"。此外,南平从农户碳汇林开发破题,推出了"一元碳汇"生态产品试点项目,通过微信小程序扫码平台,以1元10千克价格向社会销售,使农户在农业生产经营中获得生态货币收益。

第八章　提升农民经营性收入质量的策略思路

农民经营性收入质量的提升，无论是提高效益、降低风险、增强成长性还是治理外部性，均有赖于科技创新和制度创新提供动力支持。小农户与规模农户是既存在差异又紧密关联的两类农村经营户，在实践中需要协调好小农户与规模农户间的关系，使这两类经营户都能较好实现经营性收入质量的提升。另外，农民经营性收入不同质量要素间可能出现一定矛盾，这就要求在整体性视阈下统筹推进各质量要素的提升，尽量减少要素间的非一致性。基于上述考虑，本章提出了通过科技创新与制度创新"双轮驱动"、小农户与规模农户共生协同发展、经营性收入不同质量要素协调共赢促进农民经营性收入质量提升的基本策略。

第一节　科技创新和制度创新"双轮驱动"策略

创新既包括科技创新也包括制度创新，2023年中央一号文件明确指出，做好今后一个时期"三农"工作，要坚持强化科技创新和制度创新。因此，要加强科技创新对农业农村产业高质量发展的战略支撑，在推动农业农村制度创新中强化质量兴农制度性供给，依托科技和制度两大创新驱动力促进农民生产经营及经营性收入质量的持续提升。

一、依托科技创新促进农民经营性收入质量提升

（一）农业农村科技创新为农民经营性收入质量提升带来机遇

近年来，我国农业农村科技获得了蓬勃发展，农业农村科技实力不断提升，为农业农村经济高质量发展提供了强劲的动力。当前，新一轮科技革命

突飞猛进，科学技术与经济社会发展加速融合。在此过程中，各种新科技对农民生产经营活动的影响也日益增强，诸多新技术在提高经济效益、防范化解风险、发掘增收潜力和保护生态环境等方面发挥了积极作用（表8-1）。但是，与高质量发展要求相对照，我国农业农村科技还存在一些较明显短板与薄弱环节，弱化了其提升农民经营性收入质量的作用。推动农业农村科技创新迈上新台阶，将为农业农村经济发展和农民生产经营活动注入更强劲动力，并为提升农民经营性收入质量带来更多的机遇和红利。

表8-1 农业农村科技创新给农民经营性收入质量提升带来的红利

农业农村科技创新类别	对农民经营性收入各质量要素的积极影响			
	收入效益	收入风险	收入成长性	收入外部性
农业大数据	促进降本增效	加强风险预警	增强数据要素驱动	助推环境监测评估
农业智慧化	促进降本增效	提高风险管理能力	拓宽增收空间、释放增收潜力	减少排放和污染、加强环境监测
生物育种	提升品质、实现优质优价	高抗品种增强抗灾能力	优质新品种拓宽增收空间	绿色品种带来生态正外部效应
耕地保护与质量提升	提升品质、促进优质优价	增强抗灾能力	提高增收可持续性	保障粮食安全，减少生态负外部效应
高效种养	提高生产效率、促进降本增效	—	高效率带动增收	支撑粮食安全、促进节能减排
农业绿色发展	投入品减量增效，循环农业提升经济效益	降低农产品质量安全风险	增强收入增长的可持续性	减排减污染，带来显著环境正外部性
农业机械装备	提高生产效率、减少劳动力成本	—	效率提升带动增收	

续表

农业农村科技创新类别	对农民经营性收入各质量要素的积极影响			
	收入效益	收入风险	收入成长性	收入外部性
农产品加工	促进产后减损	降低农产品物流风险和销售风险	产业链延伸、附加值率提高带动增收	—
农业灾害防控	—	减少自然灾害风险损失	—	绿色防控技术产生良好生态效益
乡村生态景观	—	—	通过开发农业农村多功能性和产业融合拓宽增收空间	带来生态效益和文化效益

（二）科技创新促进农民经营性收入质量提升的思路

1. 增强自主创新能力、实现技术新突破

技术创新包括通用型技术创新和专用型技术创新两种类型（马永红等，2016）。通用型技术最典型的是现代信息通信技术，它已广泛渗透融入到三农发展中；而专用型技术涉及农业及相关产业的主要包括农机装备技术、农作物栽培技术、农产品加工技术、农业生态修复技术等。这两类技术均有较大的创新空间，能为农民生产经营活动提供有力的科技支撑，进而促进农民经营性收入质量全面提升。

今后，要面向农民生产经营降成本、增效益、控风险、促增收和减污染的需求，组织开展相关通用型技术和专用型技术的创新攻关。其中，与农民生产经营结合的通用型技术创新的着力点要放在加快新一代信息通信技术创新上，推动人工智能、物联网、大数据和区块链等与农业及相关产业相融合的技术研发，为农民生产经营往数字化、智能化方向发展提供科技驱动力；与农民生产经营结合的专用型技术创新的重点，是力争在农业及相关产业领域的关键技术、短板技术和前沿技术方面实现更多突破，从技术层面帮助农民化解生产经营中特定领域或环节的瓶颈，促进生产经营提质增效、持续发展。

2. 促进新技术在农民生产中的推广运用

科技创新能在多大程度上助推农民经营性收入质量提升，一方面取决于科学技术创新突破的进展，另一方面也受到技术推广运用水平的影响。为了使农民在生产经营中充分享受科技创新成果带来的红利，除了在科学研究和技术开发上进行创新攻坚外，还需要大力推动新技术的推广运用，促进新技术与农民生产经营活动的深度融合，加快科技成果向现实生产力的转化，不断提高科技进步对农业及相关产业发展的贡献度。为此，要以有效提升科技成果转化推广效能为目标，进一步加强农业农村技术推广体系建设。一是在坚持国家农业技术推广机构主导作用的同时，引导和支持高等学校、科研机构、涉农企业、科技社会团体、农民专业合作社与农业科技人员积极参与农技推广服务，形成多元主体协同推进农技推广的格局。二是用好农技推广信息化平台，依托试验示范基地、专家工作站、科技小院、技术服务站等载体，通过各种途径畅通技术研发方、技术推广服务方和技术使用方间的沟通联系，提高农技推广转化效率。三是改进和创新基层农技推广的方式方法，探索和推行包村联户、田间学校等模式，破解技术落地"最后一公里"难题，提高农技入户率和到位率。

3. 提高农民的科技文化素质与技能

随着各类新技术广泛运用到农业及相关产业的生产实践中，乡村产业发展的科技创新驱动特征越来越明显，这对农民的科技文化素质与技术应用能力提出了更高的要求。然而，当前我国大多数农民特别是小农户的科技文化素质不高、运用新技术的能力不强，制约了农业农村科技创新红利的充分发挥，在一定程度上阻碍了科技创新提升农民经营性收入质量作用的充分发挥。为此，要顺应新时代农业农村科技创新趋势及其对劳动者提出的新要求，着力健全农村教育培训体系，促进农村基础教育、农民职业教育、农民职业技能培训、农民科学普及全面协调高质量发展，不断提高农民现代科学素养，使农民更好掌握先进农业技术。在数字技术加快向农业农村渗透融合、数字农业与数字乡村建设蓬勃发展的形势下，尤其要注重提高农民的数字化素养。应积极指导和帮助农民运用数字技术和数字化管理破解农民生产经营中的难题，促进降本增效、风险化解、持续增收和绿色发展。

二、依托制度创新促进农民经营性收入质量提升

(一)"上下结合"制度创新为农民经营性收入质量提升注入动力

改革开放以来,制度创新是促进农业农村发展与农民增收的关键因素之一。在当前质量兴农背景下,制度创新在提升农民经营性收入质量方面同样有很大的作为空间;依靠涉农制度创新尤其是质量兴农相关制度创新带来的红利,农民经营性收入质量的提升将获得强劲的动力支持。

在涉农制度创新模式选择上,须坚持"自上而下"与"自下而上"有机结合的原则,一方面要加强政府的制度创新与制度供给能力,另一方面要注重激发市场主体创新的积极性和主动性。政府要从农民生产经营活动现实需求出发,加快推进适应性制度创新[①],使农民在新的制度体系中切实获得福利增进;而农民等市场主体则要在国家农业农村发展战略的引导下,充分发挥主观能动性与创造性,因地制宜地自发开展响应性制度创新[②],在市场制度变革中获得生产经营的创新利益。另外,在制度创新及新制度实施过程中,还要加强利益公平分享机制与农民权益保障机制的建设,确保制度创新带来的红利能真正被农民充分享有,切实起到推动农民经营性收入质量提升的作用。

(二)促进农民经营性收入质量提升的制度创新重点

从农民生产经营实践来看,有些涉农制度主要影响农民经营性收入的某个质量要素,而有些涉农制度则影响农民经营性收入的多个乃至所有质量要素。在此将后一种涉农制度作为主要考察对象,探讨通过发挥制度创新作用促进农民经营性收入质量提升的着力点。

1. 推动农村基本经营制度创新

巩固和完善以家庭承包经营为基础、统分结合的双层经营体制,在通过"分"的机制为农民提供激励的同时,要加强"统"的方面的制度创新,以解决农民分散经营所面临的缺乏规模效益、抗风险能力弱、对接大市场难等问题。"统"的本质是提高农民生产经营的组织化程度,在此过程中,除了发展新型农村集体经济、激活农村集体组织统筹能力外,还要充分发挥新型农

[①] 适应性制度创新是指政府为了考虑经济因素,满足社会群体及市场活动所产生获利需求,而适应性地进行制度创新,强制性地推动制度变迁(葛天任、马伟,2013)。

[②] 响应性制度创新是指在政府强制性公共政策背景下,社会群体积极响应并自发进行制度创新,从而引发了制度变迁(葛天任、马伟,2013)。

业经营主体、非营利性涉农服务机构等市场主体和社会主体联农带农富农作用，促进"统"的主体及功能的多元化。

2. 推动农村土地制度创新

引导土地经营权规范有序流转，完善土地流转的管理服务，进一步推动土地适度规模经营、提高土地规模经营效益。加快建立健全土地经营权流转风险防范和保障机制，如探索由流转双方协商设立风险保障金等。适度放活农民宅基地和房屋的使用权，采用差别化用地政策支持农民发展乡村新产业新业态，助力拓宽农民增收空间。在土地制度创新中，要坚决守住集体所有制和粮食安全的底线，放活土地制度必须以符合规划和用途管制为前提，防止为谋求个体经济利益而损害他人与社会利益的土地利用行为。

3. 推动农业支持保护制度创新

更好运用财政补贴政策促进绿色生态农业发展，在确保粮食安全和农民增收前提下，推进构建以绿色生态为导向的农业补贴政策体系，提高补贴资金使用的指向性与精准度，努力实现农业生产经济效益、社会效益和生态效益多赢目标。合理调整粮食最低收购价水平，稳定种粮补贴并探索与耕地保护责任落实相挂钩，推动主粮作物完全成本保险和收入保险扩面提标，完善价格、补贴与保险"三位一体"的种粮扶持政策体系，通过打好政策组合拳切实保障种粮农民合理收益。

4. 推动农业社会化服务机制创新

建立健全支持农业社会化服务主体发展、增强农民服务接受意愿及能力的政策体系，促进农业社会化服务市场规模扩张，通过农业服务的规模化使更多农民享受到农业规模经济效益，以此实现降本增效。完善农资采购、农作物病虫害防治、动植物疫病防疫、农产品仓储保鲜、农业保险等社会化服务，充分发挥上述服务降低农民经营性收入风险的作用。创新探索依托农业社会化服务为小农户注入现代生产要素的有效途径，提升小农户衔接现代农业与持续增收的能力。加快绿色农业社会化服务体系的构建，助推农民农业生产方式的绿色低碳转型。

5. 推动龙头企业与合作社联农带农机制创新

广大农民特别是小农户依靠自身力量改善经营性收入质量存在不少困难，发挥好农业龙头企业与农民合作社的联农带农作用必不可少。可从发展与完善订单农业、提供农业社会化服务、拓宽产业发展渠道、打造农业产业化联合体等方面入手，积极创新龙头企业与合作社联合农民、带动农民共同实现高质量发展的有效路径与方式。探索构建农民与龙头企业、合作社间"利益共享、风险共担、合作共赢"的新机制,通过形成更加紧密稳定与公平合理的利益联结,帮助农民切实提高经营效益、降低经营风险、分享增值收益、推进绿色生产。

6. 推动农业农村多元化投入机制创新

坚持农业农村优先发展要求,健全乡村振兴多元化投入保障机制,为提升农民经营性收入质量提供充足的资金支持。进一步加大财政支农投入,确保"力度不减弱、总量有增加";支持地方政府在风险可控条件下发行一般债券和专项债券用于乡村振兴建设;推动涉农资金的统筹整合,提高资金利用效率。通过深化"放管服"改革、运用财税优惠等手段,引导与撬动更多社会资本投入乡村产业发展重点领域和薄弱环节。综合考虑各地财力状况、土地出让金规模、三农发展需求等因素,逐步提高土地出让收入用于三农的比例。

7. 推动质量兴农多元主体协同机制创新

深入实施质量兴农战略是提高农民经营性收入质量的有效途径。然而,质量兴农工作涉及面广,是一项复杂的系统工程。在推进实施质量兴农战略过程中,须树立多元主体协同理念,充分调动政府部门、农村集体经济组织、农民合作经济组织、农村社会组织、农业龙头企业、下乡工商企业、涉农服务组织与企业、农村金融机构、广大农户等各类主体的积极性;通过赋权等方式激活各类经济社会主体推动农民生产经营提质增效的能动性与比较优势,聚焦重点事项建立健全多元主体协同的体制机制,在多元主体的共同努力下使农民经营性收入质量得到有效提升。

第二节 小农户与规模农户共生协同发展策略

小农户与规模农户这两类农村经营户都是我国农业及相关产业经营中不可或缺的重要主体;不过,这两类经营户也存在一定的异质性。除了经营规模外,小农户与规模农户在要素禀赋、经营方式、发展定位等方面也表现出不同程度的差异,这客观上要求在提升农民经营性收入质量时对两类经营户予以分类施策。另外,在农业农村现代化进程中,小农户与规模农户在经济上是紧密联系在一起的。因此,要正确认识这两大类农村经营户的互动共生关系,并从中积极探索有效提高农民经营性收入质量的策略和路径。

一、统筹兼顾两大类经营户并分类施策提升经营性收入质量

近年来，在市场化与政府政策的双重推动下，我国的家庭农场、专业大户、农民合作社等新型农业经营主体实现了快速发展，成为构建现代农业产业体系、促进乡村产业兴旺的重要力量。然而，在"大国小农"这一基本国情农情下，新型农业经营主体的发展并不是为了取代小农户的生产经营地位；我国农业及相关产业的现代化发展，也不可能仅仅依靠这些新型主体而将众多小农户抛在一边。正因为如此，2018年中央一号文件明确提出要"统筹兼顾培育新型农业经营主体和扶持小农户"。根据这一要求，在谋划提升农民经营性收入质量的过程中，既要有力支持家庭农场、专业大户等规模农户的发展壮大，也要努力帮助广大小农户更好地融入现代农业产业体系、更好地对接大市场。

小农户与规模农户之间的差异较明显。与小农户相比较，规模农户在人力资本、自然资本、物质资本、金融资本和社会资本方面更具优势，专业化、集约化、规范化和市场化经营水平也更高（李艳等，2021）；但其直面市场竞争的压力也相对更大，在推动农业高质量发展中肩负的任务也更重一些。所以，除了采用一些共性措施促进农民经营性收入质量提升外，还有必要结合小农户、规模农户各自特点，在政策重点上有所区别，强化政策的群体针对性以实现精准施策，从而更有效地提升两类农村经营户的经营性收入质量。根据前面几章关于小农户、规模农户经营性收入质量所面临的突出问题和瓶颈制约的分析结论，从引发矛盾的深层次原因入手提出分类精准施策建议如下。

全面提升小农户经营性收入质量的要点是：第一，着力补齐小农户文化水平和生产技能上的"短板"。培育小农户的现代农业经营理念和素养，增强其接受和使用新生产要素、开展农业绿色生产的意愿及能力，引导小农户在边干边学中不断提升农业生产技能，更好适应现代农业高质量发展需要。第二，提高小农户生产的组织化程度。组织引导更多小农户加入合作社，提升合作社的为农服务能力，鼓励成立联合社以增强合作社的竞争力；探索小农户互助合作新模式，支持各类小农户经济互助组织规范发展，促进小农户"抱团取暖"。第三，完善面向小农户的农业社会化服务体系。强化对无土地流转意愿的兼业小农户的服务规模化导向，在不改变经营主体条件下促进小农户生产与现代农业深度融合（苑鹏等，2019）；推动社会化服务覆盖小农户农业生产的产前、产中、产后各环节，将现代生产要素充分导入小农户生产活动中,帮助小农户实现绿色高效生产和稳定持续增收。

全面提升规模农户经营性收入质量的要点是:第一,进一步健全农地经营权流转及其管理制度。将适度规模、连片流转、集约经营作为基本导向,支持家庭农场和种养大户承接土地流转,加快发展土地适度规模经营;在流转中严格把握好集中度,加强对大面积流转的风险防范;严格执行土地用途管制,坚决遏制农地非农化;不断完善流转管理服务体系,促进农地公平高效流转。第二,优化支持规模农户纾困发展的政策体系。鼓励金融机构向家庭农场与专业大户合理放宽抵押物等贷款条件限制,适当加大财政贴息力度,对发展前景良好但暂时受困的经营户延长还款期限;强化对家庭农场和专业大户的用地保障,支持各地开展"点状供地";政府部门与行业协会要通过举办农产品博览会、展销会和推介会等方式,帮助规模农户拓宽营销渠道、推动品牌建设。

二、充分发挥规模农户带动小农户提升经营性收入质量的作用

小农户在要素禀赋和素质能力上的短板,决定了他们仅靠自身力量很难实现经营性收入质量的有效提升,外部力量的支持与帮助是不可或缺的。除了加强政府部门的扶持外,发挥新型农业经营主体对小农户转型发展的带动作用,也是促进小农户与现代农业发展有机衔接的一条重要途径,对推动小农户生产经营现代化与提质增效、提升小农户经营性收入质量有积极意义。一般而言,以家庭农场和专业大户为代表的规模农户,掌握的资源要素不及农业龙头企业,从单个主体带动小农户的辐射面与牵引力上来看并不具有优势。但是,家庭农场和专业大户作为由普通农户发展而来的"升级版",依然在很大程度上保持着家庭经营的内核特征;并且,他们从一开始就内生于农村经济社会系统之中,相比外来的农业龙头企业更加了解与贴近小农户群体,因此更容易获得小农户的信任与支持,这显然是农业龙头企业所不具备的优点。规模农户利用这一突出优点可降低同小农户合作的交易成本,在密切联系并带动服务小农户中发挥出独特优势。

结合规模农户的生产经营特点,建议从以下五方面入手发挥其带动小农户发展的作用,进而帮助小农户实现经营性收入质量提升目标:一是设备共享。运用财政补贴等政策手段,鼓励规模农户将自家农机设备以廉价租赁或低价服务收费等方式提供给周边小农户共享,使小农户能以较低价格使用自己买不起或自购不划算的设备。二是渠道共用。引导规模农户将小农户纳入自己的采购或销售渠道,在实际操作中可采用代购代销、订单分包等办法,

切实帮助小农户降低农资成本、促进产品销售。三是服务提供。加快服务型家庭农场、服务型专业大户的发展，引导他们紧密围绕小农户农业生产的产前、产中与产后需求，提供专业化的生产性服务，促进小农户农业经营降本增效、低碳绿色。四是示范引领。充分发挥家庭农场、专业大户在使用新技术与新品种方面的示范带头和标杆作用，支持规模农户建立示范基地供广大农民参观学习，使规模农户成为新技术、新品种向小农户群体推广应用的重要一环。五是生产协作。鼓励和支持综合实力较强的家庭农场往打造农业全产业链方向发展，增强其带动小农户从事现代农业生产的能力；引导家庭农场根据实际情况采用"家庭农场+小农户""家庭农场+基地+小农户"或"公司+家庭农场+小农户"等方式与小农户开展生产协作，推动统一服务[①]与分户种养有机结合以发挥双层经营体制优势，使小农户在家庭经营方式下充分享受分工协作、统一服务带来的红利。

规模农户带动小农户发展是能产生正外部效应的行为，为此，需要引入激励机制调动规模农户服务小农户的积极性。首先，加大宣传引导力度，增强规模农户的社会责任意识，积极开展示范家庭农场、专业大户的评选创建活动，做好农村致富带头人先进事迹的报道，激发相关主体辐射带动小农户发展的意愿。其次，在面向家庭农场、专业大户等新型农业经营主体安排财政支农资金和项目时，将带动小农户数量、与小农户利益联结程度、服务小农户效果作为重要参考依据，使财政扶持资源向引领带动能力强、成效显著的主体倾斜。再次，加强对家庭农场经营者、服务型专业大户、农民专业合作社带头人、产业发展带头人的指导，对其开展有针对性的个性化培训，不断提高他们的示范、服务及带动能力。在引入制度激励的同时，还应当重视约束机制的建设。对于不严格履行合约甚至故意坑害小农户的规模农户，要纳入失信名单，暂停或取消相应的政策支持，并视具体情况在金融信贷、土地安排、资质认定等方面给予惩罚性限制。

三、从小农户转型发展入手促进规模农户经营性收入质量提升

小农户与规模农户间的共生关系，一方面表现为规模农户带动小农户发展，另一方面也表现为小农户在规模农户成长中发挥支持作用，两大农户群体间实际上形成了一种双向的互动互促关系。规模农户在生产经营过程中，

[①] 统一服务包括统一提供培训、统一供应农资、统一用药施肥、统一收割/采摘、统一质量检验、统一包装加工、统一品牌销售等。

通过土地流转、生产性服务、订单收购、雇工等多种途径与小农户发生经济联系，小农户为规模农户经营活动提供了土地和劳动力等生产要素，能为规模农户从事农产品加工提供初级产品，还可以为开展生产性服务的规模农户创造市场需求。由此可见，规模农户的成长发展是离不开小农户群体的，小农户的转型发展也会对规模农户的经营绩效产生影响。正因为如此，要找准小农户支持规模农户的衔接点，积极探索从小农户转型发展入手促进规模农户经营性收入质量提升的有效路径。

首先，要完善相关政策，提高小农户长期转出土地经营权的积极性。较长的土地流转期限能增强土地转入方（规模农户）在农业基础设施、农田改良方面进行长期投资的意愿，而此类投资有利于农业经营提质增效与可持续发展。但现实中因很多小农户只愿短期流转，使得转入土地的规模农户对长期投资的热情不高。实证研究表明，农民享受社会保障程度与非农就业水平，对其转出土地的期限有正向影响。因此，可从健全农民社保体系与促进农民非农就业两方面着手，提高小农户签订中长期土地流转合同的意愿。在社会保障方面，关键是进一步巩固扩大覆盖面，并随财力增长逐步提高保障标准；而在非农就业方面，要加强对小农户非农就业技能的培训，为小农户创造更多高质量的非农就业机会。

其次，发掘小农户购买农业社会化服务的潜力，促进服务需求规模扩张。目前我国小农户购买农业社会化服务的规模总量远未达到上限，仍有很大的增长空间，这为规模农户开展农业生产性服务创造了有利的市场机遇。小农户对社会化服务的需求，受到对服务认知水平、服务信息来源（庄丽娟等，2011）、农地耕作条件（刘贤强等，2022）等因素的影响。所以，要积极开展对小农户的农业生产培训，畅通小农户了解农业生产性服务的信息渠道。由此增强小农户购买农业社会化服务的意愿，带动农业社会化服务市场需求规模扩张。这既有利于拉动规模农户服务性收入的增长，也有助于形成服务规模经济、促进规模农户服务成本下降。

再次，提高小农户农业生产技能水平，推动小农户与规模农户开展高质量生产协作。在"家庭农场/专业大户+小农户""家庭农场/专业大户+基地+小农户"等生产协作方式中，小农户或以生产者身份向规模农户提供初级农产品，或以雇工身份受雇于规模农户从事某个或某几个生产环节的作业，小农户的农业生产技能直接关系到规模农户生产经营的质量。这就要求根据农业现代化发展对农业生产者技能的需求，对小农户开展有针对性的实用农业生产技术培训，提高其标准化生产能力；探索制定和实施农业职业雇工培育计划，解决传统农业雇工临时性强、技能水平不高与专业化程度低的问题。通过上述举措，使小农户能为规模农户经营提供更高质量的初级农产品或农业生产作业。

第三节 经营性收入不同质量要素协调共赢策略

从我国实际情况来看，农民经营性收入不同质量要素间关系的处理，难点是收入风险与收入效益、收入成长性间关系的协调以及收入外部性与收入效益、收入成长性间关系的协调。不少时候，农民在生产经营中会遇到低风险与高效益、高成长性较难兼得以及经济利益[①]同生态社会效益相矛盾的情况，有何办法能协调好上述质量要素间的关系？可否建立起不同质量要素间的共赢机制？这值得深入研究。本节拟对此作一些初步探讨。

一、完善农民经营风险管理机制，协调好降风险与增效增收间关系

农民通常会权衡收益与风险进行生产经营决策，但最终作出什么样的决策不仅取决于收益和风险本身，也取决于农民个人所持的风险态度，同时还受到其可以使用的风险管理工具的影响；并且，风险管理工具也会在一定程度上影响到风险态度。有研究发现，如果农户在生产经营时可以选择许多风险管理工具，特别是能够参与到规模较大且稳固的风险汇聚安排中，其风险管理目标就会远离"最小最大原则"和"安全第一原则"，而只追求预期回报最大化（Siegel & Alwang, 1999）。我国很多农民特别是欠发达地区小农户之所以采用过于保守的生产经营策略，很重要的一个原因在于他们缺少有效的风险管理工具。出于对风险损失的顾虑，这些农民放弃了不少能够提高经营性收入效益和促进经营性收入成长的市场机会，这种以牺牲发展机会为代价的事前规避风险行为，从长期看是不利于农民福祉提升的。解决此类问题的关键，是建立健全针对农民生产经营活动的风险管理机制，为农民提供更多可用的风险管理工具，增强他们抵御经营性收入风险的能力、提高他们对经营性收入风险的接受程度，这有助于农民走出过于保守的心态，更好地抓住有利的市场机会发展生产经营、获得更多经济收益。

通过完善农民经营风险管理机制，除了能合理纠正农民过度规避风险的

---

① 经济利益在这里指收入效益和收入成长性。

倾向外，还有望帮助农民在生产经营中同时实现风险降低、效益提高与稳定增收，由此推动农民经营性收入质量的整体性提升。基于这一目标导向，今后可从如下方面入手进一步优化农民经营风险管理机制：首先，面向农民生产经营活动，健全并综合运用好风险缓释、风险分散、风险转移、风险应对[①]四大风险管理策略，多渠道帮助农民降低收入风险损失，在此基础上提高收入效益与增收稳定性。其次，促进自组织工具、市场化工具、政策性工具[②]三种不同类型风险管理工具的发展，充分发挥市场化工具的风险分散与转移作用，增强政策性工具的风险缓释和风险应对功能，通过合理搭配使用相关工具以发挥合力效应。再次，着力强化信息服务在风险管理中的地位作用，建立多层次全方位的农业及相关产业信息服务体系，增强信息传递及时性有效性、降低信息获取成本，引导农民作出科学的生产经营决策，减少源于信息不完全的决策失误对经营效益和稳定增收带来的负面影响。最后，由于风险管理是有成本的，风险管理的目的并非将风险降至最低水平乃至完全消除风险，而是要在风险和收益间实现平衡；鉴于农民特别是小农户经济能力较弱的现实，可通过财政补贴等方式减轻其直接负担的风险管理成本，更好激励农民主动采取有针对性的风险管理措施。

二、大力发展种养结合生态循环农业，实现生态和经济效益双赢

种养结合是一种生态农业模式，通过将畜禽粪污作为种植业的有机肥料、利用种植业废弃物和副产品配制畜禽饲料，构建起农业内部物质和能量转换循环的链条，推动农业生产从"资源—产品—废弃物"线性模式转向"资源—产品—再生资源—产品"循环模式。大力发展种养结合生态循环农业，一方面能减少农用化学品与废弃物造成的环境污染，另一方面也有助于降低化肥饲料成本并改善农产品品质、提高农业生产的经济效益，由此使农民在农业生产中实现生态与经济效益的双赢。

无论是规模农户还是小农户，均可以成为发展种养结合生态循环农业的

[①] 根据世界银行（2011）和OECD（2009）的定义，风险缓释指降低风险事件发生概率或减少风险事件引发的损失，风险分散指将风险分散给不同的主体或活动，风险转移指将风险转移给有意愿接受的主体并支付一定费用，风险应对指采取措施减少风险事件发生后带来的福利损失。

[②] 自组织工具是农民以家庭为单位或互助联合实施的风险管理措施，市场化工具是农民与其他市场主体以自愿互利为基础、通过一定的协议而采取的风险管理举措，政策性工具是由政府制定、提供或执行的旨在帮助农民提高风险管理能力的政策或手段。

主体，两类农户在这方面各有优劣势：规模农户资金实力相对较强，有条件开展现代化的生态高效种养，在规模化种养加一体化建设上有优势，但其在种养结合实践中常面临用地、技术、管理上的瓶颈制约。小农户在资源获取能力上不如家庭农场和专业大户等规模农户，缺乏经营规模化循环农业的条件。但是，由于生产生活合一的特点，小农户发展循环农业的意愿同时取决于经济效益和生活效用，当种养结合能有效改善居住环境、提供生活便利时，即便经济效益并不显著，小农户也会有动力采用循环农业模式。另外，小农户在田间地头就能进行养殖活动，较容易实现一地两用，配套设施投资也较少，在灵活性上具有规模农户不可比拟的优势。因此，培育循环农业经营主体应坚持规模农户与小农户并重的思路，既要支持家庭农场和种养大户建设生态循环农业项目，也要引导和帮助小农户采用科学的生态化种养结合模式。基于规模农户与小农户在农业生产上的差异性，要鼓励探索适合两类主体各自特点的生态种养循环新模式，并根据两者不同需求特征采取差异化的支持措施。

从种养结合、生态循环的空间范围来看，应构建主体内循环、村域内循环、园区内循环、县域内循环等多层次的生态农业循环系统。要鼓励和支持各类农户将种植业与养殖业结合起来发展，引导养殖户配套种植用地，推动种养衔接，就地自我消纳农业废弃物，大力培育种养结合型家庭农场。不过，农户开展主体内小循环会受到资金、用地、能力等诸多限制，因此，还需要在村域、园区、县域等更大范围内推进循环农业建设。实现区域大循环的关键，是建立健全以种定养、以养肥地、种养对接机制，畅通废弃物资源化异地利用循环，相应的对策举措包括：以县域为基本单位开展种养平衡分析，科学布局种养产业用地，加强区域内种养业废弃物的统筹处置，促进种植业经营者与养殖业经营者的对接，加快商品有机肥的生产、流通和推广应用。

近年来，各地已采取了不少措施推动生态循环农业发展，也取得了初步成效。但据调研发现，当前农户开展种养结合仍遇到用地等方面的一些政策梗阻；此外，部分政策（如财政补贴等）还存在实施力度偏弱、效果不明显等问题，有待进一步完善。在种养结合用地保障上，要纠正某些地方对禁养限养层层加码的行为，对超出法律规定范围随意扩大禁养限养区域的现象进行整改，在符合环保要求与保护基本农田的前提下满足农户发展种养结合的养殖用地需求。针对种植养殖空间分离、农田与养殖场间隔距离远这一较普遍现象，要开展科学的种养用地规划，按照生态循环农业要求调整与优化种植、养殖用地空间布局，为农户开展种养结合提供有利的用地条件，促进废弃物就地就近资源化利用；还可通过引导种植养殖用地流转，支持农户发展规模化的种养结合循环农业。要更加充分有效地利用激励政策提高农民发展生态循环农业的积极性，如完善有机肥补贴政策，进一步扩大补贴对象范围、合理提高补贴标准并确保其精准落地；当家庭农场或种养大户购买循环农业所需大型设备成本较高时，可通过购置费补贴、贷款贴息等政策减轻其经济负担。

三、完善耕地保护补偿机制，实现耕地保护和农民增收的激励相容

农民保护耕地的行为具有较明显的生态与社会正外部性，但是，耕地保护也会在一定程度上限制农民的市场选择，可能导致其失去一些有利于促进增收的经营机会，进而对经营性收入成长带来制约。作为理性经济人，农民在作出耕地保护决策时会充分考虑其经济利益。基于收入最大化目标，当耕地保护劳动投入的边际收入小于农业经营和外出务工劳动投入的边际收入时，农户耕地保护的主动性行为不会发生（任旭峰、李晓平，2011）。要实现耕地保护与农民增收目标的激励相容，关键是建立健全耕地保护的补偿机制，使保护耕地的农民获得合理的收入补偿，并由此调动其保护耕地的主动性和积极性。

近年来，我国已经在耕地保护补偿方面作了不少有益的探索，中央层面多份重要文件明确提出"完善耕地保护激励约束机制""加强对耕地保护责任主体的补偿激励""加大耕地保护补偿力度""建立耕地保护补偿制度"等要求；在地方层面，绝大多数省区市也已开展了省级耕地保护补偿工作，对促进耕地保护和增加农民收入起到了一定作用。然而，目前中央层面的规定仍较为宏观，缺少具体细则要求；而地方实践普遍存在补偿面窄、规模小等缺陷，尤其是经济欠发达地区受限于财力原因，补偿力度不足、实施效果不明显的问题更显突出。在"十四五"期间乃至今后更长一段时期，有必要从以下方面着手推动耕地保护补偿机制的完善，更好实现耕地保护生态社会效益与农民收入增长目标的双赢。

首先，需进一步明确耕地补偿的给付主体与受偿主体，并据此完善相关制度设计。耕地保护补偿的给付主体应当涵盖所有分享耕地保护带来的生态社会效益、但并未（或较少）承担保护责任的经济社会主体，具体包括中央政府、粮食主销区地方政府、非农产业部门、城镇居民等；而耕地保护补偿的受偿主体则应涵盖所有实施了耕地保护行为、但未能（或较少）从市场化途径获得外部效益补偿的经济社会主体，主要包括粮食主产区地方政府、农

村集体经济组织、新型农业经营主体、小农户等。这种给付与受偿主体结构对优化补偿制度设计的启示为：一是构建纵向与横向搭配的补偿机制，既要完善"中央政府-各级地方政府-村集体-农民"的纵向补偿链，也要推进省际横向补偿（如粮食主销区对主产区的转移支付）；二是基于给付主体的广泛性，要积极拓宽补偿资金的来源途径，除了政府性资金外，还可以从市场或社会渠道进行筹集，通过设立公益基金、发行福利彩票等方式鼓励引导市场与社会主体的投入；三是将补偿地方政府、村集体和农户结合起来，除了用于不宜分割的基础设施等公共产品投资外，要将补偿资金尽可能落实到农户或优先投入有利于促进农民增收的公共项目。

其次，要合理制定补偿标准、提高补偿水平。从理论上看，耕地保护补偿标准的制定有两种依据——第一种是从耕地生态和社会价值出发测算出的耕地外部效益，第二种是基于耕地保护的机会成本损失计算得到的耕地发展权价值。无论是按哪一种依据衡量，目前各地实践中的补偿标准都处于偏低水平。为了抑制农民将耕地转向用于非农用途的经济动机，补偿标准的下限应当设定为保护耕地的机会成本，这是实现耕地保护从强制被动向主动自愿转变的制度保障。另从操作层面看，鉴于耕地保护的机会成本还具有比耕地的生态社会效益更容易测算的优势，建议各地以机会成本作为补偿的基准标准（或底线标准）。此外，补偿标准还要随着耕地资源机会成本与非市场价值的变化而进行动态调整，使其保持良好的弹性。

再次，探索解决欠发达地区耕地补偿财政压力较大、补偿不足的问题。我国耕地资源较富集的地区大都是经济相对欠发达的地区，仅依靠本地政府自身财力难以提供充足的耕地保护补偿资金。为此，要通过调整和优化耕地保护领域的政府间支出责任划分来破解这一难题。一是适当上移耕地保护补偿的支出责任，提高中央政府和省级政府在耕地保护补偿支出上的负担比例；二是加大对耕地保护任务较重、财力较困难地区的转移支付力度；三是积极推动和健全地方政府之间的横向补偿，如探索建立粮食主销区向主产区的转移支付基金、完善耕地占补平衡指标跨区交易价格形成机制等。

第九章 提升农民经营性收入质量的措施建议

基于第三章至第六章对我国农民经营性收入四大质量要素现状问题、影响因素与瓶颈制约的分析，并结合第七章的案例经验启示与第八章的总体策略思路，本章依次从提高收入效益、降低收入风险、增强收入成长性、治理收入外部性四个方面探讨今后提升我国农民经营性收入质量的措施建议。

第一节 提高农民经营性收入效益的措施建议

农民经营性收入的效益主要取决于生产经营成本、产品服务价格以及生产经营结构等因素，所以，可从降成本、提品质、塑品牌、调结构四方面入手提高农民经营性收入效益。

一、精准打好降低农民生产经营成本的"组合拳"

当前，无论是在农业生产方面还是非农经营方面，农民均面临不同程度的成本上涨问题，在某些领域还出现了成本增长快于收入增长的现象。显性成本与隐性成本相叠加导致综合生产经营成本高企，制约了农民经营净收益率的提升。因此，持续推进农民生产经营降成本、精准打好降低综合成本的"组合拳"，是改善农民经营性收入效益的先决条件。

（一）通过要素替代降低成本

随着农业劳动力向非农产业的持续转移以及农村人口老龄化程度的不断提高，今后我国农业劳动力价格还将继续攀升；而与此同时，技术进步则推动农业机械等农业资本品价格趋于下降。因此，资本替代劳动是我国农业生产要素结构变化的基本趋势，也是降低农业生产成本的重要途径。但是，结合我国国情农情，很难仅仅依靠要素比价关系的变化，即通过诱致性制度变迁较快实现农业机械化（路玉彬等，2018）。在推进农业机械化过程中，仍面临地形地貌限制、缺乏配套基础设施、部分领域环节装备技术供给不足、农机与农艺结合度不高等问题，阻碍了资本替代劳动的进程。为此，要加快丘陵山区的农田宜机化改造，积极研发推广适用于丘陵山地的中小型、轻便化农机，弥补丘陵山区的农业机械化短板；要完善机耕道、农田水电等农机配套基础设施建设，为农业机械化创造更好外部条件；要瞄准大宗经济作物收获环节以及果蔬、养殖与农产品初加工等行业的机械化短板，优化现代农业装备供给结构，着力提高大宗经济作物收获等生产环节的机械化率，更好满足果蔬、养殖和农产品初加工领域的机械化生产需求；要加强农机和农艺的有机融合，使两者在相互配合、协调发展中更好发挥降成本作用。

（二）依托技术进步降低成本

提高科技创新对农民生产经营降成本的贡献度，依托技术进步缓解农业及相关产业生产经营成本过高问题，是农业农村科技发展的重要目标之一。要瞄准前沿科学技术、把握科技创新趋势，积极推动物联网、大数据、人工智能、区块链等与乡村产业紧密结合的技术研发和应用，以智慧科技助力生产经营降本增效。在现实中，技术降成本的最终效果，不仅取决于技术本身以及作为技术载体的设备性能，还受到技术使用者操作技能的影响。提高农民使用新技术的意愿和能力水平，直接关系到技术降成本作用的实际成效。所以，要健全农业农村技术推广服务体系，组织国家农业技术推广机构与农业科研院所、农民合作社、涉农企业、科技服务社会组织协同开展技术推广工作，因地制宜地采用技术培训、入户指导、现场观摩、在线学习、科普宣传等方式，推动技术更好地被农民所掌握和应用。

（三）利用规模经济降低成本

发挥规模经济效应是降低生产经营成本的主要途径之一，对于农业而言，实现规模经济有两条路径：一是扩大家庭自身的生产经营规模，形成内在规模经济；二是通过集体统一经营与社会化服务，形成外部规模经济。基于大国小农国情，以小农户为主的家庭经营构成了我国农业经营的主要形式，这也是中国农业长期发展的基本面。因此，我国不可能像美国一样将分散的农地都集中到少数主体手上搞大规模的农业经营。将单个农户做不了、做不好以及做了不划算的生产环节集中起来，统一外包给服务主体去完成，走服务规模化之路，是合适中国国情尤其是契合小农户特点的农业规模经济实现途径。通过外部服务主体提供产前、产中、产后各环节的规模化服务供给，能起到降低农户农业生产经营成本的作用。因此，要通过大力发展农业社会化服务，增强农业的外部规模经济效应，促进农业生产节本增效，由此提高农民的农业经营性收入效益。

（四）借助范围经济降低成本

农民可以通过联合生产或提供多种相关联的产品服务来获得范围经济效应，进而起到降低平均成本的作用。结合农民生产经营实践来看，借助范围经济降成本有多条实现路径：一是在农业内部发展相关多元化生产，较典型的包括粮经饲结合、种养结合等，这有助于提高农业生产设备的利用率，促进成本互补与分摊；二是纵向延伸农业产业链，往上游可延伸至投入品供应环节，往下游可拓展至农产品加工、流通等环节，通过产业链的内部化减少交易成本；三是开展一、二、三产业融合经营，以农产品生产为依托，横向发展农机服务、休闲农业、餐饮民宿等，在资源共享利用中降低平均成本。当然，鉴于不同农村家庭在经营领域、规模和能力等方面的差异性，就某家农户而言，应选择合适方式来实现范围经济降成本目标。一般来讲，家庭农场综合实力较强，有条件合理延伸产业链或探索产业融合经营模式；而众多小农户受资金和能力等因素的限制，更适宜开展一些小规模的粮经复合、种养结合，也可尝试发展庭院经济等生产生活相融合的新业态。除此之外，为了克服独家独户从事多元化经营的局限性，还有必要引导农民建立合作机制，包括构建小农户与小农户间、小农户与家庭农场间、农民与专业合作社间的多层次合作关系，通过联合协作增强范围经济效应并共享其利益。

（五）深化制度创新降低成本

规模经济具有降成本作用，但对于农业而言，采用土地规模经营可能使规模农户面临较高的地租成本，而采用服务规模经营时，服务主体直接与众多小农户打交道又会产生高昂的交易成本。如此，规模经济降成本效果就会打折扣。针对这种情况，可通过创新生产组织方式来解决。规模农户在集中土地过程中，可与小农户协商采用土地入股或者入股与租赁相结合的方式，这样相比完全采用租赁方式能节约租金成本。至于提供社会化服务中的高交易成本问题，可发挥农村基层组织的居间人作用，先以村或村民小组为单位汇总小农户的服务需求，然后由基层组织对接服务提供主体并共同制定服务计划安排，以此减少服务经营者的交易成本。

降低农民创业投资的交易成本，也需要依靠深化改革与制度创新。要完善市场主体登记管理制度，进一步合理降低与放宽经营准入门槛；着力减少登记、立项、审批等办事手续的环节，持续优化相关工作流程，通过开展集中办理、就近办理、网上办理不断提高服务效率和便利化程度；充分利用政务信息共享平台获取相关信息，最大限度避免让经营者重复提供材料；完善主动服务返乡创业人员的体制机制，推动优惠政策及时精准落地；探索建立健全歇业制度，降低经营者的维持成本。

二、提高品质与打造品牌双管齐下使产品服务卖出更好价格

通过促进优质优价提高经营性收入的效益，既要依靠高质量产品服务作为支撑，也离不开品牌的培育和打造。前者是优质优价的前提基础，产品和服务拥有过硬质量才能卖出好价格；而后者是优质优价的"助推器"，打造打响品牌能促进优质优价机制的实现。通过走优质优价的发展道路，越来越多的农民将走出低端低价竞争的生产经营困境，依托更高价值的产品与服务实现经营净收益率的提升。

（一）提高供给质量，依托优良品质实现优质优价

进入新发展阶段后，农民要切实转变以往以量取胜的生产经营模式，更加注重提高产品服务的品质与附加值，加快由增产导向转向提质导向，顺应需求升级不断提升供给的质量水平，努力实现产品服务优质优价。为此，应继续深入实施质量兴农战略，并将质量兴农领域从原先主要偏重于农业扩展至所有的乡村产业[①]，将质量兴农的基本理念贯彻到农民生产经营的各行各业，持续完善覆盖涉农全行业的质量兴农制度框架。

促进供给质量提升的关键是抓好科技创新及应用、产业标准化与生产经营组织化。首先，要推动质量导向的农业农村科技创新与运用。充分发挥新技术对提升产品服务品质的作用，着力破解制约质量提升的种子、农艺、农机设备、仓储物流等方面的技术难点，加大新技术的推广力度、提高技术入户率。其次，要加强农村产业标准化建设，提高农民生产经营标准化水平。当前很多农民在生产经营中都比较依赖自己经验，由于缺乏标准化规范而导

---

① 在此，质量兴农中"农"的涵义也获得了扩展与丰富，不仅仅局限于农业，而是包括农业在内的整个农村产业体系。

致质量参差不齐,这是产品服务难以卖出好价钱的重要原因之一。今后,除了要在新型农业经营主体带动下开展农业全产业链标准化建设外,还有必要随着农民对生活品质要求的提升,逐步推进农村生活服务业标准化,对超市便利店、餐饮住宿、修理修配、美容美发等行业制定规范化服务标准,引导经营户提升服务品质。再次,提高农民生产经营的组织化程度,以组织力量推动质量提升。单个小农户势单力薄,依靠自身力量难以有效改善产品服务质量。所以,要依托农民专业合作社、涉农龙头企业、农村行业协会等主体提高农民生产经营的组织化水平,为小农户提供技术、设备等方面的指导与服务,加强对小农户产品服务质量的监督,这有助于解决传统小农户在分散经营中提高品质动力与能力不足的问题。

由于信息不对称、市场监管缺失、农民议价能力弱等原因,农民在销售产品或提供服务时经常会遇到优质却不优价的现象。为此,要建立健全涉农领域的优质优价机制,确保优质产品服务获得优价,这也是提高农民经营性收入效益的重要保障。相应的对策措施主要包括:从健全质量标识制度、质量认证制度入手,促进质量信息公开透明,完善质量-价格信号传递机制;加强对农业农村市场的监管,杜绝市场上"劣币驱逐良币"现象;引导农民特别是小农户采用"农户-合作社-其他"模式销售产品服务,依靠合作社改善农民在交易中的弱势地位,还可鼓励农民在有条件的情况下采用"农户-最终消费者"的直销模式,由此增强农民作为卖方在市场上的议价能力。

(二) 推动品牌建设,使农民从品牌溢价中受益

要在市场竞争中合理提高农民所生产产品和服务的价格,以高品质为基础打造产品服务品牌是一条有效路径。为此,需加快推进实施乡村产业品牌化建设,走品牌强农富农之路,在农业、农产品加工业、乡村手工业、乡村旅游业、农村电商等重点行业领域开展品牌培育和提升行动,通过打造品牌促进产品和服务的增值。

品牌包括区域品牌、企业品牌[①]、产品品牌,品牌打造是这三种不同层次的品牌建设协调推进的过程,但其结构模式与主次先后应根据各地区、各行业的实际情况而定。例如,在特色农产品生产优势区、自然人文风景区,区

---

① 企业品牌更准确地说应该是"生产经营主体品牌",它既包括企业创建的品牌也包括家庭农场、农民专业合作社等非企业经营主体创建的品牌。不过,鉴于目前通用企业品牌一词,本书与该通用称谓保持一致。

域特有的自然条件和资源禀赋是形成当地产品服务特点与竞争力的关键因素，此类区域应以培育和打造区域公用品牌为重点，使本地经营户能普遍从公用品牌中受益；在产业体系较薄弱、缺乏龙头企业带动的欠发达地区，较适宜先从区域品牌切入开展品牌建设，再逐步带动企业和产品品牌的成长。反之，在区域品牌已经比较成熟但缺乏有竞争力的经营主体或产品特色还不够鲜明的地区[1]，则需加强企业品牌、产品品牌的打造，尤其是要大力扶持新型经营主体建设自身品牌，并引导其带动小农户参与品牌建设。

品牌溢价程度与品牌的辨识度和知名度密切相关，在当前涉农领域同行业品牌数量不断增多、品牌竞争越来越激烈的形势下，提高品牌的辨识度和知名度对提升品牌价值具有关键作用。所以，要从赋予品牌独特文化内涵、建立有创意的品牌识别符号、增强包装设计审美感等方面入手提高品牌的区分度，彰显品牌的个性化特征；要支持品牌建设主体通过参加展会、媒体推介、直播带货、公益宣传等多种途道开展品牌营销，将传统营销手段和现代营销方式有机融合起来，逐步扩大品牌的知名度与影响力。

三、引导农民积极调整与优化家庭生产经营结构

在不断变化的市场环境中，农业及相关产业的结构性过剩是导致部分农民生产经营效益较低的主要原因之一；此外，农民生产经营结构与资源禀赋条件不够契合，也会造成经营性收入的低效益。所以，引导农民立足资源禀赋特征、根据市场需求变化积极调整与优化家庭生产经营内容，有助于形成既具有比较优势又符合市场需求的生产经营结构，这对提高农民经营性收入效益有重要意义。

农民生产经营结构的调整行为，很大程度上受到其调整意愿的影响。当前，仍有一部分传统小农户思想较为僵化、因循守旧，长期固守原有的生产领域而不愿作出改变，丧失了改善经营效益的机会。对于这些农户，首先要做好宣传教育工作，帮助他们逐步树立市场经济与效益观念，潜移默化地改变传统固化的思维方式，激发其积极调整生产结构的意愿与主观能动性。另外，针对很多小农户风险规避意识较强、担心遭受风险而不愿调整结构的问题，要在降低潜在风险损失、消除不必要的风险顾虑上下功夫。可在结构调

---

[1] 例如，在调研中了解到，山东农业的区域品牌数量名列全国前茅，有很多响亮的区域性公用品牌，如寿光蔬菜、烟台苹果、威海刺参等；但是，由于有竞争力的农业龙头企业不多等原因，农业领域的企业品牌、产品品牌较少。

整中采用先由新型经营主体试点示范再逐次向小农户推广的办法,充分发挥家庭农场和专业大户对小农户的引导示范作用;要加强对小农户的技术培训和指导,完善产前产中产后全环节服务,尽可能减少因小农户经验能力不足原因引发的生产经营风险;还有必要建立健全面向小农户的经营风险分担与生活兜底保障机制,避免万一遭遇风险损失影响到基本生活。

有不少农村家庭虽有调整生产经营结构、提高经营性收入效益的愿望,但受制于信息、技术、土地等方面的制约难以顺利实施结构调整,这就要求各级政府和农村基层组织结合农民经营结构调整需要,提供完备且有针对性的政策与服务支持,着力破解农民调整优化经营结构面临的瓶颈约束。首先,要完善农情信息服务。重点围绕本地的主产农产品和乡村主要产业,为广大农民提供及时准确的市场信息,将原始信息加工后以容易理解的方式传递到户到人,指导农民利用信息作出合理调整生产经营结构的决策。其次,要积极提供技术帮扶。当农民转向新的生产经营领域时,经常会面临缺乏新领域所需技术技能的问题。这就需要由政府或其他组织对农民进行相应的培训和技术指导,使农民具备并逐步提高在新领域的生产经营能力,促进农民顺利实现生产经营结构的转换。再次,要完善乡村产业发展的用地政策。在符合国土空间规划与严守耕地红线的前提下,鼓励对农村建设用地进行复合利用,发展农产品初加工、休闲农业、农村电商等产业;积极开发空闲地、废弃地,安排用于经营设施农业;根据产业融合需要与新业态特点,因地制宜探索新的供地方式。通过多措并举,帮助农民解决调整经营结构、进入新领域面临的用地难问题。

普通小农户与家庭农场的生产经营行为方式有较多不同之处,他们在经营结构选择中面临的突出问题有所差异,优化调整经营结构的策略也应有所区别。普通小农户调整生产结构时较容易犯的决策失误是盲目跟风,由此形成了"羊群效应"。有研究发现,小规模农户相对于大农户更易表现出"羊群效应"(张雪、周密,2019)。为此,要引导小农户理性决策,让其充分了解可能的风险,防止不切实际盲目转向不熟悉的当前高收益领域;要大力推行"小农户+合作社""小农户+龙头企业"等组织化生产方式,由新型经营主体统一安排生产,克服分散生产下的从众行为。对于家庭农场而言,其经营结构方面较普遍存在的问题是结构较为单一,业务较多集中在传统种养环节,限制了经营效益的提升。所以,今后要支持家庭农场立足现有的种植或养殖主业,积极开展相关多元化经营,既可以适度延伸农业产业链条,也可以拓展农业功能发展新业态,从开辟与发展新业务领域中获得更高收益率。

还有必要指出的是，农民家庭生产经营活动与所在地村域乡域产业体系是密切关联的，这决定了农户个体层面的结构调整决策，不能脱离村域乡域产业发展而独立进行，而应当放在村域乡域产业体系中加以统筹谋划。因此，建议加强村域乡域产业与农民家庭经营的联动调整，以科学的村域乡域产业规划为农民优化家庭经营结构指引方向，同时引导农民结合自身条件找准在村域乡域产业体系中的地位，由此增强个体层面和区域层面结构调整的协同性，更好释放出结构优化带来的效益。

四、结合具体情况合理选择提高收入效益的方式

尽管降成本、提品质、塑品牌、调结构都能起到改善经营性收入效益的作用，但具体到行业、地区或经营户个体层面，并不意味着这四个方面平均用力。在实践中，需要结合实际情况分清先后顺序、主次轻重，具体来讲：

第一，当农户生产经营结构不合理时，应当将调结构摆在首要位置。否则，在维持原有结构情况下推进降成本和优质优价，很可能导致事倍功半甚至无功而返的结果。第二，对于在客观上不易形成明显质量差异或异质性程度较低的产品与服务，如大田作物种植、批发零售、农村物流等，以降成本为重点来提高收入效益更合适。第三，对于地域特点鲜明的特色农产品及其加工业、传统手工艺和乡村旅游，在经营中要将更多精力花在改善品质与塑造品牌上，力求通过凸显品质与差异性实现优质优价、提高收入效益。

最后有必要指出的是，在某些情况下，提高品质会使成本投入相应增加，使降成本与提品质出现一定程度的矛盾。这时，经营者应着眼长远来评估成本收益，尤其是正确认识成本投入短期性与品质收益长期性的关系，努力用相对较小的增量成本实现品质提升目标。

第二节　降低农民经营性收入风险的措施建议

为了有效破解降低农民经营性收入风险所面临的主要瓶颈制约，今后要加快构建保持农资价格与农产品价格基本稳定的长效机制，解决好部分农资和农产品价格过度波动带来的风险；要不断完善农业农村基础设施，按农民生产经营抗风险需求补齐短板；还要着力健全农业及其他涉农保险体系，增强保险化解农民经营性收入风险的作用，兜牢风险防控底线。

一、构建保持农资价格与农产品价格基本稳定的长效机制

要按照以供给侧为主需求侧为辅、市场机制与政府调节相结合的基本思路，建立健全使农资价格、农产品价格保持基本稳定的长效机制，尽力避免因农资与农产品价格过度波动给农民经营性收入造成风险损失。另外，鉴于农资价格与农产品价格具有内在关联性，还应统筹考虑与谋划两者的价格稳定机制，防止"头痛医头脚痛医脚"。

（一）稳定农资价格的长效机制建设

确保市场上农资稳定充足供应，是从源头上防止农资价格过度波动的关键举措。因此，要保障农资生产企业原材料、能源等生产要素的稳定供给，使农资行业产能利用率保持相对平稳态势。政府主管部门与行业协会应密切关注农资行业尤其是重点企业的生产与库存动态，及早发现农资生产企业开工不足、农资区域性供给短缺等苗头性问题并尽快推动解决。针对部分农资生产与使用出现较明显空间错位的现象，需畅通农资流通渠道、提高运输便捷性和效率，增强农资跨地区调配能力。在农资国内市场短期供给偏紧时，可通过行业协会发布倡议等柔性方式，动员企业优先保障国内需求、适当减少出口；但不建议采用临时加征出口关税这种易引发贸易摩擦的政策工具来抑制出口。种子、化肥、农药等农资具有常年生产、季节性销售的特点，旺季需求量大也是引发农资价格过度上涨所不可忽视的原因。对此，可引导农民适当反季购买农资，这有利于减轻旺季需求过于集中带来的价格上涨压力。

当依靠市场力量不足以稳定农资价格时，还需要借助农资储备政策等制度安排，积极发挥政府对农资供给的调节作用。要进一步完善化肥、农药等重要农资的中央和地方两级储备机制，通过淡季收储、旺季投放合理调节市场上的农资供应量，形成平抑农资价格过度波动的有效调控机制，防止需求旺季农资价格异常上涨。为了提高储备政策实施的精准性，还要增强对农资市场价格的监测和预警能力，在此基础上合理确定调控时机与吞吐规模，避免干预滞后、调节过度等政策失灵现象。除此之外，规范农资市场生产经营秩序也是稳定农资价格必不可少的举措。农业农村部门要联合市场监管等部门协同开展农资价格专项检查，对价格垄断、串通涨价、囤积居奇、哄抬价格、散布涨价信息等行为加大打击与处罚力度；充分发挥 12358 价格举报热线的作用，引导广大农民积极参与到农资价格监督工作中来，共同维护良好的农资市场价格秩序。

（二）稳定农产品价格的长效机制建设

农户掌握市场信息不充分是导致生产决策出现偏差进而引发供求失衡与价格波动的根源。为此，首先要加强农产品市场的监测预警，扩大监测范围与覆盖面，建立健全多层级的产销信息监测预警系统，通过互联网、电视、手机、公告等多种渠道推动信息入户，使农民能够及时、全面而准确地了解农产品市场信息与价格走势。鉴于目前小农户分析市场信息能力总体较弱的现实，建议依托农民专业合作社、农业龙头企业等新型经营主体来指导小农户合理安排生产，避免小农户盲目跟风行为，通过前置性引导促进市场供需平衡。要向农户倡导顺价销售，在价格上涨期不过度捂货惜售，在价格下跌期不恐慌抛售，防止人为加剧价格波动。

针对小农户缺乏议价能力、在农产品价格下行期容易被中间商压价的问题，要鼓励农民抱团组建专业合作社，以合作社为载体对接市场，增强农民对农产品的价格话语权，避免中间商将市场价格风险过度转嫁给小农户。不少时候，农产品价格会出现在产区大幅下跌但在销区却上涨较快的现象，这主要是区域间供求不平衡导致的，并非供给总量过剩。为此，农业和商务等相关部门要做好区域间特别是产区与销区间农产品的产销衔接工作，畅通农产品跨地区运输通道，确保农产品流通便捷高效。果蔬短期内大量集中上市容易引发价格大幅下滑，解决这一难题的可行途径是加快产地的冷链保鲜设施建设，促进鲜活农产品分期均衡销售。

要继续发挥好政府在保持农产品价格基本稳定中的政策调控作用。为了避免对市场价格机制造成扭曲性影响，除了对稻谷和小麦等主粮作物继续实行最低收购价外，政府对农产品价格的调控应尽量采用间接手段，不宜对市场价格直接进行干预。有必要根据主要农产品各自的供需特点，分品种合理确定价格波动的警戒线与调控区间。当农产品价格波动未超出警戒线时，政府一般不采取调控措施；反之，当价格涨跌幅度进入调控区间时，结合实际情况综合运用储备吞吐、进出口调节等政策工具以平抑价格波动。要充分吸取以往政策调控失当加剧农产品价格波动的教训，一方面坚持政策调节不越位，努力为增强农产品市场自我修复能力创造更好条件；另一方面在政策及时性和精准性上下功夫，不断提高对价格的调控能力，使过度的价格波动得到有效平缓。

二、完善农业农村基础设施，按防风险要求补齐短板

（一）改变农业农村基础设施领域的"三重三轻"现象

农业农村基础设施是影响农民生产经营风险的重要因素，当前我国农业农村基础设施发展不充分不平衡的问题，同该领域的"三重三轻"现象密切相关——即重城市轻农村、重建设轻管护、重大型工程轻小型项目。在此情况下，农民生产经营抗风险需求难以得到较好满足。为此，要推动基础设施投入向农村倾斜，完善农业农村基础设施管护体制，加强与农民日常生产直接相关的小型基础设施建设管理。

首先，在今后的基础设施建设中要始终坚持农业农村优先的导向，推动基础设施向农业农村倾斜，促进城镇基础设施往乡村地区进行延伸。要从规划、资金等方面着手，建立健全优先发展农业农村基础设施的体制机制。在规划上，加快实现城乡基础设施的一体化规划，因地制宜编制好县域-乡域-村域三个层次的基础设施规划，明确规划近期急需推进的基础设施项目；在资金上，完善乡村基础设施财政分级投入机制，提高土地出让金用于农业农村比例，鼓励地方政府与民间资本设立乡村基础设施投资基金，拓宽农业农村基础设施建设的资金来源。

其次，深化农业农村基础设施管护制度改革，确保基础设施建得好更要管得好。要明晰各种设施的产权归属，据此将设施管护责任落实到位；综合考虑政府事权、资金来源、受益群体等因素合理确定管护主体，并科学制定管护标准和规范；对非经营性设施、准经营性设施、经营性设施实行分类管护，逐步建立健全政府主导、多方参与、市场运作的基础设施管护机制。

再次，要高度重视农业农村小型基础设施在改善农业农村生产条件、增强农民抵御自然灾害能力方面的重要性。坚持"民办公助"的基本思路，政府通过财政补贴或以奖代补等方式，支持农村集体组织、合作组织与农户自主兴办小型基础设施，对于经济欠发达农村地区适当加大财政资金的投入比例。推动不同来源渠道资金的整合使用，将相互关联的设施项目统筹协同实施，提高投资效率。政府相关部门采取跟踪式服务，为设施建设和运行提供必要的技术支持与指导。

（二）按防风险要求补齐农业农村基础设施若干短板

补齐防灾抗灾基础设施短板。加快防洪抗旱设施提档升级，加强防汛和

灾后水利薄弱环节建设，各地规定时间节点完成病险水库除险加固，提高大中小水利设施的协调配套度。定期对农业防灾抗灾基础设施进行全面检查和维护，杜绝安全隐患。引导农民加强与家庭经营相关的防灾减灾设施建设，利用财政补贴等方式鼓励农民使用性能更高的防灾减灾设施，增强防灾抗灾能力。

补齐交通物流基础设施短板。继续高标准建设"四好农村路"，对于生产规模和物流运输量大的地区，要提高公路等级，便于大型物流车辆通行。加快村一级的物流快递网点布局，推进建设综合性的村级寄递物流服务站，积极探索邮政快递基础设施共投共建共用模式。针对快递进村运营成本高的问题，政府相关部门要在财税政策等方面给予必要的优惠和支持。

补齐信息基础设施短板。有序推进农村信息基础网络设施的改造升级，实施新一代信息基础设施建设工程。着力解决好部分偏远地区网络信号较弱或不稳定的问题，相关部门要加强与运营商的协调，切实改善通信质量。创新电信普遍服务补偿机制，确保广大农民不仅"装得上"也要"用得起"。

补齐仓储保鲜冷链基础设施短板。鉴于农产品产地保鲜冷链仓储是目前我国农产品产后物流的最大薄弱环节，且与农民经营性收入风险密切相关，要特别重视推动产地仓储保鲜冷链基础设施建设，最大限度减少产地"最先一公里"物流风险损失。一要加强对设施建设的支持。大力推进乡镇田头仓储冷链物流设施和村级仓储保鲜设施建设，在财税、供地、投融资、用水用电等方面给予配套支持。二是推动设施的共享化发展。可探索联建共享模式，引导龙头企业与农民合作社、家庭农场、专业大户等合作开展仓储保鲜冷链建设，解决独立建造成本过高问题。三是促进设施的移动化发展。鼓励使用能深入到"田间地头"的可移动预冷、冷藏集装箱，普及移动制冷设备在鲜活农产品冷链"最先一公里"领域的应用。四是统筹优化配置设施、提高设施利用率。在推广使用移动式设施的基础上，统筹考虑本地区不同地域农产品的季节性特点，根据各地农产品采收季节分时间段、分地域科学调配设备，最大程度降低设施闲置率。

三、健全农业及其他涉农保险体系，兜牢风险防控底线

（一）完善农业保险政策与管理服务

首先，持续推进政策性农业保险"扩面、增品、提标"，使更多农产品与农民获得保险的风险保障。进一步扩大政策性农业保险的覆盖范围，使政策

性农险向更多非大宗农产品逐步延伸拓展，鼓励地方增设优势特色农产品险种。及时总结地区试点经验，择机将三大粮食作物完全成本保险和种植收入保险向全国推广；同时，积极探索对其他农产品试行完全成本保险或收入保险，提高农业保险的保障水平。

其次，优化农业保险的财政补贴政策，提升保险的需求与供给水平。对低收入农户适当提高保费补贴比例，减轻其购买保险的经济负担，进而增强其投保意愿。合理界定中央和各级地方政府对农业保险的补贴责权，中央财政应避免平均化的补贴倾向，改为根据各省农业生产规模、财政实力、农业产量等因素划分央地财政补贴权责（何小伟等，2019），省以下各级政府也宜按此方法调整补贴权责划分。采用这种因地而异的分级补贴比例，有助于提高欠发达地区发展农业保险的积极性。

再次，推进农业保险产品精细化设计与创新发展，更好满足农民异质性风险管理需求。建议考虑区域自然风险差异制定差别化费率，改变各地区费率"一刀切"的做法，适当调低自然灾害少发地区的费率，使费率高低与风险水平相匹配。促进政策性保险与商业保险协调发展，前者立足于满足基本风险保障需求，而后者侧重满足个性化高层次风险保障需求；地方政府可视自身财力状况，给予商业保险一定的财政补贴支持。

最后，提高农业保险服务质量，增强农民的保险获得感。着力简化理赔程序和手续，充分利用GPS、遥感影像、无人机等新技术实现快速精准定损，开通大灾赔付绿色通道、提高理赔效率。

(二) 创新发展其他涉农保险

随着乡村经济业态的不断丰富与农村各类新型经营主体的快速成长，农民对经营风险的管理需求不再局限于传统农业生产领域，而是拓展至农业全产业链和农村二、三产业。在这种形势下，需要加快研发和推出更多创新性的涉农保险产品，更好满足农民在不同行业领域、不同业务环节的风险管理需求。结合乡村产业发展与农民生产经营中的突出风险点来看，今后一个阶段需要积极探索与推广土地流转租金支付履约保证保险、乡村旅游保险、天气指数保险等新型涉农保险产品。

一是在土地流转交易中探索引入土地流转租金支付履约保证保险。近年来土地经营权流转面积不断增加，但在此过程中出现了不少承租户因受灾或经营不善等原因付不出租金甚至撂荒跑路的违约现象。一些转出土地的农户为了保护自己利益，要求承租方一次性预付下一年乃至更长期限的租金，加大了承租方的资金压力和经营风险。为了解决这种两难问题，可引入土地流转租金支付履约保证保险。由保险公司对租金支付履约承保，使承租方不必预付租金，并且，当其因故无法按期支付租金时可由保险公司先行给予租金赔付，这有利于同时降低土地流转双方的风险。

二是积极发展与健全乡村旅游保险。当前我国旅游经营者和消费者保险投保率低的现状与乡村旅游快速发展的趋势形成了鲜明反差，亟待根据乡村旅游风险特征开发相关保险产品并进行推广，尽快弥补旅游经营风险管理中的薄弱环节乃至"空白点"。建议由旅游与保险两大行业协同推进乡村旅游保险产品的开发设计与市场推广，与此同时，加大各级财政对乡村旅游保险产品研发投入和保费的补贴，促进保险产品供给、提高相关经营者的参保率。

三是推广与完善天气指数保险。天气指数保险不需要复杂的查勘定损工作，具有交易成本低、赔付过程快、理赔效率高等优势，当农民遭遇天气原因导致的经营性收入损失时，天气指数保险提供了一种良好的风险管理工具。除了农业外，天气指数保险也适用于旅游业、建筑业、运输业等受天气因素影响较大的行业。由于天气指数保险的有效运行以丰富的气象大数据为支撑，为此，要加强保险公司与气象部门的深度合作，提高指数设计与数据分析的科学性和精准度。

第三节　增强农民经营性收入成长性的措施建议

增强农民经营性收入的成长性要同时从乡村产业经济的需求侧与供给侧两方面发力，在需求侧要因势利导促进农业及相关产业产品和服务的需求增长，在供给侧要适应消费升级趋势加快农民生产经营供给结构的优化调整、强化高质量要素对农民经营增收的支撑作用。农民经营性收入的成长性与其所在村域乡域范围内的产业发展水平高度关联，这要求不断壮大与提升村域乡域产业，以此夯实农民生产经营发展与经营性收入增长的基础。此外，还要支持和引导农民从规模扩张、效益提升、产业链延伸、功能拓展等多种途径入手，深入挖掘经营性收入的增长潜力。

一、因势利导促进农业及相关产业产品和服务的需求增长

我国农民从事生产经营的领域主要是农业及相关产业，因此，对农产品和农业相关产品服务的市场需求的持续增长，是保持农民经营性收入高成长性的最直接驱动力。由于农产品需求总体上缺乏收入弹性,扩大农产品消费客观上存在一定难度;但顺应城乡融合发展与农产品消费转型升级的趋势,扩大农产品需求仍有政策可作为的空间,具体而言:一是发掘新型城镇化带来的农产品需求扩张红利。深入推进新型城镇化,使更多农民脱离农产品自给性生产和消费方式,增加农产品的商品性消费;加快农业转移人口的市民化,提高其收入水平和消费倾向,促进该群体农产品消费需求增长。二是发展农产品加工业以扩大农产品中间需求。进一步完善扶持农产品加工业发展的政策体系,逐步提高农产品加工转化率,提升农产品精深加工能力,顺应消费升级需求丰富加工品的品种,带动农产品中间需求持续扩张。三是对绿色农产品消费加强宣传引导以促进其较快增长。充分利用各种媒体和社区活动开展形式多样的绿色农产品宣传,通过绿色农产品展销促销吸引消费者关注,使更多社会公众在更好认知绿色农产品益处基础上增强消费意愿,促进绿色农产品消费潜力释放。近年来我国农业社会化服务快速发展,越来越多农民进入到农业生产性服务领域从事经营活动;但目前对农业社会化服务的市场需求规模仍显不足,有较大提升空间。为此,要通过促进农业生产专业化、推动小农户融入农业全产业链、积极发展跨区服务等途径扩大农业社会化服务的需求总量,进而带动农业服务经营收入的增长。

对农业及相关产业产品服务的需求,既包括国内需求也包括国外需求;所以,在促进国内需求增长的同时也要积极扩大国外需求,统筹利用国内国际两个市场带动农民经营性收入持续增长。要坚持在农业及相关产业实施更大范围、更宽领域、更深层次的对外开放,积极构建全方位、多层次的涉农对外开放新格局。以全球各国市场需求为导向,开展特色优势农产品出口促进行动,支持和推动农业服务"走出去"。巩固并深耕传统市场、加快拓展新兴市场,使出口目的地更加多元化,不断扩大农业及相关产业的出口贸易规模。组织农业企业和专家学者围绕贸易壁垒、新冠疫情、地缘政治、汇率波动等深刻影响全球贸易的因素开展深入研讨,提出积极应对涉农领域国际贸易新挑战的思路与措施。要特别重视"一带一路"沿线国家在扩大我国农业及相关产业产品与服务外部需求中的重要作用。"一带一路"沿线不少国家的贫困率仍较高,对食物保障的需求较强烈;此外,"一带一路"沿线国家粮食单产与世界平均水平的差距较大(孙致陆、李先德,2015),对农业科技与生产服务也有迫切需要,这为中国农产品和农业服务出口增长带来了机遇。我国要加快与"一带一路"沿线国家共建农产品贸易通道,形成多元稳定的"一带一路"农产品贸易渠道,不断拓宽贸易范围和领域;各省区市要立足本地农业及相关产业特色，利用山水相连、交通衔接、文化相通的优势因地制宜开展涉农领域对外贸易合作。

二、适应消费升级加快农民生产经营供给结构的优化调整

进入新时代后，我国最终（消费）需求正加快转型升级，并由此直接或间接带动中间（投入）需求的转型升级。在需求全面升级的发展形势下，农民通过生产经营活动为市场提供的产品和服务，应当顺应市场需求变化与转型方向作出适应性的调整和变革。这种供给侧的适配性调整，对实现农民经营性收入持续增长具有重要意义——就整个农民群体而言，这是农民生产经营活动充满活力、人均经营性收入保持较快增速的必要前提；对单个农户来说，这是在快速变化市场中永葆家庭经营生命力、家庭经营性收入水平不断提高的必由之路。

经济新常态下的消费需求，已经从原先的模仿型排浪式消费转向多层次、多样化、个性化消费。从消费结构来看，生存型消费比重不断下降，发展型、享受型消费占比快速提高；与此同时，消费目标逐渐从注重量的满足向追求质的提升转变。消费需求转型升级的上述特征，在农产品、农业相关产品服务、农村生活服务等市场上也表现得非常明显。在当前涉农产品服务市场的运行中，尽管供求总量矛盾依然存在，但结构性矛盾显得更加突出并居于主要地位，供给层次偏低、供给质量不高的现状越来越不适应于需求的转型升级，对今后农民经营性收入的持续增长形成了制约。所以，通过调整供给结构、扩大优质供给满足居民消费升级的需要与实现人民对美好生活的向往，是增强农民经营性收入成长性的先决条件。农产品及其加工品、农业休闲观光、乡村旅游、农民生活服务等涉农最终消费品的质量，很大程度上受到其中间投入品（如农业生产资料、农业和农产品加工制造的生产性服务等）质量的影响，因此，农民在生产经营中扩大优质供给，不仅仅指增加优质最终消费品的供给，也包括提升相关中间投入品的供给质量。

对农民生产经营而言，优化供给结构、扩大优质供给的重点举措为：第一，推进实施农业生产"三品一标"提升行动，在提高农产品的安全性、营养性和标准化水平上狠下功夫，打造特色优势品牌农产品，更好满足中高收入消费者群体对农产品的品质化、个性化需求。第二，把握居民消费层次向发展型、享受型跃升带来的产业机遇，支持农民因地制宜地发展乡村旅游和休闲农业，积极开发乡村旅游和休闲农业的精品路线；深入发掘农业多种功能，在推动农文旅融合、农业和教育融合中培育新的收入增长点。第三，针

对年轻人追求新鲜感、注重体验度的消费特点,鼓励农民发展体验式采摘、体验式餐饮等乡村体验式新业态,开发适合游客参与的农耕体验、手工艺制作体验等项目,激活年轻消费群体的涉农消费潜力,拓宽农民经营性收入渠道。第四,在居民消费越来越追求方便快捷的形势下,要加快农业农村流通体系的现代化,进一步畅通农产品及相关产品的上行通道,打造高效率的全链条流通体系,推动鲜活农产品直采直销覆盖更多城市社区。第五,改造与提升餐饮住宿、美容洗浴、家电维修等农村传统生活服务业,结合消费升级趋势拓宽适合农民从事的生活性服务业范围,不断创新生活服务模式,更好满足农民服务消费需求。第六,抓好农资打假行动、健全农资质量安全可追溯制度,完善农业全产业链社会化服务体系、促进小农户与社会化服务对接,为涉农最终消费品的质量提升提供优质的投入保障与服务支持。

三、强化高质量要素对农民经营性收入增长的支撑作用

生产要素质量是影响农民经营性收入成长性的重要因素,特别是在农业农村发展进入到新阶段的背景下,要素质量对农民生产经营持续增收的贡献度明显提高。缺乏高质量的要素,农民经营性收入增长就容易陷入潜力不足的困境。当前,我国农村耕地质量退化面积较大、农户正规融资渠道依然不够顺畅、农民科技文化素质还不够适应生产经营现代化要求、不少新技术尚未充分运用于农村家庭生产经营活动,上述问题都在不同程度上制约了农民的经营增收。所以,要着力将高质量生产要素注入农民尤其是小农户的生产经营中,不断提高农民所拥有或使用要素的质量,增强优质要素对农民经营性收入持续增长的支撑作用。

就传统生产要素而言,重点是提高耕地质量、拓宽农户正规融资渠道。耕地是从事种植业农民的命根子,开展耕地质量提升工作,对农业生产可持续发展与农民农业持续增收有重要意义。因此,要推进实施新一轮高标准农田建设规划,利用财政奖补与信贷担保等政策,吸引更多社会资本参与高标准农田的建设与运行管护,对已建成的高标准农田适时加以改造提升;要完善耕地质量监测评价体系,持续跟踪耕地质量变化状况,及时发现耕地生产障碍因素与设施损毁情况并采取相应措施;还要引导和支持农户开展保护性耕作、发展绿色种养,提高土壤有机质含量与基础地力。农民扩张经营规模离不开外部资金的支持,为了促进农户融资的可持续健康发展,需要逐步提高正规融资所占比重,这就要求进一步完善和创新农民信贷政策。在这方面,有必要适当放宽农户申请贷款条件、扩大抵押物范围,提高农户的信贷可得

性；要加快农村普惠金融高质量发展，完善农户小额信贷政策、扎实做好过渡期脱贫人口小额信贷工作，规范发展新型农村互助合作金融、探索开展互助合作的有效模式；可结合产业发展导向和农户经济状况，对农民实行差别化贷款贴息政策，减轻农民融资的成本负担。与此同时，还要引导农村非正规金融规范化发展，健全对农民非正规融资的监管，努力克服非正规融资的消极影响。

农民拥有较高的人力资本水平是实现经营持续增收的一个关键因素。提升农民人力资本既应着眼当下更需放眼未来，为此，要面向农村劳动力年龄人口与学龄人口两类群体实施不同的人力资本提升政策：对于从事生产经营活动的劳动年龄人口，要以加强实践需求导向的职业能力培训为抓手，切实增强其生产技能与经营能力；而对学龄人口的人力资本投资，重点是提高农村基础教育质量、扩大职业教育覆盖面，使农村后备生产经营者的素质得到有效提升。另外，顺应信息化、数字化发展趋势，应特别重视提升农民数字素养，培养农民形成数字化致富的网络意识和网络冲浪技能，增强数字化增收能力（常凌翀，2021）。今后，农村产业发展将更多依靠科技创新驱动，在此背景下，要大力推动新技术赋能农民生产经营，使农民经营增收更有科技含量。在加强涉农领域核心技术攻关、促进新技术突破的同时，要积极推动农业农村科技成果与农民生产经营的深度融合，加快科技转化为现实生产力。要充分发挥家庭农场、专业大户在采用新技术中的先行示范带动作用，积极利用社会化服务途径将先进技术间接导入小农户的生产经营中，使各类农民都能享受到技术创新带来的增收红利。

四、发展壮大村域乡域产业以夯实农民经营增收基础

农村产业经济增长是农民经营性收入成长的源泉，就微观层面的某个农村家庭而言，对其经营性收入成长性有最直接影响的是所在地村域乡域产业的发展状况。村域乡域产业是最小尺度的区域产业体系，村庄和乡镇范围内成百上千乃至上万个农民及其他经济主体的生产经营活动，通过一定的经济联系共同构成了村域乡域产业体系。农民经营性收入的成长性与村域乡域产业的发展水平是高度相关的。实践经验表明，村域乡域产业发展较快的地区，本地农民经营性收入增长通常也较快；反之，村域乡域产业发展缓慢的地区，本地农民经营性收入增长一般也较缓慢。通过发展壮大与提升村域乡域产业，有助于拓宽农民生产经营的范围与空间，使农民经营活动往附加值更高的产业链环节延伸；此外，还有利于提高农民生产经营的组织化程度，推动农民以抱团方式对接大市场，提升产品服务的市场竞争力。上述积极效应均能起到夯实农民经营增收基础的作用，由此提高农民经营性收入的成长性。

我国不同地区村域乡域产业发达程度存在较大差距，中西部地区总体上滞后于东部地区，特别是刚脱贫摘帽的贫困村与贫困乡镇，其村域乡域产业仍很薄弱，存在明显短板。今后，各地要立足本地资源禀赋特点，从经济社会发展实际水平出发，采取差异化的村域乡域产业振兴策略：对于经济和产业较发达、村域乡域产业体系已比较成熟的地区，主要是顺应市场需求升级方向，着力提高产业的质量和竞争力，大力推动产业融合，促进村域乡域块状经济和产业集群发展，支持有条件的地方建设以乡镇所在地为中心的产业集群；对于村域乡域产业尚处于成长阶段的地区，关键是进一步明确本地主导产业、突出产业特色，推进村域乡域产业品牌建设，加大力度培育新型经营主体并发挥其引领带动作用；对于乡村产业基础较差、村域乡域产业体系薄弱的地区，重点是完善产业基础设施、做好村域乡域产业规划，持续选派驻村第一书记和工作队加强产业指导，逐步形成"一乡一业""一村一品"发展格局。针对某些原贫困村扶贫产业项目缺乏持续发展能力的问题，要改变以往产业扶贫的短期化倾向，对经济效益下滑、发展潜力小的项目及时作出调整，结合本地资源优势找准产业发展重点，研究制定升级版的产业扶持政策，推动村域产业加快转型发展。

要增强村域乡域产业发展与农民持续增收的直接联动性，通过合理的制度安排与政策引导使农民在村域乡域产业发展中实现更快更可持续的经营性收入增长。相关的政策建议为：引导农民围绕村域乡域主导产业调整和优化生产经营结构，使农民经营活动更加紧密地衔接与嵌入到村域乡域产业体系中；在乡域内发展小农户参与的农业产业化联合体，推动农业龙头企业、专业合作社与农户联合建设农产品的生产基地和加工车间，构建产业链增值收益分配向农民倾斜的利益联结机制；鼓励和支持村域乡域范围内规模较大、实力较强的家庭农场和专业大户等规模农户延伸产业链，依托主业发展新业态、促进产业融合，不断发掘产业和收入的新增长点；大力推动区域公用品牌共建共享，使品牌溢价在更大范围内带动农民持续增收。

五、支持和引导农民多途径挖掘经营性收入增长潜力

可从规模扩张、效益提升、产业链延伸、功能拓展等多种途径入手，支持农民充分发掘经营性收入增长潜力，为农民生产经营持续增收创造有利条件。

一是通过扩张经营规模促进经营增收，这是实现经营性收入增长的最直接途径。对于农业特别是种植业而言，规模扩张主要表现为农地经营面积的扩大；而对于养殖业、非农产业来讲，规模扩张更主要依靠资本投入或服务需求量的增长。为了更好支持有意愿有条件的农民扩张经营规模，要进一步健全土地经营权流转体系，促进农地顺畅流转；不断拓宽农民融资渠道，解决好农户融资难融资贵的问题；搭建农业生产服务信息平台，帮助农民拓展服务市场。

二是通过提升经营效益促进经营增收。农民经营性收入增长与其生产经营效益变化是密切相关的，经营性收入效益的逐步提高有助于经营性收入保持良好的成长性。因此，要从降低平均成本、推动优质优价、增强规模经济和范围经济效应等方面多管齐下，促使农民不断提升生产经营的效益水平，以此为基础实现生产经营持续增收。

三是通过延伸产业链促进经营增收。如果农民的农业生产仅局限在种养环节，收入增长潜力就十分有限。推动农业全产业链开发、促进农业产业链纵向延展，可使农民经营增收空间拓展至采购、仓储、加工、运输和销售等环节，破除产业链过窄过短对收入增长的束缚。对于家庭农场等规模农户以及在特定领域有专长的农户，可直接参与产业链延伸环节的生产经营；至于没有能力直接参与的小农户，则可通过与新型农业经营主体形成利益联结的方式，间接分享全产业链环节的增值收益。

四是通过拓展功能促进经营增收。当前，农业的多种功能和乡村的多元价值尚未得到充分体现，而这恰恰是未来农民经营性收入的潜在增长点。今后要从开发农业多种功能、提升乡村多元价值中深入发掘农民经营增收潜力，加快休闲农业、乡村旅游、民俗文化、民宿康养、农村电商等新产业新业态发展，更好发挥农村一、二、三产业融合对经营性收入增长的乘数效应。要引导农民结合本地优势、根据自身条件找准参与产业融合的切入点，建立健全鼓励和支持农民从事新产业新业态经营的政策体系，帮助农民解决好产业融合中用地、资金和技术等方面的难题。

尽管规模扩张、效益提升、产业链延伸、功能拓展这四种途径对农民经营性收入增长均有积极促进作用，但就不同地区、行业与家庭而言，侧重点应有所差异，具体选择何种路径模式需根据实际情况来确定。例如，对于以粮棉油糖等大宗农产品生产为主业的农户，因这些作物的效益提升空间较为有限，实现持续增收更多依赖于扩大土地经营规模；但对于经营特色农业的农户来讲，则应注重做精做强做优而不一味追求做大，要聚焦提高附加值率和经营效益，往高效农业方向努力。

第四节 治理农民经营性收入外部性的措施建议

当前，治理农民经营性收入外部性的重点是治理农业环境外部性与耕地利用非粮化。治理农业环境外部性的关键是增强农民的农业生产环境意识、健全农民农业环境行为的激励约束机制、改善农民开展农业亲环境生产的内外部条件。治理农民耕地利用非粮化要求以实事求是的态度对待耕地非粮化现象，一方面多措并举完善农民种植粮食的激励机制，另一方面充分调动地方政府重粮抓粮的积极性。

一、治理农业环境外部性的措施建议

（一）增强农民在农业生产中的环境意识

在农业生产中，农民环境意识的强弱直接影响到其环境行为，进而作用于农业环境外部性。加强与改进农业生产领域的环境宣传和教育，是增强农民农业生产环境意识的重要举措。该项工作的着力点要放在两个方面：一是帮助农民增加环境知识，使农民深入认识常见生产行为对环境带来的影响，了解绿色生态生产的常识和技术要点；二是引导农民形成正确的环境态度，增强环境忧患意识、提高环境保护的社会责任感。为此，农业农村、文化宣传、生态环境等相关部门要加强协作，在农村地区广泛开展农业环境教育宣传活动，使农民在农业生产中形成自觉的环境意识，引导他们进行亲环境农业生产，推动环境保护行为融入到农民的日常生产活动中去。

做好环境宣传和教育工作须在拓宽渠道和优化方法上下功夫，着力提高针对性和实效性。除了通过广播电视、报纸杂志、互联网、微信、宣传手册等各种媒介开展宣传教育外，还要积极利用公益讲座、培训、观摩学习等现场手段，促进工作人员与广大农民群众的互动交流。在宣传教育中要充分考虑农民的知识文化水平与学习接受能力，选择适宜的内容和方法，注重通俗性、实用性，多使用现实案例，避免脱离农民认知特点搞灌输式的抽象说教。可在种苗和农用化学品包装袋、农机设备说明书中标注相应的环保提示，使农民在使用农资时就能看到相关内容，从而起到潜移默化的宣传教育作用。要充分发挥农村学校、农家书院、农民文化活动室的功能，努力将这些场所

打造成为宣传农业环境知识的重要平台。在一定范围内试点开展生态农业示范户评选,通过树典型方式带动周边更多农民提高环境意识,达到"以点带线、以线带面"的良好效果。此外,基于农村"熟人社会"中村风民俗的重要地位,还可探索将农业环境行为纳入到村规民约中,发挥村规民约的"软法"作用,在村庄中营造倡导绿色生产的良好氛围,提高农民在农业生产中对环境保护的认同度,使农民自觉主动地实施亲环境生产行为。

(二)健全农民农业环境行为的激励约束机制

农民在农业生产中的环境行为选择受到经济利益的驱动,当某种环境行为有利可图时,农民就会倾向于采取这种行为决策。因此,如果能借助激励机制使农民通过亲环境生产促进自身经济利益的增加,就可以极大调动农民在农业生产中保护环境的积极性,推动其自觉自愿地作出有利于环境保护的行为决策,进而实现农民个体利益和社会利益的双赢。这比强制性的命令或规制更容易被农民所接受,有助于大幅减少环境治理的执行与监督成本。

要在农业生产领域构建激励农民采取亲环境行为的机制,关键是让农民在从事亲环境生产后的经济收益至少不低于以往水平。为了实现这一目标,需要从降低亲环境生产成本、增加亲环境生产收入两方面入手寻找对策措施。降成本的可行举措包括:在农业绿色技术研发中注重成本因素,鼓励发展和推广高效且低成本的新技术;完善绿色生态农业补贴政策,合理提高补贴标准,降低农民使用绿色农业生产资料、生态化处置废弃物的成本。在增加收入方面,要完善生态农产品价值实现机制,建立健全绿色农产品认证制度,使消费者更方便地识别生态农产品,减少农产品市场上由于信息不对称引起的优质不优价现象,促进绿色优质农产品卖出好价钱;尽可能简化认证手续,鼓励合作社为成员统一申请产品认证,降低认证过程中的交易成本。当农民采用尚不成熟的亲环境生产模式时,还有可能面临技术和市场等方面的风险。特别是对于先行先试的示范户,这种问题更显突出。为此,建议面向先行试点的示范大户建立风险补偿与分担机制,消除农户开展亲环境生产的后顾之忧。

重视发挥激励机制的正向作用,并不否定约束机制的必要性,激励和约束协同发力才能取得更好的环境治理效果。环境法律和环境监管是约束农民农业环境行为的两大主要手段。法律是规范经济社会主体行为的刚性制度,对约束农民的农业环境行为有不可或缺的作用。要着力加强农业环境法律体系建设,可专门针对农业领域的生态环境保护进行立法,制定和实施农业环境保护条例,对因为农用化学品、农业废弃物等造成的环境污染行为施加必要的约束限制。此外,还应进一步完善对农业环境污染行为的监管机制。在农业污染较严重的地区设立农业环境监测站,提高农业环境监测水平。鉴于我国小农户数量众多的现实农情,对农民农业环境行为开展全面监督的执行成本较高,为此,建议将监管重点放在家庭农场、种养大户等规模农户上以便降低监管成本。在农业生产集中度趋于提高(尤其是养殖业等行业)的背景下,这种以规模农户为重点的监管策略也符合效率原则。

(三)改善农民开展农业亲环境生产的内外部条件

一是加快农业绿色发展的科技创新,促进绿色农业技术的推广应用。农业绿色发展是生物技术、智能技术、新能源技术等新技术发展的时代产物。要尽快布局一批具有前瞻性、战略性的绿色农业科技攻关项目,大力推进绿色生态种植、绿色生态养殖、绿色食品生产、绿色低碳技术、农业资源循环利用技术的研发和运用,促进农业科技绿色低碳转型。进一步完善农业绿色科技创新成果的转化机制,加强农业技术推广平台建设;结合不同农户群体的年龄、文化等特点,不断优化绿色新技术推广的方式方法。积极开展绿色农业生产技术培训,依托高素质农民培育计划加大绿色技术培训力度,着力提高广大农户的绿色生产技术水平。

二是完善农业绿色生产的硬件条件,为农民开展农业亲环境生产提供更好的设施支撑。加快绿色生态农业机械装备的研发和应用,充分考虑不同地区的地形地貌、气候环境差异性和不同农产品种养特点,促进绿色农机研发的分类细化,增强装备的适用性。健全农民从事绿色生产的配套设施,重点是完善促进畜禽粪污和秸秆等农田废弃物资源化利用的设施体系,具体包括建设秸秆收储与供应网络站点、建设废弃农膜回收与储存加工场点、支持规模养殖户购置畜禽粪污无害化处理设施等。推进实施乡村清洁能源建设工程,在合适地方积极兴建风能、太阳能发电站,促进清洁能源在农业生产中的使用。

三是健全农业绿色生产的社会化服务体系,促进农民尤其是小农户步入农业绿色发展轨道。小农户受到经营规模、物质装备和技能水平等方面的限制,仅依靠自身资源开展绿色生态生产可能面临一定困难,这时就需要由新型农业经营主体或专业服务机构为其提供社会化的绿色生产服务。为此,有必要完善绿色生态导向的社会化服务支持政策体系,通过各类服务主体为普通农户提供价格优惠的绿色生产全产业链服务,发挥服务规模化引领农业绿色发展的作用（沈兴兴等，2020）。结合当前农业绿色发展趋势和农户绿色生产需求来看，重点是发展和提供精准施肥施药、废弃物回收、绿色农产品认证等方面的服务。

二、治理耕地利用非粮化的措施建议

（一）以实事求是的态度治理耕地非粮化现象

随着生活水平的提高，我国城乡居民食物结构发生了较大变化，粮食消费比重趋于下降、非粮食物消费比重则趋于上升，食物消费越来越呈现出多样化结构特征。在此背景下，农民耕地利用的非粮化行为，在一定程度上也是食物消费结构变动所导致的。所以，应该承认耕地非粮化现象也包含着合理因素。党的二十大报告提出要"树立大食物观"。在大食物观下，可以结合各地实际情况，适当放宽耕地利用范围，将严格管控耕地非粮化改为严格管控耕地非食物化。另外，我国地域辽阔、各地农业生产的自然禀赋条件差异较大。一些地区基于本地优势，已经形成了一些有特色的非粮农业产业。在这些地区强制要求耕地用于粮食生产，不仅不利于优化资源配置，而且可能导致粮食生产的不经济。鉴于此，在粮食生产条件相对较差但拥有其他独特自然禀赋的地区，应倡导从实际出发、因地制宜地选择作物而不能僵化地治理非粮化。

治理耕地非粮化还要处理好藏粮于地与存量耕地非粮化问题。从粮食安全角度考虑，耕地用途管控并不意味着耕地在当前就要用于种植粮食，而是确保耕地具有良好的粮食生产能力。当面临粮食供不应求的短缺状况时，能较快调整种植结构以确保短期内增加粮食产量和供给。因此，在不破坏耕作层的前提下，可以允许部分耕地用于非粮作物的种植。对于存量耕地的非粮化问题也要谨慎处置。近年来，一些地区在治理非粮化时出现了一刀切的现象，不管现有耕地种植状况如何，简单要求立即改正，导致即将成熟的作物被拔除，造成了浪费。为了防止此类盲目行为，必须坚持合理整治与实事求是相结合的原则，分批次分时间段化解存量问题，减少对现有种植结构的过度冲击，实现政策严肃性和执行灵活性的有机统一。

（二）多措并举完善农民种植粮食的激励机制

在市场化条件下，治理耕地利用非粮化与治理耕地利用非农化有很大区别，不能简单采用法律或行政性的强制手段强迫农民种植粮食，而要更多采用激励性的经济手段，使农民自觉自愿地将耕地用于粮食生产。为此，要从政策保本、经营增效入手多措并举，帮助农民提高种粮的经济收益、降低种粮的潜在风险，使种粮对农民具有较强的吸引力。

一是完善农田和粮食生产的基础设施。推进中低产田的改造，着力建设集中连片、节水高效、旱涝保收、稳产高产的高标准农田，不断改善灌溉、田间道路等配套基础设施，加强产后的仓储与流通基础设施建设。二是加大对粮食生产的技术支撑。通过广覆盖的技术推广服务体系，将增产增收成效显著的新技术及时推广运用到广大粮农中去，发挥技术红利降低种粮成本，为提高粮食品质提供坚实的技术支持。三是延伸粮食产业链条，使粮农更好分享增值收益。发挥粮食企业的带动功能，促进粮食深加工发展，通过培育品牌实现溢价，逐步缩小粮食作物与非粮作物的收益差距。四是按照"谁种粮谁受益"原则健全粮食补贴政策。提高种粮补贴的精准度，将实际种粮户识别出来，精确到户到人，准确测量种植面积，确保补贴真正落到从事粮食生产的农民头上。五是加强金融保险政策支持，解决种植粮食的后顾之忧。推广"粮食贷"等针对种粮户的专项信贷产品，稳步扩大三大粮食作物完全成本保险和种植收入保险的试点范围。

（三）充分调动地方政府重粮抓粮的积极性

要使治理耕地利用非粮化达到良好效果，除了给予种粮农民必要激励外，还需要充分调动地方政府重视并抓好粮食生产的积极性，使地方政府切实扛起粮食安全的重任。以往我们较多强调粮食主产区的粮食生产责任，对产销平衡区、主销区的粮食生产重视程度不高。事实上，近年来耕地利用非粮化问题较突出的地方是主销区，因此，无论主产区、主销区还是产销平衡区，都必须严格落实粮食安全责任制考核，坚定不移保面积保产量。要将耕地保护与粮食生产纳入地方政府的政绩考核体系中去，避免以单纯经济标准来考核耕地使用绩效，将耕地用于粮食生产情况与基层干部考评相挂钩，对非粮化现象较严重地区的领导干部进行问责。

针对主产区地方政府抓粮食生产面临的"产量越多、财政越困难、经济越落后"的困境，关键举措是进一步完善对粮食主产区的利益补偿机制，使主产区政府不会因为抓粮而影响当地财政收入，通过合理的转移支付制度安排避免产粮大区成为财政穷区的现象。要建立健全粮食主产区的财力奖补机制，根据粮食总产量、粮食净流出量、粮食生产资源消耗、本级人均财政收入等因素合理测算补偿主产省市县的转移支付规模，严格限定转移支付补偿资金只能用于促进耕地保护与支持粮食生产的相关投入。积极探索建立地区间横向补偿机制，通过采取资金补助、对口支援或定向援助等形式，实现主销区对主产区的横向利益补偿。

第十章 总 结

第一节 核心理论观点

一、关于农民经营性收入质量概念框架的理论观点

农民经营性收入质量是农民经营性收入在质上的规定性，是评价农民经营性收入福利效应的重要依据，主要由收入效益、收入风险、收入成长性、收入外部性四大要素构成，它们从不同维度体现出农民经营性收入的质量状况及特点，不同质量要素间既有一致性也有非一致性。高质量的农民经营性收入表现为经济效益高、风险损失小、成长性强、负外部性少而正外部性多，体现了农民经营性收入增长又快又好的特征。

二、关于农民经营性收入效益的理论观点

农民经营性收入效益可以用经营净收益率或会计利润率来衡量，测算经营净收益率的成本同时包含了显性的会计成本与使用自有要素的隐性成本，相比会计利润率能更好反映农民经营性收入的效益状况。农民经营性收入效益既取决于各经营项目自身特征因素，也取决于多元化经营模式相关因素，前者包括平均成本水平高低、生产经营规模、价格水平，后者包括经营收入结构、范围经济效应、溢价程度。其中，平均成本水平高低受到要素投入结构、技术进步、知识技能与经验等因素的影响，价格水平受到产品服务质量、产品销售方式等因素的影响。农民生产经营活动中会形成规模经济与范围经济两大效应，规模经济源于成本分摊效应、要素优化配置效应、规模生产学习效应、议价能力增强效应，而范围经济源于资源要素投入共享带来的效率提高与成本下降。开展适度规模经营和相关多元化经营有助于降本增效、提高经营性收入效益。

三、关于农民经营性收入风险的理论观点

农民经营性收入的风险水平，可以通过风险量（即风险发生概率与收入损失度均值乘积）来衡量。农民在购买生产要素、生产产品/提供服务、销售产品服务、开展物流活动四大经营环节产生的采购风险、市场风险、销售风险、物流风险，经层层传递后会转化为经营性收入风险，影响四大经营环节风险的相关因素均会引发经营性收入风险。农民开展专业化经营、规模化经营、负债经营对经营性收入风险产生了重要影响。专业化经营带来的资产专用性增强将推动投资风险和被"敲竹杠"风险攀升，规模化经营可能导致地租和雇工成本风险、产后损失风险、特定政策风险趋于上升，而负债经营的债务杠杆效应会扩大经营性收入的波动性。

四、关于农民经营性收入成长性的理论观点

农村产业经济增长是农民经营性收入成长的根本原因，农民经营性收入成长性同时取决于农村产业经济需求侧与供给侧两方面的因素。对农业及相关产业产品与服务的需求增长越快、农村产业供给体系质量越高，越有利于促进农村产业经济增长与农民经营性收入成长。农民经营性收入成长性还受到农村产业经营主体结构变动的影响，其原因在于经营主体结构决定了经营收益的直接归属与分配结构。农民家庭生计方式变化对农民经营性收入成长的影响也不可忽视，家庭生产经营在家庭生计来源中的地位变化，直接关系到经营性收入相对于其他来源收入的成长性。

五、关于农民经营性收入外部性的理论观点

农民经营性收入的外部性有生态外部性、社会外部性、经济外部性等多种表现形式，经营性收入外部性关系到社会的整体福利。用农业面源污染（碳排放）总量与农民农业经营性收入合计值比例构造的农业经营性收入环境负外部性指数，可从环境负外部性角度量化反映农业经营性收入的质量水平。农民农业环境行为及其动因是理解农民农业经营性收入环境外部性成因的微观基础。农民的农用化学品投入行为、农业能源使用行为、农业废弃物处置行为、农业环境技术选择行为，对农业面源污染和碳排放有重要影响。农民作为"经济人"的农业环境行为选择会造成亲环境行为过少、环境污染行为

过多的结果，而作为"社会人"的农业环境行为选择将对此起到一定矫正作用、由此促进环境外部性治理。

第二节 重要分析结论

一、关于农民经营性收入效益的分析结论

我国农民经营性收入效益状况的主要特点为：净收益率较大幅度低于会计利润率；收入效益的行业和区域差异较明显，非农经营性收入效益总体上优于农业经营性收入效益；在主要农产品中，蔬菜的经营效益优于其他农产品。我国农民经营性收入效益面临四大突出问题：一是农业生产经营成本上涨过快，经营利润受到明显挤压；二是同质化程度较高、结构性过剩导致传统农业经营和一些非农领域经营陷于低价竞争；三是农民在生产经营中的某些领域和环节面临较高的交易成本；四是不同经营规模农户的经营性收入效益呈倒 U 型，规模经营户的显性成本压力较大。

基于因素分析法的测算结果表明：（1）经营收入、经营成本两大因素对农业经营性收入效益变化的相对影响程度，在不同农产品间有较明显差异；（2）引起粮食、蔬菜经营净收益率变化的主要因素是经营成本，次要因素是经营收入；而引起油料、棉花、生猪、肉鸡经营净收益率变化的主要因素是经营收入，次要因素是经营成本。通过要素成本贡献度分解还发现：各类农产品生产成本趋于上升的成因结构不尽相同，粮食、油料、棉花、蔬菜这几类种植业作物属于劳动力成本推动为主模式，而生猪、肉鸡等养殖业产品则属于资本成本推动为主模式。

改善农民经营性收入效益的主要难点是：第一，传统小规模经营户改善收入效益的内生动机较弱；第二，农民经营规模普遍偏小，且在推进土地规模经营与服务规模经营方面均遇到瓶颈；第三，由于部分生产要素价格上涨存在刚性、资本替代劳动与技术进步的降成本作用未充分显现，有效降低生产经营平均成本存在一定困难；第四，农民走出低价经营困局遭遇多重梗阻，如增产导向向提质导向转变不充分、小农户在销售中的议价能力较弱、优质优价机制尚不健全等；第五，受风险厌恶、条件不具备等因素影响，推动农民经营结构优化调整面临一些困境。

二、关于农民经营性收入风险的分析结论

基于全国农村固定观察点调查微观数据,运用调整离差率法对农民经营性收入风险进行测度发现:(1)农民中遭遇收入风险的比例以及遭遇风险农民的收入损失程度均处于较高水平;(2)经营性收入风险有较明显行业差异性,以畜牧业、种植业、运输业为主业的经营户的经营性收入风险相对较高;(3)收入损失度与经营规模间无明显的线性相关关系。基于问卷调查数据对农民经营性收入风险的评价结果显示:(1)受访户的经营性收入风险发生概率约为21%,遭遇风险受访户的经营性收入损失度均值约为22%;(2)在引发受访户经营性收入风险的各种因素中,自然灾害是首要原因,其次是产品服务价格下跌;(3)受访户较为担忧自然灾害、疫情冲击、政策变化等因素对未来经营性收入可能带来的不利影响。

降低农民经营性收入风险面临一些瓶颈制约,主要包括:第一,由于农产品市场供求特点、价格变化联动性与传导性、政府价格调控政策失灵、流通不完善等原因,部分农资与农产品较难摆脱价格过度波动困境。第二,农村基础设施与农民生产经营抗风险需求有差距,突出表现为防灾减灾基础设施存在短板、交通物流和信息基础设施有薄弱环节。第三,在产地贮藏保鲜与初加工供给能力不足、转变农产品传统储存方式受阻、产地储存减损技术面临短板的情况下,农户降低农产品产后产地储存损失的困难较大。第四,农业保险化解农业经营性收入风险的作用偏弱,这既与供给侧层面的农业保险风险保障能力不强有关,也与需求侧层面的农民农业保险参保率水平不高有关。

三、关于农民经营性收入成长性的分析结论

进入21世纪以来,我国农民经营性收入成长性表现出如下特点:(1)与其他来源收入相比,经营性收入增长较为缓慢,经营性收入的成长性相对偏弱;(2)不同产业经营性收入增长分化趋于明显,非农产业经营性收入成长性近年来总体上强于农业经营性收入成长性;(3)经营性收入增长的省际差异较大,部分省市出现显著的阶段性变化;(4)经营性收入成长性家庭间分化较明显,村庄内分化对预期成长性分化的贡献度高于村庄间分化。

农民人均经营性收入的未来成长性,取决于农村产业经济增长需求侧与供给侧、农村产业经营主体结构、农民生计方式三方面变化及其产生的影响;展望未来,支撑与制约农民经营性收入成长的有利和不利因素同时并存。综

合各种因素研判，今后农民经营性收入将在中速区间保持较为稳定的增长，农民经营性收入与工资性收入的增速差距将趋于缩小，农民经营性收入增长的产业结构和区域结构也将出现一些新变化。

采用访谈调查法、归纳分析法等方法，对农民经营性收入成长性家庭间分化的主要成因进行了分析，得到如下主要结论：家庭生计方式变化是部分农户经营性收入明显下降的基本原因，经营规模扩张和范围扩大是一些农户经营性收入快速增长的直接原因，生计资本和经营方式差异是村庄内部家庭经营性收入成长性分化的主因，村域乡域发展条件差异是村庄间家庭经营性收入成长性分化的重要成因。农民家庭经营性收入成长性的分化，很大程度上是农村经济社会发展变革引发的结果。

制约农民经营性收入成长性的关键因素包括：第一，现代要素占比偏低且要素质量存在短板，导致高质量要素支撑不足；第二，下乡工商资本在土地流转中挤出农民、在市场竞争中挤压农民；第三，由于土地流转不完善、正规融资困难、经营管理能力不足等原因，经营规模扩张存在瓶颈；第四，产业融合发展带动经营性收入成长的作用偏弱；第五，部分扶贫产业项目持续发展乏力影响脱贫户经营增收。

四、关于农民经营性收入外部性的分析结论

运用单元调查法，对我国农业面源污染排放总量及污染源结构进行测算分析，结果发现：（1）自 2010 年以来，农业面源污染的三种污染物排放总量，均呈现出先升后降的倒 U 型变化趋势；（2）农业面源污染的最大污染源是畜禽养殖，其次是农田固体废弃物；（3）2015 年以来农业面源污染排放总量的下降，主要源于畜禽养殖和农田化肥的污染减排。运用排放系数法，对我国农业碳排放总量及排放源结构进行测算分析，结果发现：（1）2010 年以来农业碳排放总量也呈现出先升后降的倒 U 型变化趋势；（2）排放源按排放量比重从高到低排列依次是种养自然源、废弃物处置、农用化学品、能源使用、土地耕作；（3）农用化学品减量使用对 2015 年以来农业碳减排的贡献度超过了 50%。以 2015 年为拐点，农业经营性收入环境负外部性指数也呈现出先升后降的变化态势，表明农业环境负外部性状况正趋于改善。

基于多元排序 Logistic 模型的实证研究发现：对废弃物生态化处置知识的了解程度、对废弃物处置环境影响的重视程度、废弃物生态化处置经济利益、基层对废弃物处置的监管力度、废弃物回收处理设施状况这 5 个因素对农民处置农业废弃物行为选择的影响存在统计显著性，而是否参加过绿色生态生产培训、本村居民处置废弃物的主流方式对农民处置农业废弃物行为选择的影响在统计上不显著。实证检验结果对引导农民生态化处置农业废弃物、开展农业亲环境生产带来了有益启示。

从农民农业环境行为视角来看，治理农业环境外部性的主要障碍包括：农民农业生产环境意识存在一定偏失，农民采取亲环境行为的内在经济激励不足，农民进行绿色生产的部分条件不够成熟，政府对农民亲环境行为缺乏有效的政策激励。治理农民生产经营中耕地利用非粮化的主要困境在于：农户生产粮食的经济激励不足，地方政府治理非粮化缺乏积极性，简单一刀切治理非粮化并不合理。

第三节 主要对策建议

一、提升农民经营性收入质量的策略思路

坚持科技创新和制度创新"双轮驱动"策略。一方面，要增强自主创新能力，实现涉农产业技术新突破；促进新技术在农民生产中的推广运用，推动新技术与农民生产经营活动的深度融合；提高农民的科技文化素质与技能，使农民能充分利用科技创新红利促进降本增效、风险化解、持续增收和绿色发展。另一方面，要加快农村基本经营制度、农村土地制度、农业支持保护制度、农业社会化服务机制、龙头企业与合作社联农带农机制、农业农村多元化投入机制、质量兴农多元主体协同机制等方面的制度创新，通过"自上而下"与"自下而上"有机结合的制度创新为农民经营性收入质量提升注入动力。

坚持小农户与规模农户共生协同发展策略。第一，统筹兼顾小农户与规模农户的发展，充分考虑两类经营户在要素禀赋、经营方式、发展定位等方面的差异性，分类施策提升其经营性收入质量。第二，从设备共享、渠道共用、服务提供、示范引领、生产协作入手，引入激励机制调动规模农户服务小农户的积极性，充分发挥规模农户带动小农户提升经营性收入质量的作用。第三，以提高小农户长期转出土地经营权积极性、发掘小农户购买农业社会化服务潜力、推动小农户与规模农户高质量生产协作为抓手，更好发挥小农户促进规模农户经营性收入质量提升的作用。

坚持经营性收入不同质量要素协调共赢策略。首先，要完善农民经营风

险管理机制，合理纠正农民过度规避风险的倾向，使农民在生产经营中实现风险降低、效益提高与稳定增收的多赢目标。其次，要大力发展种养结合生态循环农业，鼓励农户探索适合自身特点的生态种养循环模式，健全相关政策与配套设施，努力实现生态效益和经济效益的双赢。再次，要完善耕地保护补偿机制，明确耕地补偿给付与受偿主体、合理制定补偿标准、提高欠发达地区补偿能力，实现耕地保护和农民增收的激励相容。

二、提升农民经营性收入质量的措施建议

（一）提升农民经营性收入效益的措施建议

从降成本、提品质、塑品牌、调结构四方面入手提高农民经营性收入效益：首先，通过加快要素替代、促进技术进步、利用规模经济、借助范围经济、深化制度创新等多种途径推动成本下降，精准打好降低农民生产经营成本的"组合拳"。其次，提高品质与打造品牌双管齐下使产品服务卖出更好价格，既要提高供给质量、依托优良品质实现优质优价，也要推动品牌建设、使农民从品牌溢价中受益。再次，激发农民调整经营结构的主观能动性，破解农民调整经营结构面临的瓶颈约束，使农民形成既具有比较优势又符合市场需求的生产经营结构。最后，还要引导农民结合家庭实际情况，合理选择提高经营性收入效益的方式。

（二）降低农民经营性收入风险的措施建议

一是构建保持农资价格与农产品价格基本稳定的长效机制。要完善市场监测与信息发布，增强跨区调配能力，加强对市场主体引导；更好发挥政府调节作用，提高政策调控的及时性和精准性。二是完善农业农村基础设施，按防风险要求补齐短板。健全农业农村基础设施管护体制，加强农业小型基础设施建设管理，加快补齐防灾抗灾、交通物流、信息、仓储保鲜冷链等基础设施的短板。三是健全农业及其他涉农保险体系。在完善农业保险政策与管理服务的同时，积极探索与推广土地流转租金支付履约保证保险、乡村旅游保险、天气指数保险等新型涉农保险产品。

（三）增强农民经营性收入成长性的措施建议

第一，统筹利用国内国际两个市场，因势利导促进农业及相关产业产品和服务的需求增长。第二，以农业生产"三品一标"、乡村新产业新业态发展、农村传统生活服务业改造提升、农业农村流通体系现代化等为抓手,适应消费升级加快农民生产经营供给结构的优化调整。第三,努力提高耕地质量、拓宽农户正规融资渠道、提升农民人力资本、推动新技术赋能农民生产经营,强化高质量要素对农民经营性收入增长的支撑作用。第四,引导各地因地制宜探索村域乡域产业振兴路径,增强村域乡域产业发展与农民持续增收的直接联动性。第五,支持和引导农民从规模扩张、效益提升、产业链延伸、功能拓展等多种途径入手,深入挖掘经营性收入增长潜力。

(四)治理农民经营性收入外部性的措施建议

治理农业环境外部性的可行措施为:一是帮助农民增加环境知识、端正环境态度,增强农业生产环境意识。二是降低亲环境生产成本、增加亲环境生产收入,健全农民农业亲环境生产的激励机制。第三,加强农业环境法律体系建设以及对农业环境污染的监管,有效约束农民环境污染行为。第三,以农业绿色生产的技术创新、硬件设施,社会化服务为重点,不断改善农民农业亲环境生产的内外部条件。

治理耕地利用非粮化的可行措施为:以实事求是态度治理耕地非粮化现象,避免盲目一刀切;从政策保本、经营增效入手多措并举完善农民种粮激励机制;完善地方政府政绩考核与粮食主产区利益补偿机制,充分调动地方政府重粮抓粮积极性。

第四节 不足之处与后续研究方向

首先,由于数据可得性、数据质量以及测度技术等方面的原因,本书对农民经营性收入质量状况的实证分析还存在一些不足,如未能对家庭经营净收益率进行测算、经营性收入调整离差率有偏差、无法分离出农业面源污染与碳排放中归属于农民生产的部分等,这在一定程度上影响到农民经营性收入质量评价结果的全面性与精准性。

其次,在研究农民经营性收入质量影响因素时,本书采用的方法较为偏重于定性分析和统计分析,严格的计量检验方法运用较少,使得部分结论的可靠性与准确性偏弱;另外,由于探讨的相关影响因素较多,对一些关键因素的分析还欠深入。为此,今后要进一步深化关键影响因素作用机理的分析,在此基础上充分运用现代计量经济方法对影响因素的作用效应进行严谨的实证检验。

再次，受限于作者在农民非农经营方面掌握的素材资料，本书对农民经营性收入质量的研究，更多侧重于农业经营性收入，涉及非农经营性收入的内容相对偏少。展望未来，随着乡村产业融合发展的推进，非农经营在农民家庭经营中的地位将进一步提升，非农经营性收入占农民经营性收入的比重将趋于提高。在此背景下，有必要加强对农民非农经营性收入质量问题的研究。

最后，不同地区、类型、主业的农民在经营性收入质量上遇到的问题存在一定差异性，鉴于此，本书在研究中已尝试运用了分类分析法。然而，由于对实际情况了解有限等原因，在这方面的分析深度仍显不足。通过继续深化这一方向的研究，有助于提出更有针对性的提升农民经营性收入质量的政策建议。

参考文献

一、中文文献

[1] 梁流涛. 农户环境保护行为机制及政策调控 [M]. 北京：科学出版社，2019.

[2] 马小勇. 中国农户的收入风险应对机制与消费波动 [M]. 北京：中国经济出版社，2009.

[3] 苑鹏、崔志红、杨一介、曹斌. 小农户与现代农业发展有机衔接路径探究 [M]. 北京：中国社会科学出版社，2019.

[4] 张峭、王克. 中国农业风险综合管理 [M]. 北京：中国农业科学技术出版社，2015.

[5] 陈艳. 我国农民收入增长的长效机制研究 [D]. 华中农业大学博士学位论文，2005.

[6] 邓正华. 环境友好型农业技术扩散中农户行为研究 [D]. 华中农业大学博士学位论文，2013.

[7] 高龙. 农村劳动力老龄化和女性化对农民经营性收入的影响研究——基于中国省级面板数据的分析 [D]. 华中科技大学硕士学位论文，2013.

[8] 刘胜科. 收入质量对农户品牌生鲜肉消费行为的影响研究——以陕西省调研区域为例 [D]. 西北农林科技大学硕士学位论文，2020.

[9] 刘志强. 组织化经营视角下的农民经营纯收入增长问题研究 [D]. 吉林大学硕士学位论文，2013.

[10] 苗梦帆. 我国农业保险保障水平问题研究 [D]. 河北经贸大学硕士学位论文，2020.

[11] 彭艳玲. 我国农户创业选择研究——基于收入质量与信贷约束作用视角 [D]. 西北农林科技大学博士学位论文，2016.

[12] 任劼. 农民收入质量对其消费及投资的影响研究 [D]. 西北农林科技大学博士学位论文, 2016.

[13] 唐萍萍. 劳动力转移对农村发展的影响研究——基于样本村的实证分析 [D]. 西北农林科技大学博士学位论文, 2012.

[14] 王欣. 农民工收入质量评估研究 [D]. 西北农林科技大学博士学位论文, 2014.

[15] 仲伟来. 农民家庭经营收入增长影响因素研究——以江苏省为例 [D]. 扬州大学硕士学位论文, 2012.

[16] 白描. 微观视角下的农民福祉现状分析——基于主客观福祉的研究 [J]. 农业经济问题, 2015, 36 (12): 25—31.

[17] 蔡继明、方草. 对农地制度改革方案的比较分析 [J]. 社会科学研究, 2005 (04): 28—32.

[18] 曹阳、王春超. 中国小农市场化: 理论与计量研究 [J]. 华中师范大学学报 (人文社会科学版), 2009, 48 (06): 39—47.

[19] 常凌翀. 数字乡村战略下农民数字化素养的价值内涵与提升路径 [J]. 湖南社会科学, 2021, 208 (06): 114—119.

[20] 陈超、周宁. 农民文化素质的差异对农业生产和技术选择渠道的影响——基于全国十省农民调查问卷的分析 [J]. 中国农村经济, 2007, 273 (09): 33—38.

[21] 陈冲、刘达. 收入质量属性的构建及其对农村居民消费行为的影响研究——基于经典收入假说消费理论 [J]. 兰州财经大学学报, 2022, 38 (01): 85—94.

[22] 陈璐、胡月、韩学平等. 国家粮食安全中主产区粮食生产及其贡献的量化对比分析 [J]. 中国土地科学, 2017, 31 (09): 34—42.

[23] 陈美球、洪土林、许兵杰. 试析农户耕地保护的外部性 [J]. 江西农业大学学报 (社会科学版), 2010, 9 (01): 71—75.

[24] 陈敏鹏、陈吉宁、赖斯芸. 中国农业和农村污染的清单分析与空间特征识别 [J]. 中国环境科学, 2006 (06): 751—755.

[25] 陈文胜. 乡村振兴战略目标下农业供给侧结构性改革研究 [J]. 江西社会科学, 2019, 39 (12): 208—215.

[26] 陈艳、叶慧、王雅鹏. 农民农业收入增长影响因素通径分析 [J]. 商业研究, 2005 (23): 201—204.

[27] 陈奕山. 小农户在中国农业现代化进程中的作用及处境变化 [J].

中国农业大学学报（社会科学版），2021，38（04）：19—30．

[28] 程郁、叶兴庆．借鉴国际经验改革中国农业支持政策［J］．学习与探索，2017，260（03）：113—119．

[29] 邓错、孔荣．收入质量对农民工信贷需求的影响研究——来自河南、山东、陕西的数据［J］．经济经纬，2016，33（01）：30—35．

[30] 邓错、赵丹、孔荣．收入质量视角下西部农户创业意愿调查研究［J］．经济与管理研究，2020，41（05）：33—43．

[31] 樊潇彦、袁志刚、万广华．收入风险对居民耐用品消费的影响［J］．经济研究，2007，No.468（04）：124—136．

[32] 范金、任会、袁小慧．农民家庭经营性收入与科技水平的相关性研究：以南京市为例［J］．中国软科学，2010，229（01）：67—77．

[33] 葛天任、马伟．制度变迁中的"创新组合"：以中国城乡治理为例［J］．上海行政学院学报，2013，14（04）：82—89．

[34] 郭军、张效榕、孔祥智．农村一二三产业融合与农民增收——基于河南省农村一二三产业融合案例［J］．农业经济问题，2019，471（03）：135—144．

[35] 何小伟、庹国柱、谢远涛．农业保险保费补贴的央地责任分担：基于区域公平的视角［J］．保险研究，2019，372（04）：3—14．

[36] 胡鹏辉、杨奎臣、贾爱宾．影响城市居民接纳农民的态度的因素［J］．城市问题，2018，280（11）：88—95．

[37] 胡振、臧日宏．收入风险、金融教育与家庭金融市场参与［J］．统计研究，2016，33（12）：67—73．

[38] 黄海荣．收入质量对农村居民消费的影响分析［J］．商业经济研究，2020，796（09）：59—62．

[39] 黄祖辉、黄忠良．农户土地规模经营中的风险及其管理［J］．农业现代化研究，1996（04）：191—194．

[40] 惠树鹏、蔺全录．我国农民增收质量的定量研究［J］．科学技术与工程，2009，9（23）：7076—7080．

[41] 康慧、张晓林．农村居民收入质量对生活满意度的影响［J］．经济问题，2019，476（04）：77—84．

[42] 孔荣、王欣．关于农民工收入质量内涵的思考［J］．农业经济问题，2013，34（06）：55—60．

[43] 赖斯芸、杜鹏飞、陈吉宁．基于单元分析的非点源污染调查评估方

法［J］．清华大学学报（自然科学版），2004（09）：1184—1187．

［44］李承桧、杨朝现、陈兰等．基于农户收益风险视角的土地流转期限影响因素实证分析［J］．中国人口·资源与环境，2015，25（1）：66—70．

［45］李乾、芦千文、王玉斌．农村一二三产业融合发展与农民增收的互动机制研究［J］．经济体制改革，2018，211（04）：96—101．

［46］李艳、杨慧莲、杨舒然．"规模农户"与普通农户的主体特征和生产经营状况考察［J］．改革，2021，330（08）：116—130．

［47］李云森．家庭收入风险对中国农村居民营养摄入水平的影响［J］．南方经济，2012，277（10）：200—213．

［48］林富民．农民增收质量问题浅论［J］．前沿，2005（02）：59—62．

［49］林光华．农户收入风险与预防性储蓄——基于江苏农户调查数据的分析［J］．中国农村经济，2013，337（01）：55—66．

［50］刘二阳、胡韵菲、王雪婷等．中国农业生态价值测算及时空聚类特征［J］．中国农业资源与区划，2020，41（03）：196—202．

［51］刘妙品、南灵、李晓庆等．环境素养对农户农田生态保护行为的影响研究——基于陕、晋、甘、皖、苏五省1023份农户调查数据［J］．干旱区资源与环境，2019，33（02）：53—59．

［52］刘贤强、朱红丹、张利国等．小农户农业社会化服务需求研究——基于324个水稻种植户的调查［J］．云南农业大学学报（社会科学），2022，16（02）：102—110．

［53］芦千文、石霞．小农户与现代农业的有机衔接［J］．社会科学动态，2018，24（12）：43—46．

［54］路玉彬、周振、张祚本等．改革开放40年农业机械化发展与制度变迁［J］．西北农林科技大学学报（社会科学版），2018，18（06）：18—25．

［55］罗必良、刘成香、吴小立．资产专用性、专业化生产与农户的市场风险［J］．农业经济问题，2008，343（07）：10—15．

［56］罗富民．城镇化发展对农民家庭经营收入的影响——基于空间计量模型的实证分析［J］．西安财经学院学报，2019，32（06）：34—40．

［57］罗文、徐光瑞．中国工业发展质量研究［J］．中国软科学，2013，265（01）：50—60．

［58］罗小锋．农户对生产中科技作用的认知及影响因素分析——基于9省1311户农户的调查［J］．农业技术经济，2010，184（08）：80—86．

［59］罗永明、陈秋红．家庭生命周期、收入质量与农村家庭消费结

构——基于子女异质视角下的家庭生命周期模型［J］.中国农村经济,2020,428（08）：85—105.

［60］吕耀、章予舒.农业外部性识别、评价及其内部化［J］.地理科学进展,2007（01）：123—132.

［61］马军旗、乐章.中国农业面源污染的空间差异与影响因素分析［J］.农业现代化研究,2021,42（06）：1137—1145.

［62］马永红、李玲、王展昭等.复杂网络下产业转移与区域技术创新扩散影响关系研究——以技术类型为调节变量［J］.科技进步与对策,2016,33（18）：35—41.

［63］孟菲、谭永忠、陈航等.中国耕地"非粮化"的时空格局演变及其影响因素［J］.中国土地科学,2022,36（01）：97—106.

［64］秦立建、陈波、蒋中一.我国城市化征地对农民健康的影响［J］.管理世界,2012,228（09）：82—88.

［65］饶静、纪晓婷.微观视角下的我国农业面源污染治理困境分析［J］.农业技术经济,2011,200（12）：11—16.

［66］任保平、郭晗.新增长红利时代我国大国发展战略的转型［J］.人文杂志,2013,209（09）：30—37.

［67］任保平.新时代中国经济从高速增长转向高质量发展：理论阐释与实践取向［J］.学术月刊,2018,50（03）：66—74.

［68］任劼、孔荣.基于验证性因子分析的农户收入质量研究［J］.重庆大学学报（社会科学版）,2016,22（04）：54—61.

［69］任旭峰、李晓平.中国农户收入最大化与耕地保护行为研究［J］.中国人口·资源与环境,2011,21（11）：79—85.

［70］沈兴兴、段晋苑、朱守银.农业绿色生产社会化服务模式探析［J］.中国农业资源与区划,2020,41（01）：15—20.

［71］宋戈、白小艳、高佳.粮食产销平衡区耕地非粮化负外部效益空间分布特征［J］.水土保持研究,2018,25（01）：349—355.

［72］孙明扬.中国农村的"老人农业"及其社会功能［J］.南京农业大学学报（社会科学版）,2020,20（03）：79—89.

［73］孙致陆、李先德."一带一路"沿线国家粮食生产现状及前景［J］.世界农业,2015,440（12）：253+1—8.

［74］陶自祥.农业经营主体分化：价值取向及其效益分析［J］.南京农业大学学报（社会科学版）,2016,16（04）：110—118.

［75］田波、王雅鹏．中国猪饲料产业链市场整合分析［J］．华中农业大学学报（社会科学版），2014，111（03）：91—96．

［76］佟光霁、张林．基于灰色马尔科夫模型的农民收入质与量预测［J］．商业研究，2012，425（09）：135—140．

［77］童列春．中国农村经济实现中的地租机制［J］．农业经济问题，2013，34（03）：25—32+110．

［78］涂圣伟．我国农业要素投入结构与配置效率变化研究［J］．宏观经济研究，2017，229（12）：148—162．

［79］王革华．农村能源建设对减排SO_2和CO_2贡献分析方法［J］．农业工程学报，1999（01）：175—178．

［80］王健宇．收入不确定性的测算方法研究［J］．统计研究，2010，27（09）：58—64．

［81］王小华、温涛、韩林松．习惯形成与中国农民消费行为变迁：改革开放以来的经验验证［J］．中国农村经济，2020，421（01）：17—35．

［82］王欣、孔荣．农民工和农民、城镇居民的收入质量与横向公平比较——基于农民工自我感知调研［J］．软科学，2014，28（01）：110—114．

［83］王欣、孔荣．影响农民工收入质量的因素研究——基于10省份调查数据的实证分析［J］．统计与信息论坛，2013，28（04）：91—97．

［84］吴义根、冯开文、李谷成．我国农业面源污染的时空分异与动态演进［J］．中国农业大学学报，2017，22（07）：186—199．

［85］夏四友、赵媛、许昕等．近20年来中国农业碳排放强度区域差异、时空格局及动态演化［J］．长江流域资源与环境，2020，29（03）：596—608．

［86］谢光国．制约农民收入增长的因素分析和对策［J］．农业经济问题，2001（03）：57—59．

［87］徐晓华、朱振、苏伟峰．2014—2030年我国农业剩余劳动力转移趋势预测与管理［J］．管理评论，2018，30（01）：221—229．

［88］徐勇、邓大才．社会化小农：解释当今农户的一种视角［J］．学术月刊，2006（07）：5—13．

［89］徐珍源、孔祥智．转出土地流转期限影响因素实证分析——基于转出农户收益与风险视角［J］．农业技术经济，2010，183（07）：30—40．

［90］杨宇、李容．劳动力转移、要素替代及其约束条件［J］．南京农业大学学报（社会科学版），2015，15（02）：44—50．

[91] 叶孙红、齐振宏、黄炜虹等.经营规模、信息技术获取与农户生态生产行为——对不同生产行为及农户类型的差异性分析［J］.中国农业大学学报,2019,24（03）:173—186.

[92] 尹业兴、贾晋、申云.中国城乡居民食物消费变迁及趋势分析［J］.世界农业,2020,497（09）:38—46.

[93] 余晓洋、刘帅、郭庆海.家庭农场佃农化:经营困境、形成机理与破解思路［J］.农村经济,2021,463（05）:30—39.

[94] 袁明宝.留守经济实践与农户行为的关联度［J］.重庆社会科学,2016,259（06）:77—83.

[95] 臧旭恒、裴春霞.预防性储蓄、流动性约束与中国居民消费计量分析［J］.经济学动态,2004,526（12）:28—31.

[96] 翟金良.中国农业科技成果转化的特点、存在的问题与发展对策［J］.中国科学院院刊,2015,30（03）:378—385.

[97] 张丰翠、陈英、谢保鹏.老人农业的功能分类与发展图景［J］.农业经济,2020,393（01）:83—84.

[98] 张广胜、王珊珊.中国农业碳排放的结构、效率及其决定机制［J］.农业经济问题,2014,35（07）:18—26.

[99] 张红军、刘玛璠.三产融合:促进安徽农民家庭经营收入增长对策研究［J］.安徽农业大学学报（社会科学版）,2018,27（04）:19—23.

[100] 张红军、赵伟峰、郑谦.影响农民家庭经营收入增长的因素分析——以安徽为例［J］.金陵科技学院学报（社会科学版）,2018,32（01）:34—38.

[101] 张继久.关于实现农民家庭经营收入持续增长的思考［J］.湖北社会科学,2004（12）:90—91.

[102] 张世贵.城乡要素市场化配置的协同机理与改革路径［J］.中州学刊,2020,287（11）:70—76.

[103] 张雪、周密.农户种植结构调整中的羊群效应——以辽宁省玉米种植户为例［J］.华中农业大学学报（社会科学版）,2019,142（04）:54—62.

[104] 赵卫军、焦斌龙、韩媛媛.1984~2050年中国农业剩余劳动力存量估算和预测［J］.人口研究,2018,42（02）:54—69.

[105] 钟真、刘育权.数据生产要素何以赋能农业现代化［J］.教学与研究,2021,518（12）:53—67.

［106］周丽、黄汉勇、龙琴琴等.基于投影寻踪模型的农民收入质量研究——以四川省为例［J］.四川师范大学学报（自然科学版），2019，42（06）：839—846.

［107］朱长宁、王树进.退耕还林背景下农户生态农业生产方式采用行为研究［J］.南京农业大学学报（社会科学版），2015，15（03）：69—74.

［108］庄丽娟、贺梅英、张杰.农业生产性服务需求意愿及影响因素分析——以广东省450户荔枝生产者的调查为例［J］.中国农村经济，2011，315（03）：70—78.

［109］彭育园、李平.促进农业数字化转型与农业双碳战略有机融合［N］.农民日报，2022-01-08.

二、英文文献（略）

后　记

"三农"工作的核心是农民问题，而农民问题的核心是农民收入问题。习近平总书记明确指出"农业农村工作，说一千、道一万，增加农民收入是关键""增加农民收入是'三农'工作的中心任务"。党的十八大以来，我国农民收入保持了较快增长，城乡居民收入差距不断缩小。农民收入既有量的规定性也有质的规定性。收入质量是收入在质上的规定性，反映了收入的优劣程度。尽管近年来我国农民收入增长速度较快、收入水平持续提升，但增收的质量并不高，在一定程度上降低了农民增收的满意度与"含金量"。

长期以来，我国学术界和实际工作部门对农民收入问题的关注重点是收入增长和收入水平，而对收入质量状况的关注相对较少。进入新时代，随着"三农"工作越来越强调高质量发展导向，亟待加强农民收入质量的研究，这对提高农民增收满意度、落实质量兴农战略、全面推进乡村振兴与农业农村现代化具有重要意义。经营性收入占农民收入的比重较高，现阶段我国农民收入质量不高的问题，在经营性收入上表现得尤为突出，如农业经营性收入效益偏低、家庭经营性收入不够稳定、经营性收入持续增长后劲不足、经营性收入增长的生态环境代价较高等。经营性收入已成为农民收入质量的主要短板所在。

正是在这样的背景下，作者从 2018 年起开始了关于农民经营性收入质量问题的思考与探索，并有幸在 2019 年获得了国家社科基金一般项目的资助（项目名称为《农民经营性收入质量的影响因素与提升路径研究》）。这本专著就是在结项报告基础上进一步修改完善形成的。在本书完成之际，要感谢我所在单位中共上海市委党校对本课题研究的大力支持，同时也要感谢家人对我从事学术科研工作的理解与长期支持。尽管作者努力追求高质量的成果，但囿于理论学识与实践经验方面的局限性，再加上部分资料数据难获得等客观因素制约，本书依然存在一些不完善之处，请读者不吝批评指正。

潘文轩

2023 年 8 月于沪